꿈으로 들어가 다시 살아나라

꿈으로 들어가 다시 살아나라

꿈에서 창의적인 힘을 발견하는 기술

제레미 테일러 지음
고혜경 옮김

Dream Work
Techniques for Discovering the Creative Power in Dreams

Jeremy Taylor

Copyright © 1983 by Jeremy Taylor
Korean translation copyright © 2006 by ST PAULS, Seoul, Korea

ST PAULS
20, Ohyeon-ro 7-gil, Gangbuk-gu, Seoul, Korea
Tel 02-944-8300, 02-986-1361 Fax 02-986-1365

국립중앙도서관 출판시도서목록(CIP)

꿈으로 들어가 다시 살아나라 / 제레미 테일러 지음 ;
고혜경 옮김. — 서울 : 성바오로, 2006
　p. ;　cm

표지부서명: 꿈에서 창의적인 힘을 발견하는 기술
원서명: Dream Work: techniques for discovering
the creative power in dreams
원저자명: Taylor, Jeremy
ISBN 978-89-8015-559-0 03230

181.383-KDC4
154.63-DDC21　　　　　CIP2006000060

머리말

한국의 독자들에게

인간 사회의 여명 이래, 전 세계적으로 꿈은 신의 세계와 더 직접적으로 대화를 나누는 수단으로 인식되어 왔다. 신의 세계란 가시적으로 드러나는 물리적인 실체의 한계를 넘어선 상징적 진실을 지니는 다층적인 세계이다. 세계의 다양한 꿈 지혜의 전통에서 한국의 꿈 전통은 그 고유한 특색을 보여 주고 있다.

한국적인 고유함은 고대의 전설들을 형성하게 된 근거로부터 태몽에 이르기까지 다양하고 독특하게 표현된다. 특히 한국에서 특별한 관심을 보이고 있는 태몽은 아이의 수태를 예고할 뿐 아니라 태어난 아이의 미래에 대한 실마리를 제공하기도 하고 아이의 이름을 짓는 데까지 참조가 된다. 유사한 맥락에서 정인섭 교수의 고전적인 작업「한국으로부터의 민담」에 보면 "오멘과 꿈 모두 고유한 한국적 향취가 배어 있고 중국에서는 이런 것을 확인할 수 없다"라는 표현이 있다. 그러나 이와 동시에 한국, 중국, 남미, 북미, 호주, 태평양의 섬사람들이 등장하는 개인적이고 문화적인 이들의 독특한 꿈에는 인류 공통의 심오한 인간성과 보편적 상징이 드러난다.

이 책은 인류의 꿈에 등장하는 고유하고 집단적이며 다층적인 의미를 지적하려는 노력의 일환으로 쓰였다. 그리고 이 책에서는 꿈의 의미를 탐구하고 파악하는 데 특별히 도움이 되는 방법을 제안하고 소개하고자 한다. 이 방법은 누구든지 최소한의 노력을 기울여 성공적으로 수행할 수 있는 쉽고 단순한 것이다.

나는 몇 년 연속해서 한국을 방문하여 한국의 여러 다른 지방에서 온 한국말을 하는 사람들과 통역을 통해 꿈 작업을 할 수 있는 특권을 받았고 이 특별하고 소중한 기회에서 많은 기쁨을 누렸다. 작업하면서 참석자들이 나눈 꿈을 통하여 보편적이고 독특한 한국적인 특질을 거듭 확인할 수 있었다.

나의 방문을 가능하게 해주었던 성심수녀회 권민자 수녀님과 신소희 수녀님께 특별한 감사를 드리고 그분들이 베풀어 준 호의에 무한한 고마움을 표한다. 또 내 소중한 친구이자 동료이며 이 책의 번역자이기도 한 고혜경 박사에게, 그녀의 예리한 지성과 지치지 않는 노력에 감사를 표한다.

이 책에서 설명하는 꿈 작업의 방식은 기술적으로 표현해서 투사를 통해 그룹이 함께하는 꿈 작업group projective dream work으로 널리 알려져 있다. 이 꿈 작업은, 이 책이 한국판으로 등장하는 사실이 시사하듯이, 세계의 여러 지역에서 널리 뿌리를 내리고 있고 한국의 토양에도 뿌리를 내리기 시작하고 있다.

이 기술은 누구나 다 쉽게 작업을 시작할 수 있도록 하는 단순한 방법이다. 동시에 다른 사람들의 지지 아래 점점 더 심오한 의미나 통찰 창의적 표현을 발견하고 표현할 수 있도록 계속 발전시켜 나갈 수 있는 방법이기도 하다.

이 책에서 기재하고 토론하는 투사를 통해 그룹이 함께하는 꿈 작업은 한국에서 많은 지지자를 얻었다. 그리고 지지자들 역시 이 방법을 사용하여 더 깊은 꿈의 의미를 탐구하는 세계의 수많은 사람들의 대열에 동참한다. 이런 식의 꿈 작업을 통하여, 근본적으로 인류는 유사한 방식으로 꿈을 꾸고 유사한 희망, 사랑, 두려움, 이상을 가지고 있다는 사실을 직접적인 경험을 통해 발견함으로써 세계의 다양한 사람들과 화해하는 데 더욱 긍정적인 영향을 미칠 수 있기를 바라는 것이 나의 희망이다.

꿈은 여러 면에서 한국의 건국신화에 등장하는 마늘과 쑥 같다. 호랑이와 곰을 인간으로 탈바꿈시키기 위해 쑥과 마늘이 주어졌듯이, 꿈은 개개인에게 위대하고 심오하며 공유된 인간성을 더 잘 표현할 수 있는 사람으로 탈바꿈하기 위한 처방전을 제공한다. 오늘날 꿈은, 지금까지 항상 그래왔듯이, 우리에게 더 많은 자율성과 힘과 용기 그리고 연민과 지혜를 지닌 사람으로 성장하고 발전하는 길을 제시해 주고 있다.

제레미 테일러

차례

머리말 5
1. 꿈 작업, 왜 할까 11
2. 꿈 작업과 사회적 책임 19
3. 꿈을 기억하기 위한 요령 31
4. 꿈 기억을 위해 덧붙이는 생각 39
5. 꿈은 왜 이해하기 어려울까 48
6. 혼자서 꿈 작업을 하기 위한 17가지 기본 요령 58
7. 꿈속에서 죽음의 의미 86
8. 함께 꿈 작업을 하기 위한 21가지 기본 요령 100
9. 「게이츠」와 공동체 꿈 작업의 진화 125
10. 반기술적인 문화권의 꿈 작업 133
11. 꿈에 항상 등장하는 요소 144
12. 꿈에서 섹스의 의미 175
13. 꿈과 깨어 있는 삶에서 마주치는 원형들 185
14. 해석이란 신의 선물과 문화의 변형 223
15. 명석몽과 꿈 요가 236
16. 꿈 작업을 통해 창조적 욕구에 자양분을 264

1

꿈 작업, 왜 할까

해석하지 않은 꿈은 읽히지 않은 편지와 같다.

— 탈무드

지난 400여 년 동안 서양 지성인들은 꿈을 긍정적으로 받아들이지 않았다. 교육받은 사람들 사이에서 일반적으로 꿈이란 그다지 중요하지 않거나 의미 없는 것으로 무시되곤 했다. 꿈은 기껏해야 신경계에서 일어나는 말초적인 현상 정도의 호기심 거리로 여겨지거나, 심지어 "마술적인 허구"로 간주되어 신경증적인 자기기만에 대한 변명 정도로 취급되었다. 결과적으로 꿈은 무질서한 신진대사로 인해 일어나는 아무 의미 없는 산물로 다뤄졌다.

그러나 이 분야에 대한 많은 과학적 연구가 진행되면서 그 연구 결과들을 토대로 꿈에 관한 잘못된 인식들이 깨져 가고 있다. 1955년에 출판된 아세린스키Aserinsky와 클레이트먼Kleitman의 연구에 따르면, 인간은 잠자는 동안 렘REM(rapid eye motion)수면이라고 부르는 급속안구운동을 주기적으로 보이는데, 특히 이 렘 현상은 꿈꾸는 동안 일어난다는 사실이 밝혀졌다. 그리고 렘은 꿈꾼 사람이 꿈을 기억하든 못하든 상관없이 일어나는 것으로 증명되었다. 그러므로 흔히 사람들이 "나는 절대 꿈을 안 꿔"라고 표현할 때, 사실은 "나는 습관적으로 꿈에 일어난 현상을 기억하지 못해"라고 말하는 것이다.

렘 현상에 대한 연구를 동물에게까지 연장해 실시한 결과, 모든 포유류와 유대류는 잠자는 동안 렘 현상을 일으킨다는 사실이 관찰되었다. 사람들에게 렘 현상은 꿈꾸는 동안에만 나타난다는 사실을 토대로, 일반적으로 포유류나 유대류도 꿈을 꾼다는 사실이 받아들여지고 있다. 이와 관련된 또 다른 연구 결과를 살펴보면, 포유류와 유대류 이외의 다른 동식물도 수면 중 신진대사에 리드미컬한 패턴을 보이는 것이 관찰되는데, 이 패턴은 놀랍게도 고등동물에서 관찰되는 렘수면과 유사하다고 한다. 이러한 과학적 연구 결과는, 이 세상의 '모든' 생명체는 꿈의 세계에 참여할 수 있다는 가설에 대한 실질적인 증거를 제공해 준다. 이는 수세기 동안 무당들이나 신비가들이 확신을 가지고 이야기해 온 사실을 현대과학이 실험을 통해 증명해내고 있음을 주목해 볼 때, 분명 흥미로운 일이다.

진화사적으로, 포유류나 유대류에게 일어났던 다양한 선택과 적응과정을 통해서 지구상에 존재하는 단 한 종의 생명도 꿈꾸지 않는 쪽을 선택하지 않았다는 사실 하나만 보더라도, 이러한 과학적 연구가 뒷받침하고 있는 꿈을 꾼다는 현상 그 자체는 바로 본질적으로 진화학적 가치를 지니고 있음을 시사한다. 산도르 페렌치Sandor Ferenczi(헝가리 태생의 정신과 의사)는 꿈꾸는 현상과 한층 더 고등한 생물로 진화하고 발전한다는 사실 사이의 상호 연관성에 관해서 나름의 결론을 도출해 냈다. 그는 꿈꾸는 상태를 '진화의 연수회'라고 표현한다. 그는 인류의 조상들이 꿈을 통해 처음으로 뜻을 인지할 수 있는 말을 시작했다고 여겼다. 또 꿈을 통해 그 말을 실험하는 심리-생물학적 혁신을 이루었기 때문에 오늘날과 같은 괄목할 만한 진화를 이룰 수도 있다고 보았다.

이러한 구체적이고 극적인 사실의 적용만으로도 꿈 그 자체와 꿈꾸는 현상에 대해 재조사를 해볼 필요를 느낀다. 게다가 현재 인류가 누리고 있는 수많은 문화적 아이디어나 과학적 발견이 꿈에서 얻은 영감을 토대로 탄생되었다는 사실을 고려하면, 꿈과 꿈꾸는 현상에 대해 더 많은 연구가 이루어져야 하며 이 현상에 대해 지속적으로 관심을 가져야 함을 절감하게 된다.

표현예술이 꿈을 통한 창조적 영감과 밀접하게 연관된다는 사실은 잘 알려져 있다. 그러나 인류에게 일어난 수많은 과학적 발견이나 기계적인 혁신이 꿈을 통한 영감에 의해 가능해졌다는 사실은 크게 부각되지 않았다. 데카르트Descartes의 경우도 그렇다. 데카르트는 현대과학의 전반적인 토대가 되었던 합리적 경험주의라는 자신의 철학적 개념을 꿈을 토대로 체계화하였다. 케쿨레Kekulé는 꿈에 뱀이 자신의 꼬리를 물고 있는 형상을 보고 벤젠의 분자구조가 고리형ring-shape이라는 것을 이해하였다. 이 발견 이후 케쿨레는 동료들에게 "꿈을 통해 배우세요!"라고 충고하곤 했다고 알려져 있다. 알베르트 아인슈타인Albert Einstein은 말년에 '상대성원리에 대한 아이디어를 언제 어디서 처음 얻게 되었는가' 라는 질문을 받자 사춘기 때 꾸었던 꿈에서 비롯되었다고 응답했다. 그 꿈에서 아인슈타인은 썰매를 타고 있었는데, 썰매가 점점 빨라져서 마침내 빛의 속도에 도달할 때까지 가속화되었다. 그 순간, 별들은 형체가 완전히 변화되어 환상적인 색과 패턴을 드러냈고 그 아름다움과 생경한 힘은 나이든 아인슈타인에게도 여전히 눈부셨다고 했다. 아인슈타인은 꿈 이야기에 덧붙여서 자신의 전 생애를 통해 이룩한 과학적 업적은 여러 측면에서 볼 때 사춘기 때 꾸었던 이 꿈에 관한 확대된 명상으로 볼 수 있다는 결론을 내렸다.

앞에 소개한 꿈들은 아주 특별한 경우가 아니며, 수백 수천의 비슷한 사례가 있다. 멘델레예프Mendelejeff는 실내악 형상을 한 원소주기표의 구조를 꿈에서 보았다. 양자역학 발전에 큰 기여를 하고 후에 노벨상을 수상한 닐스 보어Niels Bohr는 경마장 꿈을 꾸었는데 화창한 날 트랙을 달리는 말들의 꿈을 꾼 뒤 트랙이 전자가 원자핵 주위를 순환하는 궤도와 유사함을 알게 되었다고 한다. 루이 아가시 Louis Agassiz도 열리지 않은 정동(晶洞, geode) 안에 들어 있는 화석의 형태에 관한 꿈을 꾼 뒤에 "자연으로 가서, 자신의 손으로 증거를 채집하고, 혼자서 관측하라"라는 과학적 조사 불변의 법칙을 세웠다.

꿈의 영감으로 기술적인 혁신을 이룬 사례 중에서 나는 재봉틀을 발명한 일라이어스 하우Elias Howe(1884)의 이야기를 특별하게 생각한다.

바느질하는 기계, 즉 재봉틀을 발명하기 위해 고군분투하다가 지쳐서 작업대에 누워 잠에 곯아떨어진 하우는 "악몽"을 꾸었다. 꿈속에서 그는 축제가 한창인 어떤 아프리카 정글에 있었는데 거기에서 달아나려고 아무리 애를 써도 빠져나올 수 없었다. 그러던 중 그는 부족민들에게 붙잡혀 온몸이 결박당한 채 마을로 끌려간다. 마을에 다다르자 원주민 부족은 물이 가득한 큰 솥에 하우를 던져 넣고 끓이기 시작한다. 물이 끓어 거품이 나자 하우의 손을 묶었던 결박이 느슨해지고 하우는 서서히 자유롭게 손발을 움직일 수 있게 된다. 하우가 솥 밖으로 나가려고 가장자리로 기어오를 때마다 원주민들이 불 위로 올라와 날카로운 창으로 하우의 몸을 찔러 솥 안으로 넣는다.

하우는 잠에서 깨어나 중얼거렸다. "이상하다. 원주민들이 쓰던 창의 끝부분에 구멍이 하나씩 나 있었어." 조금 후, 잠에서 깨어나 정신이 맑아지면서 하우는 갑자기 "아! 바늘의 '구멍!' 바로 그거야!" 하고 외쳤다. 바늘구멍이 바늘 끝에 있다면 실을 천 아래로 내려 보낸 다음, 다른 실로 주위를 감아서 실을 끌어올리면 된다. 여기에 속도와 효율을 더하는 기계를 설계하는 것은 식은 죽 먹기다.

현재 사용되는 모든 재봉틀은 하우가 디자인한 재봉틀을 토대로 발전시킨 것이다. 전 세계 대부분의 사람들이 한 사람의 꿈으로 고안된 재봉틀로 바느질된 옷을 입고 있다. 하우가 꿈을 꾸고 그 꿈을 창조적으로 이용한 것이 산업혁명 시대에 노동력을 절감시켰고 마침내 지구촌을 변모시켰다. 하우의 발견으로 인해 제조와 분배의 경제학이 전근대적이고 본질적으로 중세적인 형태에서 탈피해 현대의 사회적, 기술·산업적, 정치적, 경제적 상황을 창조하게 되었다.

우리는 하우 시대에 시작된 기술·산업적 혁명의 동력을 더 정교하게 만들어가고 있다. 하우의 꿈 이야기는 인간의 창조적 충동이 집단적인 변화를 가져온 특별한 사건이다. 특히 이 모든 것이 꿈에서 비롯되어 구체화되었다는 사실이 더욱 감동적이다.

고대에서 현대에 이르기까지 꿈의 영감이 사회와 세계 문화를 형성하는 데 주요한 역할을 해왔다는 증거들은 꿈을 무의한 것, 혹은 별로 중요하지 않은 것으로 취급해서는 안 된다는 것을 말해준다. 유사 이래, 꿈은 인간의 창의력과 자기 인식을 위한 주요한 도구 역할을 해왔다. 전통적으로도 시대와 종교를 초월하여 꿈은 신과 대화하는 수단 혹은 신의 의지를 계시하는 장場으로 받아들여졌다. 세계의 다양한 종교들이 신성한 고유의 경전이나 구전을 통해 인간이 오랫동안 꿈 작업을 해온 전통을 드러내고 있다. 이런 다양한 전통을 조사해 보거나 역사적으로 기록된 꿈과 현재 우리가 꾸는 꿈을 비교하고 연구해 보면, 꿈은 보편적 언어인 은유와 상징으로 표현된다는 것을 알 수 있다.

전 인류는 같은 양식으로 꿈을 꾼다. 모든 사람이 꿈을 꾸기 때문에 꿈을 기억하고 시간을 내어 꿈 작업을 한다면 꿈에 표출되는 창조적 충동의 에너지를 누구나 다 이용할 수 있을 것이다. 꿈을 기억하려 애쓰고 꿈을 기록하여 꿈의 이미지와 에너지를 즐겁게 명상하듯 탐험해 본다면, 우리가 쏟은 노력의 결실로 분명 믿기 어려울 정도의 깊은 통찰과 창조적 아이디어를 얻게 될 것이다. 또 우리를 혼란스럽게 만드는 감정을 훨씬 더 깊이 의식적으로 이해할 수 있게 될 것이다.

꿈을 꾼다는 것은 보편적인 인간의 현상이다. 이 현상은 연령, 성별, 인종, 사회적 계층, 종교적·정치적·문화적 태도나 사회적·역사적 환경, 심지어 심오한 정신적·감정적 차이를 초월하여 전 인류를 하나로 묶어 준다. 나는 "진정한 인간"과 "조금은 덜 인간적인 인간"으로 인류공동체를 분리하는 "인종차별" 메커니즘을 자기기만적인 편견이라고 생각해 왔으며, 온몸으로 이런 편견에 저항하여 투쟁해야 한다고 믿고 있다. 그러면서도 내심 내가 함께 대화할 수 있고 동일시할 수 있는 사람들은 "진정한 인간"이지만 접촉하고 대화하는 노력조차 무의미하거나 비생산적으로 생각되는 사람들은 "조금 덜 인간적인 인간"이라고 생각하기도 한다. 하지만 만성적이고 치유가 불가능하다는 "정신분열증 환자나 자폐 환자"들을 위해 일하면서 나는 이런 것이 편견임을 알게 되었다. 일반적으로 그들은 정상적인 관계를 맺기 어렵다고 생각해 왔지만 그들의 장애는 인간과 인간이 친밀한 관계를 형성하는 데 전혀 제약이 되지 않았다.

꿈의 차원에서 우리는 '모두' 하나이다. 이런 극적인 깨달음은 "꿈의 세계는 모두 다 허황되고 정상적이지 않다"라는 견해를 함축하고 있음을 지금 비로소 이해하게 되었다. 수십 년간 꿈 작업을 하면서 나는 심한 정신적 장애를 앓는 이들의 꿈과 "정상적인 사람들"의 꿈을 구분할 수 있는 어떤 준거도 발견할 수 없었다. 혹시 오랜 기간 양측의 꿈 시리즈를 비교해 "꿈 자아"의 행동과 분명하게 두드러지는 양식이나 반복해서 등장하는 주변 환경 등을 연구해 본다면 정상과 비정상을 구분할 수 있을지도 모른다. 그래도 개인들의 꿈을 비교해서 정상과 비정상을 구분하는 것은 사실상 불가능함을 발견하게 된다. 그간 나의 경험에서 "미친 사람"과 "정상적인 사람"의 차이란, 미친 사람은 꿈꾸는 상태와 깨어 있는 상태를 구분하지 못하거나 구분하려 하지 않는다는 것이다.

꿈 작업은 심각한 정신적 장애를 앓고 있거나 사회로부터 격리된 사람에게도 감정이나 동기 등의 내적 변화를 일으켜 행동의 변화까지 초래할 수 있는 매우 효과적인 방법임을 알게 되었다. 나는 지난 15년 동안 교회, 학교, 병원, 감옥, 정신병원 등 다양한 장소에서 다양한 사람들과 더불어 꿈 작업을 해왔다. 그리고 이 과정에 함께한 이들이 아주 작게 매우 극적으로 인성이나 품성이 변화되는 것을 보아왔다. 뿐만 아니라 내 삶에서도 이런 변화와 발전이 진행됨을 관찰해 왔다. 꿈은 본래부터 변형의 힘을 가지고 있다. 또한 이 힘은 꿈에 의식적인 관심과 주의를 기울임으로써 더 양육되고 더욱더 극적으로 증대될 수 있다.

기억하기

꿈 작업, 왜 할까?

과학적 연구조사 결과, 꿈을 꾸지 않는 사람은 단 한 사람도 없다고 한다. 또 꿈이 창조적 영감의 도구 역할을 해왔다는 역사적 기록들도 존재한다. 이 기록들은 꿈이 은유와 상징으로 구성된 보편적 언어를 사용하고 있다는 것도 보여 준다. 꿈을 기억하고, 기록하여, 재조사하려는 노력을 기울일수록 놀라운 통찰력과 창조적 아이디어를 발견하게 되며 혼란스러웠던 감정을 더 의식적으로 이해할 수 있게 된다.

2
꿈 작업과 사회적 책임

> 개인적인 것은 정치적이다.
> 자유로운 세상을 위해서는 일상에서 힘의 역학 변화가 필요하기 때문이다.
> 또 정치적인 것은 개인적이다.
> 우리 스스로 삶을 결정할 힘이 필요하기 때문이다.
> — 수 네그린Sue Negrin

선한 의도를 가지고 꿈 작업을 하는 사람을 "자기 내면만 들여다보는 사람"이라고 비난하는 경우가 있다. 꿈 작업이 마치 깨어 있는 상태에서 마주해야 할 진실을 회피하고 무책임하게 "꿈의 세계"로 도피하는 것처럼 보이기 때문이다.

우리는 위험한 시기에 살고 있다. 집단적 질병으로 신음하고 슬픔을 호소하는 이들이 세상 곳곳에 넘치고 있다. 지금 우리는 인류의 절멸위기를 넘어 인류뿐 아니라 인류와 함께 이 지구라는 행성을 공유하는 다양하고 복잡한 대부분의 유기체들까지 포함해 절멸의 위기에 직면하고 있다. 이 위기는 인간이라는 단일 생물종에 의해 만들어졌다.

우리는 순간순간 수많은 사건사고들에 노출되어 있으며 전쟁이나 생화학무기의 위협과 잘못 짜인 계획들로 인한 피해, 산업화를 추진하는 과정에서 일어나는 생태계 파괴 이외에도 경제적 위기와 시민

쟁의 등 암울한 현실에 싸여 있다. 그리고 이런 '경악할 만한 일들이 일어나게 하는 우리의 정신과 마음의 자세' 같은 어두운 측면과 마주하게 된다. 실제로 우리가 살아가는 환경은 무척 암울해서 이런 문제를 대면하는 많은 사람들의 마음을 불편하게 하고 사람들로 하여금 이를 무시하며 살게 하는 경향이 있다. 하지만 우리는 현실을 외면할 수 없고 직시해야만 한다. 이러한 문제들을 명백하게 조사할 용기를 가져야 하며 직면하는 문제를 해결하고 변화시키기 위해 창의력을 전부 발휘해야 한다.

개개인뿐만 아니라 집단이 직면하고 있는 가장 어둡고 악한 잠재력을 분명하게 바라보기 위해 연습 하나를 제안하고 싶다.

인류가 존재하지 않는 조금 단순한 형태의 지구 행성을 연상해 보자. 단일한 생명체의 일생을 넘어 시간을 수십억 년 지속된 지질학적 시대로 확대하여 연상해 보자. 지구상에 존재했던 수많은 기후, 밤과 낮, 하늘, 구름, 날씨 그리고 쉼 없이 일렁이는 조수 등의 변화와 계절의 변화를 초래하는 지구의 리듬을 상상해 보자. 이 지구의 리듬에 화답하는 바다와 육지와 공중을 가득 메우는 무수한 생명체들을 상상해 보자. 비록 눈에는 보이지 않을지라도 섬세하고 정교하고 공평하게 자연의 힘으로 연결되어 전체가 하나의 생명체 그물을 형성하고 있는 지구상의 생명 리듬을 상상해 보자.

이 상상의 세계에서는 고통이나 죽음도 두렵거나 "악하지 않게" 느껴진다. 이 생명의 그물에서는 삶과 죽음의 리듬, 포식자와 피식자의 드라마, 피조물 개개의 고통, 심지어 절멸된 생물종에 이르기까지 모두가 사전 계획에 의해 이루어지거나 나쁜 의도로 일어난 사건이 아니라 무의식적으로 진행되기 때문에 오히려 정직하고 순수하게 느껴진다. 여기서 우리는 자연스럽게 인류의 기원이 되는 "에덴동산"의 은유와 현대과학이 제시하는 생물학적 발생의 문제를 떠올리게 된다. 아이러니하게도, 에덴동산을 은유적인 표현으로 받아들이면서도 "창조론자"와 "진화론자" 사이의 신랄한 논쟁은 끝나지 않고 있다(클래런스 대로Clarence Darrow는 이른바 스코프스 재판Scopes Trials이란 단지 스타일과 인격의 차이로 일어난 별로 유쾌하지 않은 갈등이라고 언제나 말했다).

수많은 진화의 증거를 수집한 고생물학자 테야르드샤르댕Teilhard de Chardin은 자신의 과학적 연구조사가 밝혀 준 냉철한 결과와 종교적 의미를 주는 심오한 직관 사이에서 양측 모두의 진실을 받아들이려고 일생을 분투했다. 샤르댕은—앞서간 수많은 힌두교도나 불교도들처럼—시간이란 유용한 환상이며 "신"이란 궁극적인 종착점이고 진화는 이 종착점을 향한 끝없는 모색이라고 하였다. 시간을 궁극적 환상으로 받아들임으로써 우주에 일어나는 모든 사건은 동시에 진행된다는 생각이 가능해진다. 어떤 측면에서 "신"은 항상 현존하며, "충만한 시간 속에서" 생물과 무생물을 포함한 모든 존재가 점점 더 의식적인 존재로 드러날 수 있도록 진화를 이끈다고 이해할 수 있다. 이러한 시각으로 바라볼 때 끝없이 진행되고 있는 "진화론"과 "창조론"에 관한 논쟁은 지나치게 문자대로 해석하려는 것이거나 사고나 이념이 설익은 상태에서 결론만 도출하려는 것이라고 말할 수 있다.

다시 한 번 인류가 존재하지 않는 상태의 행성, 지구를 상상해 보자. 이러한 "사고思考 실험"(아인슈타인은 이런 과정을 마음과 상상으로 하는 노력이라고 표현했다)에서 중요한 것은, "악"이란 인간 의식의 산물이며 "자연계"의 무질서는 인간의 간섭으로 인해 초래된 결과라는 것이다. 이를 은유적으로 말한다면 인간의 의식 자체가 불행과 번민의 원천인 "원죄"라고 할 수 있다.

세계의 모든 종교는 "죄"를 "신과의 분리"라고 정의했다. 은유적으로 "신과의 분리"란 개개인의 의식이 자연계의 거대한 집단무의식으로부터 분리된 상태라고 할 수 있다. 이렇게 집단무의식으로부터 분리되기 전의 상태가 태초의 모든 생명체의 존재조건이었다. 우리를 자발적이고 자연적인 우주로부터 "분리시키는" 것은 의식이다. 동시에 분리된 의식은 우리를 에워싸는 생태계를 이해하게 하고, 생태계와 분리된 우리를 다시 연결해 주는 주요한 수단이기도 하다. 유다교, 그리스도교, 이슬람교는 한결같이 인류의 불행은 원죄의 결과임을 명시하고 있다. 이 표현은 단순히 집단무의식에서 개개인의 의식이 분리되는 것을 의미할 뿐이다.

깨어 있고 명료하고 "객관적"이라고 생각할지라도 인간의 의식은 부분적이고 간헐적일 수밖에 없다. 심지어 지적으로 가장 명료하고 감정적으로 고양된 순간의 경험조차도 "무의식"의 영역으로 사라져 버리곤 한다.

이제 다른 상상 연습을 제안하고자 한다. 이 순간, 우리가 경험하고 있는 '모든' 것을 되도록이면 온전히 깨닫도록 노력해 보자. 우리가 숨을 쉬는 과정, 위에서 일어나는 음식물의 소화과정, 장에서 진행되는 정장작용 그리고 정맥을 따라 흐르는 혈액 등을 의식해 보자. 그리고 온몸의 근육뿐 아니라 생각이나 감정, 우리의 눈앞에 가시적으로 펼쳐지는 것과 비가시적으로 영향을 미치는 것까지 느껴 보자. 또한 우리 주위를 에워싼 공기의 흐름, 얼굴을 스치는 바람의 느낌, 지속적으로 작용하는 중력을 의식해 보자. 이 '모든' 것을 동시에 다 깨달을 수 있는 상태로 머물러 보자. 이 깨달음의 장 안에서 우리의 주의가 어느 방향으로 향하든 간에, 우리의 깨달음이 미치는 그 언저리 너머에 다른 무엇인가가 더 있다는 느낌이 들 것이다. 그것은 우리의 의식이 언제나 제한되어 있기 때문이다. 우리가 "분리되어" 있다는 느낌, 자연계의 리듬과 조화로운 흐름으로부터 "과거에 추방된" 존재라는 느낌을 가질 만큼 말이다. 자연적인 삶을 의미하는 집단무의식의 상태, 은유적으로 표현한다면 "낙원"으로부터 우리의 첫 번째 선조들(근동의 전통에서는 "아담과 하와")이 "추방되었다"는 의식적인 자각은 바로 이런 느낌일 것이다.

"낙원에서의 추방"은 탄생의 고통이라고도 할 수 있다. 우리 모두는 어머니의 자궁이라는 정원에서 추방되었다. "죄가 있는" 존재라는 분리를 경험한 적이 있다. 이 은유 안에는 우리가 동산에서 동산 '으로' 추방되었다는 사실이 담겨 있다. 자연 질서, 리듬, 힘, 섬세함, 아름다움, 자연과의 통합은 에덴동산의 종교적 의미를 내포한 은유이며, 무의식으로부터 의식이 분리됨을 의미하기도 한다. 이러한 분리된 의식으로 인해 우리는 주변을 돌아볼 수 있게 되었고, 우리 자신이 우주 전체와 깊이 연결되어 있다는 사실도 깨달을 수 있게 되었다. 뿐만 아니라 추방된 그 동산에서 우리가 영원히 떠난 것이 아니며, 그 동산은 언제나 우리를 에워싸고 있다는 사실도 깨닫게 해주었다.

이러한 사실은 우주가 하나로 연결되어 있다는, 현대물리학이 밝혀 준 갖가지 증거들이 뒷받침하고 있기도 하다. 칼 세이건Carl Sagan이 말하듯이, 우리 몸은 순수하고 역동적인 별의 심장에서 형성된 "별들의 잔해"로 구성되어 있다. 인체를 구성하는 원소는 태초의

"빅뱅" 용광로에서 태어났으며 우주에 존재하는 모든 것들과 매우 친밀하게 연결되어 행성의 차원을 넘어서 은하와 은하 사이의 공간까지 확대된다.

모든 측면에서 인류의 삶의 방식 자체가 자연 질서를 교란하고 있다. 인류의 삶의 방식은 생산적이면서도 파괴적이고, 이타적이면서도 사악하고, 지적이면서도 어리석으며, 때로는 창조적이다.

인류의 자연 파괴는 습관적으로 행해지고 있다. 이 때문에 개개인의 내면에 있는 자기표현이나 성장 그리고 변화를 추구하는 창조적 충동을 기르는 것 자체가 도덕적인 의미와 가치를 지니고 있음을 이해하게 된다. 도덕적 가치나 의미 없이 행해지는 악은 언제나 우리를 압도할 만큼이나 위협적이다.

"모든 것을 다 알고 있다"는 태도나 "개개인은 서로 다른 관심사를 가지고 있다"는 사실을 인정하지 않는 자세가 나오는 이유는 지나치게 사실주의에 얽매이거나 설익은 가치나 사상으로 내린 결론에만 집착하는 탓이다. 시인 예이츠Yeats는 현대의 삶에 관한 공포를 이야기할 때 "…최선은 확신의 부족, 최악은 광적인 강도…"라고 표현했다. 개개인이 광적이라고 말할 정도의 강한 열정을 가지고 편협함이나 위선 또는 어리석음과 잔혹함을 드러내는 근본적인 악의 원인은 지나치게 자구에 집착하는 사실주의적인 태도에서 비롯된다고 할 수 있다. 이런 악에 반대되는 태도는 새로운 생각이나 경험 그리고 모든 창의적인 행위에서 구체화하거나 미리 결론을 내리지 않고 모든 가능성을 허용할 수 있는 열린 자세이다.

우리 자신이 별로 창의적이지 못할 때 모든 것을 이미 파악했다고 단정하거나 '타인들' 혹은 전체로서의 행성의 관심사와 자신의 관심사 사이의 차이를 완전히 구분할 수 있다고 착각하게 된다. 우리는 가끔 어설픈 상태로 결론을 내린 뒤 그에 따라 행동한다. 혹여 행동으로 드러나지 않는다 할지라도 그러한 개념들이 자신을 파괴하는 결과로 돌아오면 당혹스러워한다. 실제로 모든 것은 미묘한 인과관계로 서로 긴밀하게 연관되어 있기 때문에 이러한 어설픈 결론들에 의한 행위는 자기 파괴적이 될 수밖에 없다. 이것은 의식이 부분적이고 아이러니가 불가피한 만큼 "아이러니의 법칙"이라고 불릴 수 있다.

현재 우리가 직면한 전 지구적인 위기는 모두 인간의 집단적인 삶에서 비롯된 아이러니 법칙의 특정 사례들이다. 지금의 공포는 오직 인류가 단독으로 자행한 것이다. 그러므로 인류 스스로 무장해제하여 우리 행성에 사는 이웃 생명들과 궁극적으로 상호의존하고 화합할 방법을 고안해 내야만 한다.

지금까지의 자기 파괴 방식을 전환하도록 새로운 경험과 가능성으로 우리의 마음과 가슴을 열어갈 때만 이런 화합이 가능하다. 우리가 수행해야 할 행위는 태초의 곤경이 시작되었던 시기, 즉 인간이 의식적으로 되면서 시작되었던 "원죄"의 진정한 의미로까지 인식이 확대될 때 구체화될 수 있다.

같은 의미에서 우리가 직면하는 개인적인 문제뿐만 아니라 집단적인 문제도 바로 부분적인 의식의 산물들이라고 할 수 있다. 따라서 이러한 문제들에 대한 해결책은 의식과 혁신적이고 창조적인 행위의 범주를 확장함으로써만 찾을 수 있다. 개인적인 차원뿐만 아니라 집단적인 차원에서 지금까지 살아온 방식을 전환할 수 있는 영향력 있는 변화를 꾀하기 위해서는 첫 번째 단계로 자기 인식을 늘려가야 한다. 이때 개개인의 창의적인 충동을 자극하고 행성에서 인간의 삶을 보전하는 효과적인 전략을 개발하기 위해 가장 주목할 필요가 있는 것이 꿈이라고 생각한다.

나는 처음에 아내 캐서린Kathryn과 함께 꿈 작업을 하게 되었다. 아내와 꿈을 나누는 것부터 시작해서 친한 친구들과 여러 해 동안 꿈에 대한 관심과 꿈을 통한 기쁨 그리고 흥미를 나누어 오고 있다. 이 과정에서 나는 꿈이 개개인의 성장과 변화를 위해 내면세계에 엄청난 양의 에너지 변화를 초래한다는 사실을 발견하게 되었다.

내가 실시한 첫 번째 그룹 꿈 작업은 군복무 대신 대민 봉사 활동을 하는 보충역을 선택함으로써 시작되었다. 나는 대민 봉사의 일환으로 인종차별주의에 초점을 맞춰, 의식을 고양하기 위한 세미나를 열게 되었다. 그 세미나에서 참석자 모두에게 각자의 꿈을 이야기해 보자고 제안했다. 함께 나눈 꿈 중에서, 나는 사람들로 하여금 흑인이 등장하는 꿈을 가지고 그 흑인의 이미지에 초점을 맞추게 하였다. 이 과정을 통해 드러난 무의식적인 태도와 두려움은 사실 나에게도 놀라운 것이었다. 이처럼 꿈 작업은 개개인의 깊은 곳에 자리한 무의식의 모호성에 빛을 드리워 조명해 보는 데 효과적이었다. 더 나아가 무의식의 모호함을 변화시키는 데도 효과적이었다. 왜냐하면 우리 각자는 일상생활에서 실질적인 경험과 상관없이 흑인에 대해 긍정적이거나 부정적인 두 가지 이미지를 가지도록 사회문화적인, 그리고 역사적인 영향을 받았기 때문이다.

이렇게 형성된 자기기만과 무의식적 동기가 바로 인종차별주의를 철폐하려는 우리의 순수한 동기를 허사로 만드는 장애물이 됐다. 그러나 개개인이 내면에 가지고 있는 인종차별적인 경향을 이해하게 되면서 이런 과제를 극복하기 위해 노력하게 되었고 그 과정에서 우리는 각자 변화하고 성장하는 크나큰 보상을 받게 되었다. 이런 경험을 통하여 나는 꿈 작업이 인종차별주의를 해소하기 위해 의식을 고양하는 효과적인 도구가 된다는 사실 이상으로 훨씬 중요한 꿈의 잠재적 가치를 깨닫게 되었다. '어떤' 주제를 다루든지 꿈은 개개인의 깨달음을 향상시키기 위해 효과적이며, 꿈 작업은 각자의 내면에 존재하는 성장이나 변화를 위한 에너지를 자극하는 데 효과가 있다. 개개인의 성장이 일어남과 동시에 꿈 작업을 함께하는 사람들 사이에서 깊은 신뢰와 존중, 상호 애정을 토대로 한 강한 결속력도 이루어진다. 나는 공동체 조직가의 한 사람으로서 꿈 작업을 통해 인종과 나이, 성별, 계급 등의 모든 차이를 넘어 사람들이 사회를 변화시키는 일에 동참할 수 있다는 사실을 깨닫게 되었다. 또한 꿈 작업이 깊은 차원의 변화를 일으킬 수 있는 "급진적인" 잠재력을 가지고 있다는 것도 이해하게 되었다. 급진적, 즉 '근원radix'이라는 원래 의미대로 꿈 작업은 현상이나 심리의 본질로 들어갈 수 있을 뿐만 아니라 정치적이고 사회적인 면에서 집단적인 두려움이나 견해, 태도 그리고 행위에서 극적인 변화의 가능성을 지니고 있다.

인종차별주의 철폐를 위해 모인 사람들과 꿈 작업을 시도하면서 그 소중한 경험을 얻은 이래로 수년 동안, 내겐 정치적이고 사회적인 행동가들과 오랜 기간 꿈 작업을 진행할 기회가 있었다. 나는 꿈꾸는 사람들인 행동가들 사이에서 꿈 작업을 통해 형성되는 강한 결속으로 만들어지는 그룹 내부의 강력한 지원체계를 보았고, 조직을 구성하는 노력이나 효율성 그리고 창의력이나 정교함이 늘어가고 깊어가는 결과도 지켜보았다.

꿈 작업에서 가장 중요한 사실은 공동체 조직을 위한 개개인의 서약 자체를 강화시킴으로써 결국 개인은 물론 조직까지 변화시킨다는 것이다. 개인적으로 나는 변화를 두려워하고 그것에 강하게 저항하면서, 사회를 변화시키기 위해 일하는 사람들을 만났다. 그리고 이들이 직면할 수 있는 우울증이나 절망감을 꿈 작업을 통해 극복해 가는 것도 관찰했다. 또 그룹 꿈 작업이 만들어 내는 깊은 공동체 의식이 개개인이 창의력과 용기를 지속적으로 유지할 수 있도록 도움이 되는 것도 보았다. 뿐만 아니라 상상력이나 용기가 부족한 개개인이나 집단에 창의력을 증진시켜 결과적으로 집단의 변화를 초래하는 것도 지켜보았다. 게다가 나는 꿈 작업이 설익은 채 종결되어 형성된 정치적·전술적인 견해를 열린 마음으로 다시 점검하게 만드는 것도 보았다. 또 "종교인들"이 정치적·사회적 행동의 필요성을 인식하는 것을, "무신론적인" 사회 활동가들이 그들의 삶과 일에서 새로운 영적 차원을 깨닫게 되는 것을 보아 왔다. 나는 또한 모임에서 "개인적인 것이 정치적"이란 명제가 더욱 상상력이 풍부하고 의식적이고 용기 있는 행위와 양식으로 이해되어가는 과정을 보아 왔다. 꿈 작업을 하는 동안 자신은 별로 "창의적이지 않다"고 생각하던 사람들이 잠재된 창의력과 표현력을 발견하고 자신의 삶을 변모시키며 감정을 변형하는 것도 보아 왔다.

바로 이런 경험들이 내가 꿈에 초점을 맞추고 계속 꿈 작업을 하도록 만들었다. 동시에 항상 삶의 중심이었던 사회정의와 화해, 평화, 창조적이고 비폭력적인 변화를 위한 목표를 향해 내가 매진하도록 해주었다.

꿈은 항상 전일성wholeness을 조장하기 위한 서비스로 온다. 꿈은 본래 의식을 확장하는 효과가 있으며 무의식에 남아 있는 어두운 부분에 의식의 빛을 드리울 수 있게 한다.

이 시점에서 왜 수많은 종교와 철학적·학문적 전통들이 꿈에 관심을 두고 꿈으로 작업하는 것을 격려하지 않았는지 의문을 품게 된다. 왜 유다교, 그리스도교, 이슬람교, 프로이트 심리학 등 종교적·철학적 전통조차 꿈의 중요성을 인정하면서도 실질적으로는 심각하게 꿈을 이해하기 위한 방법을 시도하는 것을 금지해 왔는가? 처음에 신념이나 이념이 형성되는 시기에는 꿈이 영감으로 작용했다. 그러나 꿈은 고착된 신념과 이념에 끝없는 질문을 던지게 만든다. 꿈 작업이 수반하는 창조적인 비평이나 혁신은 종교적 직관이 제도 안에서 얼어붙고 교조적으로 된 사람들에게 "이단시" 되어 왔다. 그리고 이들은 꿈 자체를 의심스럽게 다루어 박해하고 궁극적으로 억압하며 무시해 왔다.

개개인과 집단의 삶에서 근본적인 문제는 결코 변하지 않는다. 표면적으로는 금세기에 우리가 직면한 문제가 이전 세대가 직면했던 문제와 다르게 보일 수 있다. 그러나 정직하게 들여다본다면, 우리가 직면한 문제들은 인류에게 오래도록 지속되어 왔던 인간 의식의 문제임을 인식하게 된다. 탐욕과 악의와 어리석음같이 인류에게 오래 지속되어 온 문제는 현대의 기술적 진보, 거대한 사회조직체의 힘과 효율이 증가함에 따라 전 세계를 위협할 정도로 가중되었을 뿐이다. 인류 초기부터 지속되었던 이런 문제를 숙고해 볼 때, 우리 내면의 세계와 외부의 환경은 서로를 반영하고 있다는 사실을 피할 수 없다. 행성의 생명학과 심리학은 분리할 수 없이 상호 연관되어 있으므로 개인의 딜레마와 집단의 딜레마는 동시에 다루어져야 한다. 인류 역사를 돌이켜볼 때 꿈은 진화, 인간 의식의 전개, 자기 깨달음의 증대에 주요한 수단이 되었음을 알 수 있다. 버트란트 러셀Bertrand Russell이 "교육과 파국 사이의 경주"라고 표현했듯이, 자신을 진화시키려는 현대인의 노력에서 우리는 더 이상 개개인에게 주어진 창조적 잠재력을 무시할 수 없다. 이런 창조적 잠재력이 꿈에 드러난다. 우리가 꿈을 기억하고 꿈으로 작업할 때만 이런 인간의 잠재력이 밖으로 표현될 수 있다.

기억하기

꿈과 사회적 책임

인류가 처한 집단적 위기는 피할 수 없는 사실이며 우리를 압박하고 있다. 인류는 단일 종으로 이 위험을 초래하였다. 인류 스스로 무장해제라는 길을 모색하기 위해, 또 기관들을 새롭게 만들어 가기 위해, 그리고 더 나아가 우리 자신과 행성을 화해시키기 위해 모든 생명체가 상호 연관되어 있다는 관점에서 우리는 현재 직면한 위험을 자세하고 분명하게 바라보아야 한다. 꿈 작업은 문자주의에 지나치게 집착한 사실주의로 초래된 인간의 편견이나 의견 그리고 이념과 세계관을 타파하기 위한 노력을 증대시키고 이런 노력에 에너지를 부여할 수 있다. 그룹이 함께하는 꿈 작업은 지구촌을 새롭게 만들어 나가려는 사람들이 더욱 현명하고 인간적이고 정의로운 형태로 지구촌을 이해하며 서로 도와주는 공동체를 형성할 수 있다. 뿐만 아니라 이런 주요한 임무를 수행하기 위한 창조적 영감과 통찰을 제공하게 된다.

# 3 꿈을 기억하기 위한 요령

> 내 삶에 어떤 틀이 있다는 사실을 알게 된 계기가 있었다.
> 새 집으로 이사한 지 얼마 되지 않아 꿈을 기록하기 시작했다.
> 그저 꿈만 기록한 것이 아니라
> 꿈을 기록하면서 연상되는 내용도 함께 기록했다.
> 몇 달간 꿈을 계속 기록하던 어느 날 갑자기 깨닫게 되었다.
> 경험한 사람만이 이해가 가능한 표현,
> 새로운 눈으로 사물을 바라보게 되었다.
>
> — 헨리 밀러

　꿈에 관심을 가지고 꿈을 이해하려고 시도하는 것은 재미있고 유익한 일이지만 꿈을 기억하기 전에는 불가능한 일이다. 어떤 사람들은 몇 년이 지난 후에도 잊을 수 없는 무척 생생하고 특이한 꿈을 한두 가지 가지고 있을지 모르지만 대부분은 꿈을 기억하지 못한다. 꿈을 잘 기억하지 못하는 주요한 이유는 앞에서도 언급했듯이 현대인이 지니는 일반적인 편견 때문이라고 생각한다. 이러한 편견을 극복하면서 꿈에 애정을 가지고 꿈이 의미하는 바가 무엇인지 탐색해 보려 한다면, 그 마음가짐만으로도 꿈을 기억하는 확률이 뚜렷이 증가하게 된다.

　그러나 아무리 선명한 꿈이라 해도 잠에서 깨어나자마자 특별한 노력을 기울이지 않으면 몇 분 혹은 몇 시간 사이에 잊어버린다. 그러므로 꿈을 기억하기 위해서는 꿈을 기록하는 습관을 들이는 것이 중요하다.

꿈을 기록하는 데는 다양한 방법이 있다. 우선, 잠자리에 들기 전에 몇 가지 준비를 해야 한다. 잠에서 깨어나자마자 쓸 수 있도록 기록하는 도구들을 손이 쉽게 닿는 머리맡에 두고 자야 한다. 녹음기나 끝에 전구가 달려 있어 어두운 곳에서도 기록할 수 있는 볼펜 정도면 좋겠다. 그런데 영국에서는 단순한 수준을 넘어선 복잡한 기계를 고안해 냈다. 잠자는 동안 꿈을 꾸는 단계인 렘REM 주기로 들어가려 할 때 아주 낮은 소리의 경고음을 내게 해서 수면자의 기억을 환기시키는 발명품이었다.

1960년대에 나는 수면실험실에서 꿈을 꾸지 못할 때 우리 몸에 일어나는 현상에 대해 연구했다. 구체적인 대상을 선별하여 잠은 자게 하면서 꿈꾸는 렘 주기로 들어가려고 하면 이들을 깨우는 방식이었다. 이 실험에서 수면 시 렘 주기가 방해를 받으면 받을수록 더 빈번하게 온다는 것을 알게 되었다. 이 실험을 하는 며칠 동안 모든 다른 단계의 수면 과정은 허용하면서 꿈을 꾸는 주기만 방해하자 실험 대상자들은 정신적 능력이 저하되고 정서적 안정감을 잃었으며 깨어났을 때 환상을 보기 시작했다. 이 실험결과는 깨어났을 때 꿈을 기억하든 못하든 간에 꿈꾸는 현상 자체가 정신적·정서적 건강과 관련이 있음을 보여 주었다. 최근 실험결과들을 보면 1960년대 실험결과가 다소 과장된 점이 있다는 것을 알 수 있다. 하지만 최근 실험에서도 렘 주기 수면상태가 결핍되면 초조감이 증가하고 인지할 때 착오를 일으킨다는 사실이 관찰되었다. 이는 '진전망상delirium tremens' 증세와 비슷하다. 진전망상 증세는 체내에 알코올 농도가 증가하면 수면 시 렘 주기가 억제되어 이로 인해 초래되는 현상이다. 알코올과 마리화나, 코카인, 근육이완제와 같은 화학성분들도 수면 시 렘 주기를 방해할 뿐 아니라 꿈을 기억하는 데도 부정적 영향을 미치고 있다. 여기서 이런 사실을 언급하는 이유는 영국에서 고안된 원형기계처럼 생체 실험을 하는 기계가 단순히 수면을 방해하는 것 이상으로 훨씬 심각한 부작용을 초래할 수 있다는 가능성을 이야기하고 싶기 때문이다.

꿈을 기록하기 위해 녹음기를 이용하는 사람들도 있지만 녹음은 결과를 축적하기에는 매우 어렵고 부담스러운 작업이 될 수 있다. 내 경험상, 진지한 꿈 작업을 위해서는 꿈을 노트에 기록하는 것이 좋다. 녹음기를 선호하는 사람들은 대개 두 유형으로 나뉜다. 혼자 잠을 자는 사람들이거나 타자 실력이 좋은 사람들이다. 이들은 잠자는 동안 기억되는 꿈을 음성으로 녹음했다가 대부분 2~3일 내에 녹음된 것을 컴퓨터나 타자기로 기록해 둔다. 이렇게 번거로워 보이는 과정을 거치는 이유는 꿈을 다시 기록하는 과정에서 새로운 통찰들을 많이 얻을 수 있기 때문이다.

나는 이런 과정이 번거롭고 아내의 수면을 방해할 수도 있기 때문에 "전구가 달려 있는 볼펜"을 사용해 꿈 일기책에 기록한다. 볼펜에 달린 전구는 아주 작아서 노트의 한 구석만 비춘다. 이 펜은 병원에서 밤에 환자를 검진할 때 환자를 깨우지 않고 상태를 기록하기 위해 고안되었다. 처음에는 의료기 취급점에만 있었는데 이제는 백화점에서도 구입할 수 있다. 이렇게 상업적으로 생산된 펜의 문제점은 가격이 꽤 비싸고 잉크도 쉽게 닳는다는 것이다.

나는 금속으로 된 볼펜을 사서 잉크가 떨어지면 리필하고 펜에 "소형 손전등"을 매달아 사용하는 것을 제일 좋아한다. 이 경우 펜도 훨씬 오래 사용할 수 있고 경제적이다. 물론 가장 단순한 방법은 잠자리 옆에 연필 한 자루와 노트를 두고 자는 것이다. 어떤 방법을 사용하든 잠자리에서 일어나지 않고 손이 쉽게 닿는 곳에 기록할 도구를 두는 것이 중요하다. 자리에서 일어나 몸을 움직이기만 해도 기억하고 있던 꿈을 잊어버릴 수 있기 때문이다.

꿈을 기록하기 위한 준비가 다 되었다면 잠들기 전에 "꿈을 기억하고 꼭 기록하겠다"고 다시 한 번 다짐할 필요가 있다. 이를 위해 다양한 '잠자기 전 의례'들이 있다. 꿈을 기억하는 효과적인 방법들의 공통점은 '꿈을 기억하지 못할 수도 있다'는 걱정을 없애고 꿈을 기억하며 그 꿈을 통해 자기 자신에 대해 더 잘 인지하고 싶다는 신념을 갖게 해준다는 것이다.

어떤 사람들은 잠들기 전에 자기가 고민하고 있는 것들을 떠올리고 그것을 꿈에서 질문하고자 한다. 또 어떤 이들은 특별한 종류의 꿈을 꾸고 싶다는 바람을 갖기도 한다. 이런 방법은 새로운 것이 아니다. 고대사회에 널리 퍼져 있던 "꿈 배양dream incubation" 의례는 꿈을 통해 신의 영감과 치유를 기원하던 예식이었다. 꿈에서 질문하거나 특별한 꿈을 꾸고 싶어 하는 염원은 인류의 오랜 전통과 관련된 행위이다. 꿈을 기억하기 위한 '잠자기 전 의례'는 아주 다양하고 광범위하다. 그저 잠자리에 누워 꿈을 기억하고 그 꿈을 이해하겠다는 다짐에서 구체적인 명상에 이르기까지 자신에게 적합한 방법을 선택하기를 바라면서, 여기서 몇 가지 방법들을 제시하고자 한다.

잠의 항해를 시작하기 전에 꿈을 기억하겠다고 다짐하면 잠자는 도중에 꿈을 기억하려고 깨어날 수 있다. 이때 꿈을 기록하는 것이 중요하다. 그러나 한밤중에 완전히 깨어나서 꿈 전체를 기록하라는 것은 아니다. 그저 한두 마디 핵심단어만 적어 두면 된다. 물론 매우 독특하고 특별한, "큰 꿈"이라고 할 수 있는 꿈은 꼭 기록해 두고, 내용을 깊이 생각해야 하는 중요한 꿈은 한밤중에 일어나 기억하는 모든 부분을 기록하기도 한다. 그러나 대개의 경우 중요한 단어 한두 개나 간단한 이미지를 끼적거려 놓거나 녹음해 두면 아침에 일어나서 전체 꿈을 기억해 내는 데 주요한 단서가 된다. 어떤 경우엔 자다가 녹음한 것이 전혀 알아들을 수 없을 정도로 횡설수설인 때가 있고 적어 놓은 단어를 알아볼 수 없을 때도 있다. 그럼에도 불구하고 이런 기록 자체가 아침에 기억력을 자극해 꿈 기억을 되살리는 데 도움이 된다.

꿈을 종이에 기록하는 데 친숙한 사람이라도 최소한 한 번 정도는 녹음을 해보라고 권하고 싶다. 녹음기를 통해 "객관적으로" 자신의 음성을 듣는 것은 충격적일 수 있다. 거의 같은 맥락으로, 자신이 잠에 취해서 남겨 놓은 목소리를 듣는다는 것 자체가 특별한 체험이 될 수 있다.

꿈을 기록하기 위해 자다가 깨어나기를 원치 않거나 숙면을 방해받고 싶지 않은 사람에게도 효과적인 방법이 있다. 잠자기 전에 마음을 집중한다. 그리고 잠자리에 들기 바로 직전의 행동부터 시작해서 그날 있었던 일들을 역순으로 기억해 본다. "지금 내가 자리에 누워 잠을 자려 한다. 지금 나는 잠옷으로 갈아입는다. 지금 나는 세수를 한다. 지금 나는 이를 닦는다." 잠자리에 누워서 이런 식으로 그날 있었던 모든 일들을 '역순으로' 기억한다. 그리고 숙면을 취한 다음 아침에 깨어나서 이 과정을 반복하는데, 이때는 잠자는 동안 일어났던 사건을 역으로 되뇌는 것이다. "지금 내가 일어난다. 지금 내가 꿈을 꾼다." 잠시 중단하고 꿈을 기록한 다음 다시 되뇐다. "지금 내가 먼저 꾼 꿈을 꾼다." 이런 식으로 잠자는 동안 진행된 시간을 역순으로 거슬러 올라가 본다. 이 방법을 적용하는 사람들은 밤에 깨어나지 않고도 하루아침에 네다섯 가지 꿈을 기억하게 된다.

간혹 잠자기 전 의례를 하고 꿈을 기록하기 위한 만반의 준비를 해두었어도 아침에 일어나 맨 먼저 잠잘 때 습관적으로 잘 취하는 자세를 시도해 볼 필요가 있다. 천천히, 마치 명상하듯 잠잘 때 자세로 돌아가 보는 것이다. 이 자세를 취하는 것만으로 꿈 기억력을 자극할 수 있다.

만일 이 시도도 효력이 없으면 자신이 가장 정서적으로 깊이 연결되어 있는 사람의 얼굴을 머릿속에 떠올려 보는 것도 도움이 된다. 종종 이런 얼굴들의 배경이나 언저리에 평상시엔 별 연관이 없어 보이던 잔영들이 떠오를 수 있다. 이 이미지는 대개 꿈의 파편들이다. 이 파편에 집중하는 동안 꿈을 기억하게 될 것이다. 또 자기와 감정적으로 깊이 연결된 사람 대신 예전에 살았거나 일했던 장소, 특히 어린 시절에 살던 집 또는 제일 좋아하는 자연경관, 특별히 좋아하는 빛깔 등을 상상해 보는 것도 꿈 기억에 도움이 된다. 기억하려고 애쓰는 꿈에 이런 것들이 종종 등장하는 경향이 강하기 때문이다.

꿈을 기억하는 데 특히 어려움을 겪는 사람이 별다른 노력을 기울이지 않고 꿈 기억력을 증진시키기를 원한다면 비타민 B 복합체 복용을 권한다. 실험결과에 따르면 비타민 B 복합체가 어떤 사람들에게는 꿈 기억을 증진시키는 데 탁월한 효과가 있으며 스트레스 해소에도 도움이 된다. 비타민 B 복합체는 수용성이라 가공식품을 많이 섭취하는 사람의 경우 대부분 결핍되는 성분이다. 비타민 B 복합체는 자기 마당에서 기른 야채로 요리하더라도 끓여서 물에 헹구는 과정에서 거의 다 손실된다. 시중에 질 좋은 비타민 B 대용품이 많이

나와 있으며 특히 비타민 C와 혼용하면 좋다. 비타민 B는 수용성이라 남는 성분은 몸 밖으로 배출되므로 남용의 우려가 없다. 남용하는 경우 소변 횟수가 조금 증가하는 정도의 문제를 일으킬 뿐이지 다른 비타민처럼 몸에 축적되어 해로운 물질로 전환될 위험은 없다.

마지막으로 누군가와 또는 어떤 모임에서 자신의 꿈을 안전하게 나눌 수 있을 때 꿈 기억력은 현저하게 증가한다. 나는 대부분의 성인들이 꿈을 잘 기억하지 못하는 이유는 꿈을 이야기하고 꿈 기억을 자극할 사람들이 주변에 없기 때문이라고 생각한다. 현대사회에서 꿈 이야기를 하면 조소거리가 되거나 재미없는 사람으로 여겨지는 경향이 있다. 그러나 꿈을 이야기하는 것이 서로 격려가 되는 사회적 그룹이 형성되었을 때, 친구나 사랑하는 사람들과 꿈을 나눌 수 있는 동기가 형성되었을 때 꿈 기억률은 현저하게 증가한다.

수십 년간 꿈을 탐구하고 꿈 작업을 하는 기술을 가르치면서 습관적으로 꿈을 기억하지 못하는 사람들, 이른바 자신은 꿈을 꾸지 않는다고 표현하는 사람들이 꿈 그룹을 결성하는 것을 보아 왔다. 이런 사람들도 얼마 가지 않아 그룹 모임이 있을 때마다 하나 정도의 꿈을 기억하기 시작하는데, 대개 모임이 있는 날 아침의 꿈을 기억하게 된다. 또 이런 사람들이 그룹에서 자신의 꿈을 나누고 함께 작업하게 되면 꿈을 기억하는 횟수가 현격히 증가하는 것도 보아 왔다.

기억하기

꿈 기억을 증진시키는 8가지 힌트
1. 꿈에 관심을 가지고 꿈을 기억하기를 바라는 마음을 가진다는 그 자체가 바로 꿈 기억력을 증진시키는 첫 번째 단계이다.
2. 꿈을 기록할 방법을 결정하고 잠들기 전 손이 쉽게 닿을 수 있는 머리맡에 기록

할 도구를 준비한다.
3. 잠들기 전에 꿈을 기억하고 이해하기를 원하는 마음을 집중한다. 이렇게 잠자기 전에 하는 "꿈 배양" 의례는 단순하거나 복잡하게, 정교하거나 구체적으로 자신의 취향에 따라 다양하게 창조할 수 있다.
4. 잠자는 동안 꿈을 기억해 깨어나게 되었을 때 중요한 단어 한두 개나 간단한 이미지를 기록해 두면 아침에 전체 꿈을 기억하는 데 자극이 된다.
5. 아침에 눈을 뜰 때 아무 꿈도 기억하지 못한다면 잠잘 때의 몸자세를 취해 보라.
6. 여전히 꿈을 기억하지 못한다면 자신이 강한 감정을 가지고 있는 사람들의 얼굴을 떠올리거나 특별하게 생각하는 장소를 연상할 때 그 배경에 잔영처럼 이미지가 떠오를 수 있다. 이 이미지가 바로 꿈의 잔영들이다. 이 잔영에 집중하면 꿈 기억을 되살리는 데 도움이 된다.
7. 비타민 B 복합체를 섭취해 보자. 꿈 기억을 증진시키는 효과가 있으며 스트레스 해소에도 도움이 된다.
8. 자신이 애정을 가지고 있는 사람과 꿈을 나누어 보자. 꿈 그룹을 만들고 가입해 보자. 함께 꿈을 나눌 사람들이 있다는 것 자체가 꿈 기억 증진을 위한 효과적인 자극이 된다.

4. 꿈 기억을 위해 덧붙이는 생각

너희는 눈이 있어도 보지 못하고
귀가 있어도 듣지 못하느냐?
너희는 기억하지 못하느냐?

— 마르 8, 18

　우리는 왜 꿈을 기억하기도 하고 그렇지 못하기도 할까? 그 이유는 다양하고 복잡하다. 이 분야에 대한 연구 결과에 따르면 꿈을 기억하는 것은 주기적인 패턴과 연관이 있다. 하루 24시간의 생활주기나 주중에 받는 업무로 인한 압박감, 육체적인 건강, 정서적인 삶, 사회적인 지원, 다이어트 등도 영향을 미치는 것으로 알려졌다.

　기억된 꿈을 토대로 한 연구 결과를 살펴보면 여성들이 남성들보다 "컬러 꿈"을 꾸는 빈도가 더 높다고 한다. 이런 통계는 성별에 따라 다르게 꿈을 꾼다기보다 꿈을 기억하는 과정에서 차이를 보이게 되는 것이라고 여겨진다. 색깔과 감정 사이에는 원형적인 연관성이 있다. 경험을 통해 봤을 때, 여성이 "총천연색" 꿈을 꾸는 빈도가 높고 남성이 "흑백" 꿈을 꾸는 빈도가 높다는 통계적인 결론은 간접적이고 미세하지만 성차별적 경향을 드러낸다. 대부분의 여성들은 남성들보다 심미적이거나 정서적인 측면에 주의를 더 많이 기울이도록 훈련되었으며 사회적인 영향 또한 여성들이 이러한 측면을 발전시키도록 해왔다. 여성이 남성보다 규칙적으로 "컬러 꿈"을 꾸는 경향이 강하다는 일반적인 통계치는, 여성이 일반적으로 깨어 있는 시간 동안 감정이나 시각 그리고 심미적인 영역에 의식적으로 더 많은 관심을 기울이고 있다고 추정할 수 있다.

나의 이런 확신은 "흑백 꿈만 꾼다"고 표현하는 대부분의 남성들과 작업하면서 갖게 된 것이다. 내 경험으로는, 꿈 작업 초기에 "흑백 꿈만 꾼다고 주장하던 사람들"도 작업이 진행됨에 따라 갑자기 꿈에 색깔이 나타난다고 말하게 된다. 대부분의 경우 색채가 나타날 때 제일 먼저 "보이는" 것은 붉은색이다. 이런 변화는 꿈 작업을 통해 그 사람의 내면세계에 미세하지만 연금술적인 변화가 일어나고 있다는 사실을 증명해 주는 것이기도 하다. 아주 희귀한 경우를 제외하고, 일단 첫 번째 색깔이 꿈에 등장하고 나면 그로부터 얼마 지나지 않아 다양한 색채들이 등장하기 시작한다. 그때부터 이들은 더 이상 "꿈을 흑백으로 꾼다"고 표현하지 않는다. 내가 주관적으로 관찰한 결과, 사람들이 꿈 작업을 하게 되면 자연히 그동안 본인이 무시하고 억눌러 두었던 감정과 정서의 세계로 다가가게 된다. 그리고 이로 인해 억눌렸던 감정과 정서가 의식세계의 표면에 등장하게 된다. 따라서 점진적으로 진행되는 꿈의 "색채화"는 깨어 있을 때도 일상에서 풍부한 감정과 정서를 누리는 삶의 "색채화"가 진행된다는 사실이 꿈에 반영되는 것이라고 생각한다. 이것은 바로 "흑백" 꿈에서 "컬러" 꿈으로 전환되는 과정에서 붉은색을 제일 먼저 기억하는 이유와 통한다. 붉은색은 원형적으로 분노, 욕정, 사랑, 열정, "피" 등 마음속에서 저절로 일어나는 가장 강렬한 감정을 나타낸다. 이런 의미에서 꿈속에서나 깨어 있는 동안 따뜻함과 강한 감정 그리고 위험을 동시에 의미하는 붉은색이 맨 먼저 등장한다는 사실은 놀랄 만한 일이 아니다. 경험과 숙고를 통해, 꿈을 기억하든 못하든 모든 사람들이 다 꿈을 꾸듯이, 나는 색깔이 있는 것으로 기억하든 흑백으로 기억하든 상관없이 꿈꿀 당시에는 모든 꿈이 채색되어 있다고 확신한다. 그리고 꿈 작업을 통해서 개개인이 내적인 삶과 감정을 훨씬 더 의식적으로 깨달을 수 있기 때문에, 꿈을 기억할 때도 초기에 억눌렸던 부분이 진화하는 과정을 관찰할 수 있다고 믿는다.

프로이트는 깨어 있는 상태든 꿈을 꾸는 동안이든 우리가 선별적으로 어떤 사실만 기억하는 이유는 복잡하게 얽혀 있는 억압구조 때문이라고 했다. 그는 이 복잡한 구조를 풀어 보려고 평생 노력했다. 그의 업적은, 만일 어떤 사람이 꿈을 기억하지 못한다면 "내면"에 너무나 두렵고 불쾌한 뭔가가 있어 어떤 형태로든 의식적으로 그 부분을 인정하지 않으려는 경향이 있기 때문이라는 개념을 대중화시킨 것이다. 꿈을 전혀 기억하지 못하거나 부분적으로만 기억하는 이유 중 하나는 억압 때문이기도 하지만, 가장 주요한 원인은 아니라는 것을 나는 경험을 통해 알게 되었다. 특히 자발적으로 호기심과 열린 마음을 가지고 자신의 내면세계를 탐구하고 그 창조적 가능성을 증가시키려고 꿈 작업에 동참하는 사람들의 경우에는 더욱 그렇지 않다.

렘수면 실험결과는, 우리가 하루 8시간 잠을 자는 동안 누구나 규칙적으로 5~6번 꿈을 꾼다는 사실을 입증해 준다. 그렇지만 내 경험으로는 아주 성공적으로 꿈 작업을 하는 사람조차도 규칙적으로 하루에 두세 가지 꿈만 기억한다. 이 연구는 또 렘수면 주기에 소요되는 시간과 렘과 렘 사이의 시간차가 개인에 따라 다양하지만 평균적으로 지속되는 렘 주기가 한 시간 반마다 반복된다는 사실도 입증해 준다. 이 실험결과는 가장 성공적으로 꿈을 기억하는 사람조차도 매일 밤 꾸는 꿈 중 최소한 반은 기억하지 못한다는 사실을 명백히 보여 준다.

가시적으로 드러나는 편차 때문에 나는 오래도록 의문스러웠다. 내가 참여했던 꿈 작업 그룹에서 관찰되던 예외적 패턴들에 당혹스럽기도 했다. 종종 꿈 작업에 아주 열정을 보이는 그룹 구성원 중에서 상대적으로 자신을 덜 억압하고 덜 자기기만적으로 보이던 사람들이 꿈 그룹에 참여하자 갑자기 꿈을 전혀 기억하지 못하는 사례들을 만나게 되었다. 의식적으로 깨닫지는 못하지만, 이들은 무의식적으로 엄청나게 자기를 기만하고 있음을 느끼고 자신을 그룹에 드러낸다는 사실에 대해 불편해하고 당혹스러워하기 시작한 사람들이다. 나는 깨어났을 때 왜 꿈을 기억하지 못하게 되는지 알아보기 위해 이들에게 질문들을 던지곤 했다. 이들은 대개 자기들은 분명히 총천연색을 띠는 즐거운 꿈을 꾸는데 막상 기록하거나 녹음기로 접근하려 하면 기억한 꿈은 순식간에 사라져 버린다는 좌절과 바람으로 가득 찬 변명을 반복해 늘어놓는다.

나의 경험에서, 억압 때문에 기억한 꿈을 잊어버리는 이유는 거의 대부분 두려움과 분노 또는 유쾌하지 못하거나 행복하지 못한 감정들과 관련되어 있다. 그렇다고 해서 꿈을 기억하지 못하는 사실이 항상 억압과 관련되는 것만은 아니다. 나는, 이렇게 그룹에 참여해서 갑자기 꿈을 기억하지 못하는 사람들은 대부분 내면에 억압된 부분이 아주 많지 않은지 의심하게 된다. 어느 날 아침, 아내는 꿈을 분명하게 기억하여 꿈 일기책에 적어 두어야겠다고 생각하면서 잠에서 깨어났다. 그런데 눈을 뜨는 순간 꿈의 세부사항들이 기억에서 사라져 버렸다. 시간이 조금 지난 오전 중에 갑자기 아내가 꿈에서 엄청난 군중과 함께 바깥에 있었다는 사실을 기억해 냈다. 그녀는 거대한 군중 사이에 있는 모든 개개인의 다층적 의식을 동시에 체험한 것이다. 그녀는 한꺼번에 군중 속에 있는 모든 개개인의 눈을 볼 수 있었고 모든 개개인의 음성을 들을 수 있었으며 모든 개개인의 감정을 느끼면서 감동받았다. 깨어 있는 상태에서 아내의 의식이나 관점은 꿈속에서 일어난 이런 다층적 의식을 기억하려는 토대를 갖추지 못했던 것이다.

나도 이와 비슷하게 꿈에 등장하는 다양한 사람의 경험에 동시에 참여하는 꿈 체험을 해보았고 이런 체험을 적어 보려고 분투해 보았다. 때문에 이런 꿈을 기억하는 데 어려움을 겪으리라는 것은 쉽게 상상해 볼 수 있다.

나는 꿈 기억을 "잘하던" 사람들이 그룹에 참여하면서 꿈을 전혀 기억하지 못하게 되는 이유 중 하나는, 바로 그들 개개인이 꿈 작업에 대해 느끼는 강한 열정의 희생자이기 때문이라는 사실을 점차 분명히 깨닫게 되었다. 특히 심층적이고 원형적인 꿈 체험들은 깨어 있을 때의 상태와 근본적으로 다르며 훨씬 복잡하기 때문에 잠잘 때와 깨어 있을 때의 의식 차이로 인해 꿈을 기억하지 못할 수 있다고 생각한다.

전체를 기억하지 못하는 꿈과 부분적으로 기억하지 못하는 꿈에 대해 꾸준히 조사한 결과, 우리 대부분이 꿈에서 일어나는 경험들을 모두 기억하지 못하는 '중요한' 이유는 꿈꾸는 동안 일어나는 경험이 우리의 의식이나 깨어 있을 때 개개인의 성격을 구성하는 데 이용되는 기본 구조나 틀을 넘어선 단계에서 일어나기 때문이다. 가장 대표적인 예가 바로 "주체와 객체"의 분리 개념, 또 과거와 현재와 미래가 일직선상에서 진행되는 시간 개념 같은 것이다. 깨어 있는 동안 만들어지는 우리의 경험을 규정하기 위해서는 이 두 개념이 적용된다. 하지만 꿈에서 일어나는 상황들은 이런 의식 상태의 기본적인 범주가 전혀 적용되지 않는 단계에서 이루어진다고 생각한다. 나는 여러 다른 이야기들이 동시에 전개되는 상황에 관한 꿈을 꾸었고 나 자신이 동시에 여러 "사람"이 되는 꿈도 꾸었다. 그리고 다른 사람들도 내 꿈과 같은 꿈을 꾸는 사례들을 관찰했다. 원형의 영역에서는, "집단무의식" 또는 "객관적인 심리objective psyche"에서는 시간의 경험과 자기 인식이 깨어 있는 동안의 삶의 경험이 아주 다르다. 그렇기 때문에 깨어 있는 상태의 시각이나 개념과 꿈속에서 일어나는 현상들 사이에는 명백한 차이가 있음을 관찰하게 된다. 원형엔 분명 "영원하고timeless" "초월적인" 수준이 있다. 그리고 개개인의 꿈 체험이 그러한 영역들 속으로 어느 정도 깊이 들어갈 때, 단순히 깨어 있는 상태의 의식이나 기억의 기본적인 범주는 그러한 체험들을 기록하기에 부적절하다.

심지어 이러한 관점으로 무엇을 듣거나 읽고 명확히 이해하게 되는 그런 평범한 꿈일지라도, 꿈에서 듣고 읽고 이해한 것을 기록하려 할 때 기억에서 완전히 사라져 버리는 이유를 어느 정도 설명해 줄 것이다. 이런 경우 대부분은 꿈속에서 진행되는 체험들이 대단히 심오하고 원형적인 깊이의 공명을 지니고 있다는 징조인 것 같다.

많은 경우 이런 꿈들은 무당이나 신비가나 명상가들이 명상하는 동안 "자아가 사라지는" 체험이나 "신과 완전한 합일을 이루는" 체험으로 나타난다. 꿈에서 자신을 완전히 잃어버리는 체험은 종교적 체험에서 "신에게로의 회귀"나 "신과 하나 됨"이란 신비 체험과 아주 유사하게 기술되고 있다. 이런 의미에서 나는 모든 사람이 매일 밤 "신과 하나 되는 체험"을 하지만 그 체험을 기억하지 못할 뿐이라고 생각한다. 이것이 바로 잠을 자는 동안 육체적·정신적·영적으로 가장 큰 안식을 얻을 뿐만 아니라 새로운 에너지로 충전되는 중요한 이유라고 생각한다. 앞에서 언급했던 것처럼 꿈을 꾸지 못하게 하는 실험을 통해 꿈이 정신적·정서적 평형감각을 유지하는 데 주요한 역할을 한다는 사실이 밝혀졌다. 나는 어쩌면 우리가 기억할 수 없는 꿈이 기억하는 꿈보다 훨씬 더 깊은 회복력을 가지고 있지 않을까 생각해 본다.

종교적 신비가나 요가 명상가들이 말하는 "꿈을 꾸지 않는 단계의 깊은 잠"이란 현상을 언급하는 것도 흥미로우리라 생각한다. 요가 명상가들은 "깨달음에 이른 사람들은 더 이상 꿈을 꾸지 않는다"라고 단언한다. 깨달음을 얻었다고 주장하는 인도의 요가 명상가들을 대상으로 실험해 본 결과, 이들도 잠을 자는 동안 렘수면, 즉 급속안구운동rapid eye movement을 보여 주고 있다는 사실이 밝혀졌다. 그러나 렘수면 동안 이들의 내면에서 일어나는 현상을 우리가 일반적으로 생각하는 꿈이라고 인정할 필요는 없다. 대부분 이들은 "신과 하나 됨" 또는 "빛과의 합체"라고 그 경험들을 표현한다. 나는 깨어 있는 동안 그들이 하는 명상수련의 결과, 꿈을 꾸는 동안 그들이 어떤 패턴을 창조하여 실제로 잠자는 동안 모든 경험이 심오하고도 원형적인 깊이에 도달하기 때문에 이른바 "꿈을 꾸지 않는 단계"라고 표현하지 않을까 짐작해 본다.

그러나 나는 또한 오랜 명상수행의 결과로서 잠잘 때 도달하는 이들의 놀랄 만하고 주요한 체험을 우리도 매일 밤 잠자는 동안 경험한다고 생각한다. 그리고 단어나 이미지로 표현할 길 없는 초월적인 꿈 체험을 어떤 식으로든 기술하려고 노력해 볼 가치가 있다고 생각한다. 물론 이러한 심오한 체험을 언어로 표현하려는 노력은 항상 실패해 왔다. 그럼에도 이런 실패의 역사가 바로 우리가 지니는 심오한 신념과 믿음의 영감이 되어 왔다.

꿈을 꾸는 동안 자신의 의향이나 관심을 증가시키는 방법으로 "꿈 요가"가 있다. 꿈 요가를 통해 깨어 있는 상태에서 명상이나 요가의 수련으로 도달할 수 있는 것과 유사한 영적 · 정서적 · 지적인 단계에 도달할 수 있다. 깨어 있는 상태에서 '모든 것'을 동시에 깨닫고자 하는 연습을 꿈꾸는 과정에서도 시도해 볼 수 있다. 꿈을 꾸면서 어떤 곳에 초점을 맞추더라도 항상 그 경계에는 무엇인가가 더 있다는 느낌을 가지게 된다. 꿈을 기억하고 기록하는 명상적 원칙을 연습하는 것은 잠자는 동안뿐만 아니라 깨어 있는 동안에도 우리에게 일어나는 일들을 훨씬 명확하게 깨닫도록 도와준다. 종종 꿈을 영적 수행의 하나로 실습하는 경우, 이 수행이 성공하고 있다는 결과로 꿈꾸는 사람이 꿈속에서 자신이 꿈을 꾸고 있다는 사실을 인식하게 된다. 이런 특별한 의식 상태를 "명석몽lucid dreaming"이라고 하는데 이 책의 다른 부분에서 이 내용을 충분히 다룰 예정이다(역자 주 : "자각몽" 또는 "명석몽"이라 번역한다).

꿈 작업은 심오한 영적 수련이 될 수 있는 동시에 심리학적으로 자기 인식의 수단이자 창조적 영감과 에너지를 얻는 수단이 될 수 있다. 사실 이런 표현들은 동일한 과정을 각기 다른 방식으로 묘사하는 것뿐이다. 스위스의 심리학자 융Jung은 이를 "개성화 과정 individualization"이라고 했다.

기억하기

꿈 기억을 위해 덧붙이는 생각

다양한 물리적·사회적 패턴이 꿈을 기억하는 데 영향을 미치고 있다. 가끔 꿈의 내용 자체가 현재 우리가 가지고 있는 자기 자신과 세상에 대한 생각에 너무 도전적이기 때문에 꿈을 기억하지 못할 수도 있다. 일반적으로 알려진 것과 달리 유쾌하지 못한 경험에 대한 "억압"은 꿈을 기억하는 데 방해가 되는 한 가지 요소일 뿐이다. 꿈을 기억하지 못하는 다른 이유는, 우리가 깨어 있는 동안 가지고 있는 사고체계인 직선적인 시간 개념과 자아가 분리된 범주가 꿈 체험과 무관하다는 것일 수 있다. 꿈 체험은 "영원하고 초월적인" 원형의 영역과 공명하기 때문이다. 직선적인 시간 개념과 자아의 시각 없이 꿈 체험을 그대로 이해하고 기록하려는 노력은 그 자체만으로 의식을 극적으로 확장할 수 있는 영적 수련이 된다.

5
꿈은 왜 이해하기 어려울까

> 나에게 꿈은 자연의 일부이다.
> 자연은 원래 뭔가를 감추려 들지 않는다.
> 최대한 자신을 드러내려 한다.
>
> – 칼 융

내 경험에 의하면 꿈은 감추거나 가면을 쓰고 위장하지 않는다. 꿈은 최대한 드러내려고 한다. 그런데 왜 꿈이 이토록 애매하고 불투명하게 보이는가? 왜냐하면 꿈의 모든 표현은 하나의 은유적 이미지 안에 우리가 경험한 사실의 다양한 단계들이나 의미를 함축하고 있기 때문이다. 이런 복합적이고 다층적인 꿈의 특징 때문에 깨어 있는 상태에서 꿈의 내용을 들여다보면 애매하고 꿈이 의미를 숨기려 하는 것처럼 느껴진다. 그러나 시간을 들여 꿈의 의미를 파악하려고 노력할 때 우리는 꿈의 은유적 표현에서 충분히 다양한 의미를 파악해 낼 수 있다. 그리고 꿈의 풍부하고 다층적인 표현에 놀라움을 금치 못하면서, 의미를 파악해 가며 자신에 대한 깨달음을 넓혀 갈 수 있다. 이런 경험을 통해 꿈이란 그저 의미 없는 무엇이 아니라는 사실을 알게 된다.

꿈은 목적적이고 역설적이며 언어놀음pun의 역설로 가득하다. 언어유희는 동음이의의 익살이라고도 하는데, 이 말은 한 단어가 적용되는 상황에 따라 최소한 하나 이상이 의미를 지닐 수 있기 때문에 성립되는 것이다(역자 주 : 뱃속에 말 다리가 두 개 들어 있는 꿈을 꾼 경우를 보았는데, 말 다리는 말이란 동물의 다리일 수도 있고 말과 다리를 떼어서 생각하면 말로 놓는 다리가 될 수도 있다). 사실 꿈에 등장하는 '모든 것'은 하나 이상의 의미를 지닌다. 그리고 전체 꿈은 우리가 의식적으로 이해하지 못하는 단계에서 일어나는 다층적인 의미들을 하나의 경험 안에 짜 넣은 것이다. 기억된 꿈에 어떤 형태로든 이 모든 다층적인 의미가 동시에 적용되고 이런 무의식적인 경험이 공명하기 때문에 꿈은 종종 애매하고 불투명하게 보인다. 꿈을 처음 대할 때는 대개 이런 꿈이 "아무 의미도 없는" 개꿈처럼 여겨진다. 그러나 꿈의 구조나 꿈을 풀어 갈 힌트를 그 속에서 찾을 수 없기 때문에 이렇게 느낄 뿐이다.

꿈에 대한 수많은 개념이나 이론들이 나도는 이유도 바로 여기에 있다. 심리학자나 치유자 또는 종교지도자나 의학적 연구자에서 인류학자까지, 심지어 해몽가나 도박꾼들조차 다양한 이론들을 제시한다. 누가 옳고 그른지 말하기 전에, 이들 각자는 꿈의 일반적 측면 중 대개 하나의 관점에만 초점을 맞추는 경향이 강하다. 그리고 각각의 그룹에 속하는 사람들은 그들 자신이 가장 관심을 가지는 요소 하나만으로 그 꿈 전체가 '진정으로' 말하는 것이 무엇이라고 단정해 버린다. 그런데 위험한 점은 이들이 주장하는 어떤 한 가지 측면과 관점이 꿈에서는 항상 드러나는 요소인데, 이런 요소들 때문에 "이 꿈은 바로 이런 의미야." 하고 마치 꿈 전체의 의미를 파악하고 있는 것처럼 표현하는 자세에 있다. 이런 주장의 이면에는 자신의 이론이 절대적으로 옳기 때문에 꿈에 관한 다른 모든 이론은 틀렸다는 태도까지 간접적으로 드러낼 때가 있다. 이런 태도는 과학이란 이름으로 가장하거나 더 심한 경우 증명된 진실을 말하는 것처럼 보이지만 사실은 어리석음 그 자체를 드러낼 뿐이다.

나는 꿈 작업을 하는 다양한 기술을 공부했고 실제로 이 기술들을 실행해 보았다. 그리하여 다양한 이론이나 개념 가운데 꿈에 관한 진실을 드러내지 않는 것은 하나도 없다는 사실을 경험을 통해 말할 수 있다. 꿈 작업의 권위자가 "이 꿈은 이러이러해서 이런 의미를 갖는다"라고 표현할 때, 대개 그 사람이 말하는 것은 옳다. 그러나 전문가라 할지라도 "이것이 바로 꿈이 말하는 전부이다"라고 말할 때, 그 표현은 옳지 못하다. 꿈속에 등장하는 모든 요소는 "중복 결정되기over-determined" 때문이다. 꿈이란 다양한 경험적 요소가 서로 수렴되고 녹아들어 하나의 은유를 창조하여 표현되고 이 표현이 기억되는 것이다. 이런 차원에서 프로이트는 "꿈은 성적 욕망과 바람의 요소"라고 하면서 그런 욕망의 관점으로 초점을 맞추는데, 꿈에는 그런 욕망과 관련된 요소가 항상 등장하므로 이런 시각이 오류는 아니다. 그러나 그가 성적 욕망과 바람이 꿈을 꾸는 특질과 기능, 목적을 전부 다 설명한다고 단언한다면 명백히 잘못을 범하는 것이다. 프로이트는 자신의 이론적인 모델에 적합하지 않은, 다양한 일반적 꿈을 무시한다. 꿈에 관한 어떤 결론과 이론들은 준엄한 과학적 연구 결과의 산물처럼 보이는 것에서 그저 "애매하고" 마술적인 것까지, 설익게 종결 내린 것들이다. 과거 수백 년간 꿈 작업이 부정적인 명성을 얻게 된 이유 중 하나로 이렇게 부적절한 이론적 모델들이 등장한 점을 꼽을 수 있다. 우리는 최근 꿈과 꿈꾸는 현상에 대한 노력이 새로운 창조적 가능성을 가져올 시대로 진입하고 있다. 꿈에 관심을 가지고 꿈을 이해하기 위해 에너지를 쏟을 때 꿈의 의미를 파악하게 되고 꿈이 지니는 잠재적인 혜택을 받게 된다는 사실을 이해하기 시작했다. 지금은 개개인과 그룹이 함께 과학적인 방식으로 꿈을 연구할 수 있는 가능성의 시대를 열어 가면서 꿈을 연구하고 있기 때문에 새로운 가능성과 극적인 통찰, 창조적 에너지를 얻게 되는 흥미로운 시대가 시작되고 있다.

꿈이 형성되는 무의식적 단계에서는 꿈 체험을 만들어 내도록 녹아드는 다양한 의미들이 알려지고 인식된다. 의식적인 꿈 작업이란 의식적 자각 아래 무의식에서 이미 "파악하고" 있는 이런 의미를 의식적으로 이해하는 것이다. 내재적으로 꿈은 다층적인 의미를 지니는데, 꿈을 기억하는 순간 의식에서는 그 의미를 아직 인식하지 못한다. 꿈 작업이란 무의식에서 이미 인지하고 있는 이런 다양한 지식과 이해를 의식의 차원으로 끌어올리기 위한 내면 탐구 작업으로 다양한 범주의 전략과 기술을 필요로 한다.

꿈에 내재되어 있는 의미가 파악되는 순간에는 항상 "아하! 체험" 또는 "번쩍이는 깨달음" 또는 "느낌의 이동"이 다가온다. 그 체험은 진실이며 이 경우에 어떤 내적 지식이 습득된다. 각자가 이 순간을 어떻게 표현하든, 어떤 방식으로 체험하든 간에 이 순간의 느낌은 내면에서 자발적으로 일어나는 "그래, 바로 그것이야!"라는 기쁨의 탄성이다. 그리고 이 느낌이 바로 꿈 작업 중 의미의 옳고 그름을 판단할 수 있는 유일한 기준이 된다. 그러므로 오직 꿈꾼 사람만이 그 꿈이 진정으로 의미하는 바가 무엇인지 확신을 가지고 알 수 있다. 함께 꿈 작업을 하는 사람들이 대부분 다른 곳에서 맞는 근사한 이론이나 경험을 통해 거의 매번 맞아떨어지는 직관력을 가지고 자기표현을 하지만 궁극적으로는 오직 꿈꾸는 사람만이 그 꿈의 진정한 의미가 무엇인지 알 수 있다. 이런 의미는 처음에는 대개 말로 잘 표현할 수 없으며 그저 느낌으로 다가오는데, 종종 그 뒤에 의미와 연관해 명료하게 설명할 수 있게 된다.

만일 꿈으로 함께 작업하는 과정에서 꿈을 꾼 사람이 "아하! 체험"을 하지 못한다면, 그룹 작업 과정에서 함께 나누었던 아이디어나 통찰, 제안은 옳고 그름을 떠나 꿈꾼 사람에게 별 깊은 의미를 지니지 않으며 그 내용도 의존할 필요가 없어진다. 그러나 한 가지 예외적인 경우가 있는데, 자연의학 또는 대안의학 전문가들이 꿈을 이용해 진단이나 처방을 내리는 경우에는 자신에게 "아하! 체험"이 없었을지라도 심각하게 고려해 볼 필요가 있다.

꿈꾼 사람의 "아하!"만이 궁극적으로 의존할 수 있는 체험이라고 말하는 것은 중요하다. 그러나 "아하! 체험"이 없다고 해서 그룹이 함께 꿈 작업을 하는 동안 제시되었던 견해나 제안이 잘못되었거나 오류라는 말은 분명 아니다. 단지 꿈꾼 사람이 어떤 이유에서건 그 순간에 언급되었거나 나누어진 것에서 진실을 발견하지 못했다는 뜻일 뿐이다. 그럼에도 불구하고 꿈꾼 사람의 내적 확인만이 꿈에 관한 진실 여부를 파악할 때 궁극적으로 의존할 만한 유일한 것이다.

종종 꿈 작업을 하면서 나누었던 것이나 언급되었던 것이 진실이라 할지라도 내면에 강한 억압이 존재하는 경우에 "아하!" 표현을 막을 수 있다. 그러나 내면의 억압이 "아하! 체험"을 가로막는다는 사실은 상대적으로 비중이 크지 않은 부분이다. "아하!" 표현을 하지 않는 훨씬 많은 경우는 꿈꾼 사람이 자기의 위신을 유지하려고 강하게 열망하거나 내면 탐구 과정에서 자기 방향성을 상실하지 않으려고 애쓰기 때문에 나타난다. 흔히 내향적인 사람들은 게시된 의견이 진실이라 할지라도 이를 받아들이고 확인하는 과정을 혼자 하려는 경향이 강한 사람들이다. 이런 경향이 강한 사람과 작업할 때는, 꿈꾼 사람이 침묵으로 일관할지라도 주위 사람들은 "정말 맞다"라는 확인을 하기도 한다. 내향적인 사람들은 드러난 견해와 통찰을 누구의 방해도 받지 않고 혼자 있는 시간에 숙고하고 스스로 확인하는 경향이 강하기 때문에, 이들이 나중에 자신의 통찰을 함께 나누기 전에는 실제 꿈 작업으로 "아하! 체험"이 있었는지 없었는지 확인할 길이 없다.

어떤 이유에서든 꿈 작업에서 "아하!" 하는 확인이 일어나지 않았다 해도, 만일 꿈 작업에서 나누고 언급되었던 것이 진실이라면 다소 시간이 걸릴지라도 "진실은 언젠가 반드시 드러나게" 될 것이다. 내 경험으로도, 꿈 작업을 하는 과정에서 "아하! 체험"이 없었어도 작업 과정에서 언급된 것이 대단히 생산적이고 도움이 되었다고 말하는 수많은 사례들이 있었다. 누군가와 꿈 작업을 하면서 그룹 구성원 전체가 그 사람에게 "아하! 체험"을 일으키기 위해 도전하지만 "아하!" 확인이 일어나지 않을 수 있다. 그런데 이 사람이 다음번에 거의 유사한 배경과 유사한 감정과 유사한 인물이 등장하는 꿈을 그룹에서 나누는 과정에서 종종 그전에 꿈 작업을 하면서 나누었던 통찰이나 견해에 대해 "아하! 체험"을 하게 된다. 이런 경우, 그전에 꿈 작업에서 제안된 견해가 진실과 거리가 멀었다기보다는 꿈꾼 사람이 그 작업을 할 당시에는 아직 그 내용을 이해하고 받아들일 준비가 덜 되어 있었다고 생각하는 것이 합리적이다.

여러분 자신의 꿈이나 다른 사람의 꿈으로 작업하는 와중에 꼭 명심해야 할 것 중 하나는 바로 꿈꾼 사람만이 함께 나누는 의견이나 통찰을 확인할 수 있다는 것이다. 그리고 심지어 꿈꾼 사람이 "아하!" 하면서 함께 나눈 의견이 의미를 가지고 있다고 확신했다 하더라도 이것은 꿈의 다양한 의미 중 오직 하나라는 사실을 기억하는 것 또한 중요하다. 내 경험에 의하면 꿈의 모든 의미를 다 파악하는 것은 불가능하다.

꿈을 다루는 과정에서 다음의 두 원리는 항상 명심하기를 바란다. 첫째, 꿈의 진정한 의미가 무엇인지는 꿈꾼 사람만이 알 수 있다. 둘째, 한 가지 의미만을 지니는 꿈은 없으며 어떤 의미가 다른 의미보다 특별히 더 중요한 꿈이란 존재하지 않는다. 꿈이란 항상 완전히 이해할 수는 없는 무의식적인 감정과 정서와 연결되어 있기 때문에 늘 다층적인 의미를 지니고 있다. 이렇게 꿈은 항상 다층적인 의미를 지니며 무의식 속의 깊은 감정과 정서를 다루고 있기 때문에 꿈에 관한 자기 내면의 힘과 자기 결정권을 포기하고 어떤 "권위 있는 사람"의 목소리나 이른바 "전문가"의 의견을 그대로 받아들일 위험이 따른다. 아이러니하게도 권위 있는 사람이 누군가의 꿈에 관해 언급한 것이 전적으로 "맞다"고 할지라도, 꿈꾼 사람이 자기 꿈의 의미는 궁극적으로 자신만이 파악할 수 있다는 사실을 잊어버린 채 자기 꿈에 대한 권위를 포기하고 종속적으로 권위자의 의견을 수렴해서는 안 된다. 꿈 작업을 하면서 이 같은 종속적인 관계가 형성된다면 결과적으로는 관련된 양쪽 모두에게 파괴적이다. 이런 현상을 막기 위해서라도 꿈 작업을 하는 동안 위에 제시한 두 가지 원리를 명심하는 것은 중요하다. 이런 원리를 준수할 때 맨 처음 가졌던 "아하! 체험"

에 만족해서 꿈이 지니는 훨씬 다층적이고 풍부한 의미를 더 이상 탐험하지 않은 채 중단하는 사례를 많을 수 있다. 그리고 누군가 다른 사람이 여러분 자신이 지니고 있는 꿈 이론이나 미세한 자기통찰을 압도하며 여러분의 꿈에 대한 권위적인 역할을 하게 될 가능성을 낮출 수 있다.

하나의 상징 안에 얼마나 많은 다층적인 의미가 내포되어 있는지 내 꿈에 등장한 한 이미지를 예로 들어보겠다. 이전에 꾼 꿈에서 나는 일상적인 활동을 하고 있었다. 그런데 일상적인 장면에 어울리지 않게 어디를 가든 커다란 프랑스 치즈가 큰 덩어리로 쌓여 있는 것을 보게 되었다. 치즈가 내가 가는 방향마다 옮겨 다니는 것을 보지는 못했지만 어디를 가든 커다란 치즈 덩어리가 쌓여 있었다. 꿈속에서 나는 치즈가 나를 "따라다닌다"고 생각했다. 깨어나면서 다시 치즈를 보게 된 나는 스스로에게 "치즈가 그 장면에서 무엇을 하고 있었단 말인가?" 하는 질문을 던졌다. 이 질문에 대해 즉각 머리에 떠오른 통찰은 사실 나를 약간 겸연쩍게 만들었다. 우선 "커다란 치즈big cheese"란 시각적인 동음이의의 익살과 관련된다. 커다란 치즈는 영향력 있고 부유하고 명성을 얻고자 하는 나의 성공에 대한 강박관념적인 욕구를 나타내고 있다. 이런 관점에서 볼 때 치즈가 의미하는 바는 명백하게 심리학에서 말하는 "그림자"이다. 융 심리학에서 그림자란 일종의 언어놀음pun이라고 할 수 있는데 우리 개개인의 심리 중에서 "어둡고, 두려워하며 알지 못하는" 부분이라는 의미이다. 명백히 나의 이런 그림자적인 요소가 커다란 치즈 이미지에 등장하고 있다. 치즈 이미지에서 맨 먼저 떠오른 나의 강박적 성공 욕구에 대해 계속 연상하는 과정에서 이 꿈에 등장한 것이 특별히 '프랑스'

치즈라는 사실에 생각이 미치게 되었다. 프랑스 치즈는 특히 그 종류가 다양하다. 프랑스 치즈와 연관된 나의 특질은 "매력적이고 강인한" 것이 될 수도 있고 "냄새 고약한" 것일 수도 있는데, 이는 단지 미각이나 기호의 차이에 따라 달라질 것이다. 프랑스 치즈의 다른 측면은 치즈가 큰 "덩어리block"로 되어 있다는 사실이다. 큰 덩어리라는 형태의 영어 'block'은 동음이의어의 익살로 볼 때 "장애물"이란 의미가 있다. 성공하고 싶은 나의 욕망이 "장애물block"로 가로막혀 있어서 성공하기 위해서는 이 장애물을 스스로 극복해야 한다. 동시에 이 치즈의 형태는 이른바 아직 조각나지 않은 덩어리다. 이 이미지는 창의적인 잠재력과 명상적인 자기 깨달음의 가능성을 시사하고 있다. 이 이미지를 계속 숙고하면서 다른 복합적인 의미가 상호 맞물려 있음을 알게 되었다. 어떤 면에서 치즈의 크기는 묘비의 크기와 비교할 수 있다. 이런 관점에서 볼 때 치즈의 이미지는 죽음에 대한 관심을 표현하고 함축하며 영적인 측면과 관련된다. 이 의미는 최초에 치즈와 관련되어 연상되던 나의 성공 욕구와는 꽤 거리가 멀어진 듯하지만, 깨어 있는 상태에서 실현하고자 하는 욕구와 전혀 관계없는 내용만은 아니다.

계속되는 꿈 이미지의 숙고로 그 이미지에 연관된 다양한 의미가 하나씩 드러나면서 매순간 우리를 다른 의미의 "아하!"로 인도한다. 내 경험으로는, 꿈에 등장하는 아주 단순하게 보이는 하나의 이미지조차도 이른바 작업의 끝이라고 할 수 있는 의미의 완결에 이를 수는 없다. 이미지 하나뿐만 아니라 꿈 전체의 이야기를 다루거나 연속되는 꿈 시리즈를 다루고 있는 경우에도 "완전히 꿈의 의미를 다 파악했다"는 식의 표현은 있을 수 없다.

기억하기

꿈은 왜 이해하기 어려울까?

모든 꿈은 한 가지 이상의 의미를 지니며 한 가지 단계 이상의 중요성을 지닌다. 이런 다층적인 의미 때문에 꿈은 종종 애매모호하고 불투명하게 보인다. 실제로 꿈 연구를 해온 모든 다양한 "학파"나 "실천가들"이 꿈을 통해 통찰을 얻기 위한 저마다 한 두 가지의 시각들을 제공하고 있다. 불행히도 학파들 사이에서 역사적으로 진행되어 온 논쟁들은 꿈의 복잡성과 다층적인 진실을 드러내는 데 실패했으며 어느 이론이 "옳고 그른가" 하는 설익은 결론을 두고 계속되었다. 가장 단순하게 보이는 꿈일지라도 에너지를 쏟아 기억하고 기록하고 의미를 파악하려고 시도한다면 심오하고 다층적인 의미가 드러나게 된다. 꿈으로 작업할 때 모든 꿈은 항상 다층적인 의미를 지닌다는 사실을 기억하는 것은 중요하다. 그렇지 않으면 한 가지 의미에 집착하거나 한 가지 차원의 의미만 고집하는 위험에 빠질 수 있다. 그리고 꿈의 진정한 의미가 무엇인지는 항상 꿈꾼 사람만이 알 수 있다는 사실을 기억하는 것도 중요하다. 꿈꾼 사람이 "아하!" 하는 확신에 이르기 전까지 작업 도중 나누었던 통찰이나 견해가 옳은지 그른지 논쟁하는 것은 의미가 없다. 꿈 작업을 전문가가 의견이나 이론을 제시하고 다른 사람은 받아들이는 식의 독재적인 모델로 만들어 가지 않기 위해 이 두 가지 주요한 원리를 기억해야 한다.

혼자서 꿈 작업을 하기 위한 17가지 기본 요령

> 꿈 해석이 불확실과 임의성의 정수라는
> 편견을 가지고 있는 독자들과 내 생각을 나누고 싶다.
> 충분히 오랜 시간을 가지고 철저하게
> 꿈을 탐구한다면 – 꿈을 반복해서 이리저리 되돌아본다면 –
> 항상 꿈에서 무엇인가를 발견하게 된다.
>
> – 칼 융

　꿈 기억이란 대단히 한시적이어서, 꿈의 의미가 첫눈에 들어오든 안 들어오든 일단 기록으로 남기는 것이 중요하다. 대개 노트에 꿈을 기록하고 기록된 꿈을 모아 두는 것이 최선이다. 그러나 타자기나 컴퓨터로 무엇을 입력하는 데 가장 익숙한 사람이 손으로 노트에 기록하는 것은 실용적이지 못할 수도 있다. 꿈 기록을 위해 일정한 공간을 마련해 두고 항상 그곳에 꿈을 기록하는 습관을 들이는 것이 중요하다. 꿈으로 작업할 때 더 많은 관심과 에너지를 투자할수록 꿈에 내재된 더 많은 통찰을 얻을 수 있고 살아가는 데 주요한 선물을 얻을 수 있다. 아무 종이에나 닥치는 대로 몇 자 적어 뿔뿔이 흩어 두는 등 나름의 체계 없이 꿈을 기록하고 보존한다면 이런 상황이 꿈을 기억하는 특질에서도 반영된다. 이런 사람의 꿈 기억은 흐릿하고 산만하며 응집력이 약하고 잘 연결되지 않을 것이다. 이와 대조적으로 꿈을 기록하기 위한 꿈 일기책을 마련해 아름답게 장식하고 꿈에 대한 특별한 존중과 관심을 표현하기 위해 필요 이상의 노력을 기울인다면 이런 태도 또한 꿈을 기억하는 데 반영된다. 이런 사람의 꿈 기억은 훨씬 아름답고 응집력 있고 자연스럽게 연결될 것이다. 또 후자의 경우 꿈의 의미를 파악할 때도 즉각적인 힌트를 얻을 수 있을 것이다.

나는 꿈 일기책의 표지를 꿈이나 신화에 등장하는 이미지들로 장식한다. 꿈 일기책의 표지를 장식하는 나의 행위는 의식과 무의식 사이에서 상호존중과 조화, 협력 관계를 다질 뿐만 아니라 여러 달 또는 여러 해 동안 꿈 일기를 수록하고 보존하여 도서관처럼 발전시키는 데도 도움이 된다. 꿈 일기책의 표지를 장식하는 데 이용했던 다양한 이미지들이 꿈을 기억하는 데 도움이 될 뿐만 아니라 자기 삶의 드라마가 진화되어 가는 은유적인 의미로도 이용될 것이다.

기록할 때는 항상 현재형으로 기재하는 것이 중요하다. 꿈에 "무엇이 일어났다"라는 식의 과거형 기록은 꿈꾸는 상황과 꿈에서 깨어나 기록하는 상황 사이에 거리감을 형성하게 된다. 이 거리감이 "아하! 체험"을 방해하는 요소로 작용할 수 있으며 결국 꿈의 의미를 탐사하는 데도 방해가 될 수 있다. 가끔씩 꿈을 기록하는 과정에서 어떤 것은 그전에 진행되었던 사건이라는 기억이 떠오르는 경우가 있다. 이럴 때 현재형으로 꿈을 기록하는 습관이 있으면 꿈에서 진행되는 시간을 정확히 설명하는 데 도움이 되어 명확하게 시간 구분을 할 수 있다. 하지만 과거형으로 꿈을 기록하는 경우에는 시간이라는 측면에서 꿈에 드러나는 미세하고 주요한 차이들을 애매하게 만들고 그 차이를 쉽게 무시해 버리게 한다.

　꿈을 기록할 때 꿈에 제목을 다는 것도 중요하다. 제목을 다는 일은 기록해 둔 꿈을 되돌아보면서, 모인 꿈 시리즈에 드러나는 패턴을 발견하는 데 결정적인 역할을 한다. 제목을 달아 놓지 않으면 꿈 기록을 다시 돌이켜보는 행위 자체가 지루하고 귀찮은 일이 될 수 있다. 꿈의 제목을 찾아내는 순간 꿈에 관한 어떤 통찰을 얻을 수 있다는 것도 또 다른 이점이다. 나는 처음 3년간 집중적으로 꿈 작업을 한 뒤 그 기록들을 되돌아보면서 이런 사실을 명확하게 깨달을 수 있었다. 실제로 내가 그 이전 3년간 기록한 꿈의 제목을 다 다는 데 거의 1년이 걸렸다. 그러나 3년간의 꿈 제목들을 읽어 보는 작업은 바로 지난 3년간 나 자신이 어떻게 발전하고 어떤 변화를 겪었는지 파악할 수 있게 해주었다. 지금은 꿈을 기록하고 제목을 다는 것이 습관이 되었고, 제목만 점검해 본다면 지난 꿈 기록을 다시 읽어 보는 것 자체가 전혀 지루한 작업이 아니며, 그 속에서 전체적인 패턴을 파악할 수 있게 된다.

　또 꿈의 제목은 꿈 기억을 촉진시키며, 어떤 제목을 붙이느냐에 따라 전체 꿈을 이해하는 방향도 달라진다. 예전에 자기 꿈에 아주 우스꽝스럽거나 자기를 비하하는 내용의 제목을 붙이던 여성과 꿈 작업을 한 적이 있다. 이 여성은 나중에 자신의 꿈 기록을 되돌아보면서 종종 꿈의 내용 속에 그녀가 맨 먼저 달았던 제목들보다 훨씬 심오하고 긍정적인 측면들이 있음을 발견하게 되었다. 그래서 이 여성은 처음 꿈 기록을 하고 나서 하루 이틀 또는 한두 주일이 지나 소제목을 다는 습관을 가지게 되었다. 거의 대부분의 경우 이 "소제목"이 훨씬 더 중요하고 진정한 자신을 알게 해주며 궁극적으로 꿈을 통해 더 많은 영감을 얻을 수 있다는 것을 알게 되었다. 그리고 자신의 꿈에서 이런 긍정적이고 심오한 측면을 발견하게 되면서 그 여성의 일상도 많이 변했다.

꿈의 진정한 의미가 무엇인지는 오직 꿈꾼 사람만이 알 수 있다는 사실을 항상 기억하라. 꿈 작업을 하는 동안 "아하!"만이 제대로 작업이 진행되는지 확신할 수 있는 체험이라는 것도 기억하라. "아하! 체험"은 항상 긍정적인 것이다. 그러나 이런 "아하! 체험"이 없었다고 해서 꿈 작업에서 나온 견해나 통찰이 "잘못" 되었을 가능성이 있다고 말하는 것은 아니다. 꿈 자체에 지속적으로 관심을 가지고 꿈에 시간을 투자할 때 오류를 극복할 수 있고 만족할 만한 성과를 거둘 수 있다.

무의식에서 일어나는 꿈이 바로 "자기교정self-correction" 경향을 가지고 있다는 사실은 충분히 강조할 필요가 있다. 그리고 주어진 상황에 대해 꿈이 제시하는 상징과 경험은 훨씬 복합적이면서 "객관적인" 견해를 반영하고 있다. 이런 상징과 경험을 통해 꿈은 깨어 있는 동안 끊임없이 일어나고 있는 자기기만에 대해 부드럽게, 가끔은 격렬하게 지속적으로 표현해 준다. 최악의 악몽이라 할지라도 깨어 있는 동안의 인지력이나 태도나 행위가 한쪽으로 치우쳐 균형을 상실하는 경향을 보정해 주는 기능을 가지고 있다. 꿈꾼 사람이 꿈에 관심을 가지고 꿈을 기록으로 남기든 아니든 악몽이 초래하는 강렬한 감정 그 자체가 마음에 강한 인상을 남겨서 순간적으로나마 의식에 깊이 새겨지게 만든다. 꿈이 가지는 이런 자발적인 자기교정의 특질이 다른 여러 종류의 명상이나 영적 수련과 꿈 작업이 다른 점이다. 전자의 경우 무의식의 표현을 그대로 이해하려는 것이 아니라 어떤 형식화된 패턴에 맞춰 무의식을 "훈련시키기" 원하는 경향이 있다. 무의식의 자발적인 치유기능과 의식의 편향성을 방지하는 기능이 꿈 작업을 통해 의식의 자기 성찰적인 기능과 어우러짐으로써 치유와 균형을 이루려는 무의식의 기능 자체가 강화된다. 내 경험으로는 꿈 작업과 깨어 있는 동안 할 수 있는 다른 명상적인 수련을 겸비할 때 꿈과 수련 둘 다 극적으로 향상될 수 있었다.

꿈을 기록하고 이해하려고 할 때 어떤 제한도 두지 마라. 현재형으로 꿈을 녹음하는 것도 한 가지 대안이다. 꿈을 기록하면서 스케치를 할 정도로 뚜렷이 떠오르는 어떤 이미지가 있으면 꿈 일기책에 그 이미지를 그려 보는 것도 효과적이다. 내 친구들 중에서 시각적 예술가들은 대부분 꿈을 스케치북에 기록한다. 그리고 이 꿈 스케치가 그들이 하는 창작활동에 영감을 주는 주요한 원천이 되고 있다. 많은 사람들이 꿈을 기록하는 것에서 시작해 다른 영역으로 꿈을 발전시켜 나가는데, 그 예로 기록한 꿈을 토대로 시를 쓰는 경우를 들 수 있다. 수많은 위대한 시인들 가운데 진정으로 위대한 시가 그들의 꿈에서 탄생했다는 사실은 잘 알려져 있다. 어떤 틀을 가지고 자신의 창작활동과 꿈 작업을 연관시키는 사람들을 보면, 최초의 꿈 기록이 스케치든 녹음이든 또는 일기책에 적어 둔 것이든 이 기록으로부터 주요한 통찰을 얻는다. 꿈 기록이 숙련된 습작이나 스케치로 발전되었을 때 일상에서도 꿈의 영향력이 증가하며 반대로 일상에서 꿈으로 작업하는 것과 무의식의 관계는 상호 영향을 미친다.

시각적 표현이든 시의 형태를 띤 최초의 꿈 기록에서 나아가 꿈에 등장하는 주요한 이미지를 탐색하고 의미를 숙고하는 일은 항상 중요하다. 어떤 경우에서든 꿈 기록의 최종 목적이 "예술적인 표현"

이나 "심미적인 가치"만은 아니다. 꿈에 등장하는 이미지를 예술로 표현하는 기쁨을 누림과 동시에 내면의 삶, 즉 무의식의 세계로부터 더 심오한 자신에 대한 이해나 통찰을 얻는 것이다. 꿈에 등장하는 이미지가 항상 아름답고 평화로운 것만은 아니다. 가장 잔인하고 "미학적 가치를 생각할 수 없는" 이미지가 등장하여 우리의 뇌리를 떠나지 않거나 불편하게 만들기도 하고, 반면에 숙련된 예술가적인 이미지를 탄생시켜 가장 아름답고 심미적인 이미지가 등장하기도 한다.

꿈을 기록하다 보면, 거의 이야기 전체가 완전히 다 드러나는 것 같은 꿈이 있는가 하면 꿈의 파편이나 순간적으로 스쳐가는 잔영 같은 이미지만 있어 "기록할 가치조차 없어" 보이는 꿈도 있다. 오랫동안 나는 파편으로 등장하는 꿈에 별 주의를 기울이지 않았으나 이런 파편으로 꿈 작업을 하면서 태도가 근본적으로 바뀌었다. 여러 해 전, 내가 오래도록 가르쳐 온 버클리의 스타 킹Starr King 신학교에 다니는 학생 한 명이 자신은 꿈을 전혀 기억하지 못한다면서 꿈 작업에 참여했다. 그는 자기 꿈을 기억하지는 못하지만 누구나 꿈을 꾸며, 꿈이 주요한 결정을 내릴 수 있는 능력을 향상시킬 뿐만 아니라 심리학적 건강과 성장에 도움이 된다는 정도의 사전지식을 이미 책을 통해 알고 있었다. 그래서 그는 꿈 작업이 자신의 내면세계와 친밀해질 수 있는 새로운 계기가 되리라는 희망을 가지고 꿈 작업에 참여하게 되었다. 그의 기대는 훌륭했지만 꿈 작업이 꽤 진행되었을 때도 그는 약간의 파편만을 제외하고 꿈을 전혀 기억하지 못했다.

학기가 거의 끝나 갈 무렵, 어느 저녁 수업에서 그는 자신이 꿈에 대해 강한 관심과 열정을 가지고 있는데도 꿈을 전혀 기억하지 못하기 때문에 꿈을 나눌 수 없다고 말했다. 자신의 꿈을 나눌 수 없었기 때문에 사실 이 학생과 수업 중에 자신의 꿈을 나누고 작업하는 학생들의 수업 참여도는 뚜렷하게 차이가 났다. 꿈 작업을 하는 동안 이 학생의 집중력은 떨어졌고 내면에 있는 긍정적이고 성장과 변화를 초래하는 에너지가 느껴지지 않았다. 그날 저녁 나는 더 이상 기다리지 않기로 결심했다. 그리고 이 학생에게 "꿈을 만들어내라"고 주문했다. 만일 꿈을 꾸었다면 어떤 꿈이었겠는지 상상해 보라고 했다. 내가 이 학생에게 상상력을 동원하여 꿈을 만들라고 했는데, 그 이유는 상상을 통해 등장하는 이미지나 꿈꾸는 동안에 자발적으로 생겨나는 이미지나 감정의 궁극적인 원천은 하나라고 생각했기 때문이다. 꿈의 이미지와 감정, 시적인 환상reverie이나 고조된 영적 체험 같은 데서 표현하는 정상경험peak experience 그리고 심지어 신경증 환자에게 등장하는 환각조차 궁극적으로는 같은 원천에서 등장하는 상상의 이미지다. 무의식의 이런 에너지가 꿈으로 등장하는 경우, 백일몽이나 시적인 환상의 경우보다는 훨씬 자발적이고 명백히 복잡하며 중복 결정적이다(역자 주 : 정상경험 또는 정상체험이라 표현하는데, 자아의 한계를 벗어나 일치와 자유를 체험하는 것이다). 이런 이미지가 의식적으로 유도한 산물이라 할지라도 꿈을 탐구하는 것과 비슷한 관심과 주의를 기울여 작업한다면 그 또한 꿈처럼 무의식의 산물이며 다층적인 의미를 지니고 있다는 사실을 알 수 있다.

이 사실을 프랑스의 극작가 장 콕토Jean Cocteau는 자신의 영화 '오르페우스Orpheus'의 한 장면에서 매력적으로 표현해 주었다. 보름달 아래 밤에 피는 꽃들이 장식된 빅토리아풍 온실 속으로 주인공이 들어간다. 이젤을 세우고 순식간에 사라져 가는 달빛의 효과를 열정적으로 그려 내려 애쓰지만 스케치를 할 때마다 꽃 대신 사람의 얼굴이 그려졌다. 계속 실패하면서 주인공이 좌절감이 깊어졌는데 그때 갑자기 오르페우스가 등장한다. 오르페우스는 웃으면서 주인공에게 "예술가가 유일하게 그릴 수 있는 것은 자신의 초상이라는 사실을 언제나 배우게 되려나!"라고 말한다.

이러한 콕토의 관점으로 나는 학생에게 그 자리에서 꿈을 만들어 잠자는 동안 저절로 등장하는 꿈처럼 작업하자고 제안했다. 이 학생은 원칙은 이해했지만 막상 그렇게 하려니 "자신을 속이는 것 같은 느낌"이 든다면서 꿈을 만들려고 하지 않았다. 대화를 조금 더 진행했을 때 그 학생은 그날 아침 꿈을 조금은 기억한다며 꿈에 "파스텔 pastel 색"이 등장했다고 말했다. 파스텔 색도 다양한데 그중 어떤 색이냐고 묻자 그는 색은 전혀 기억하지 못하지만 모호하게 기억하고 있는 전부는 "파스텔 색"이란 것뿐이라고 대답했다.

꿈 작업을 하기에 이보다 적절하지 못한 파편이 또 있을까 싶었지만 그룹에 의존해 꿈 작업을 시작했다. 작업을 시작하자 한 학생이 "파스텔"이란 단어와 성직자라는 의미의 "패스토릴pastoral"이란 단어가 발음이 비슷한데 혹시 이 둘 사이에 연상되는 뭔가가 있느냐고 물었다. 꿈을 꾼 학생은 겸연쩍은 미소를 지으며 다소 거북스럽다는 듯 사실 연관성이 있다고 했다. 그 질문을 받는 순간 갑자기 떠오르는 것이 있었는데 자기 자신이 성직자가 되기 위해 공부하고 "성직자의 길"을 걷는다는 것 자체가 "명백히 파스텔 색"이란 것을 자세하게 설명했다. 자신이 신학교에 다니는 주요한 이유는 바로 자기 내면의 깊은 욕망과 결심에 따른 것이 아니라 부모님의 기대를 충족시키기 위해서라는 것을 의식적으로 인정했다. 이러한 사실을 인식한 그가 그 후에도 의식하지 못했던 이전처럼 자신을 위장한 채 가장된 삶을 살 수는 없었다(그 작업을 하고 얼마 지나지 않아 그는 신학교를 떠나 은행에서 일하게 되었다).

나는 꿈의 파편을 가지고 한 이 꿈 작업에 깊은 감명을 받았다. 그는 꿈 기억이란 측면에서는 어쩌면 가장 내용이 빈약한 조각을 그룹과 나누었지만 파스텔이란 그 단어 하나가 사실 당시 그 학생에게 가장 압박을 가하던 문제였고 가장 심오한 은유를 포함하고 있었다. 이런 꿈의 파편은 큰 파일에 거친 초안을 잡아 놓은 시를 아주 짧게 편집한 것과도 같고 깨진 도자기 조각에 남아 있는 작은 그림조각과도 같다. 나는 이 작은 꿈 파편이 어떻게 적용되는지 또 파편으로 작업을 시작할 때 어떤 일들이 일어날지 매우 흥미로워졌다. 그때부터 나는 기억하는 꿈 전체가 아니라 조그만 꿈의 파편들만 가지고 꿈 작업을 하기 시작했고 맨 처음 그 학생과 시작했던 꿈 작업의 결과가 우연한 사고나 예외적인 경우가 아니라는 사실을 곧 깨닫게 되었다. 실제적으로 우리가 나누었던, 그리고 작업했던 모든 파편이 은유적 정확성과 대단한 함축성을 지니고 있었다. 심지어 우리가 "아하! 체험"에 이르지 못한 "작은 조각"조차 나에게는 의미가 있었다. 꿈꾸는 이의 "아하!"를 불러내지 못한 이유는 꿈의 파편이 "의미가 없어서" 그런 것이 아니라 작업하는 동안 우리 스스로 가지는 편견 때문이었다.

이 경험으로부터 나는 꿈의 파편도 이야기가 길게 전개되는 꿈처럼 가치가 있으며 이 가치는 전체 내용의 작은 부분이란 측면보다는 실제 기억된 파편의 내용 자체가 무엇인가에 초점을 맞출 때 더 잘 이해된다는 것을 알았다. 꿈의 파편은 종종 긴 꿈을 "편집하여" 아주 농축해서 표현하는 것이라고 생각할 수 있다. 대체로 우리의 일상이 너무 바쁘거나 심한 스트레스를 받고 있을 때 이런 파편만 기억하는 경향이 있다. 예전에는 나도 이렇게 파편을 기억하는 꿈은 일상에 너무 지쳐 있거나 집중력이 떨어진 결과라고 생각하곤 했다. 삶의 중심이 흐트러질 때 꿈 기억력이 약화되는 경향이 있기 때문이다. 그러나 이 파편은 무의식에서 우리의 주의를 환기시키기 위해 아주 간결하게 "편집한 파편"으로 바로 무의식이 협조적으로 노력한 산물이다. 파편만 기억하는 경우 중요성 자체가 훨씬 집중적으로 부각될 수 있기 때문이다.

이런 무의식과 의식의 연결 또는 협력에 대해 생각할 때 나는 종종 토마스 울프Thomas Wolfe의 거만한 표현을 떠올리게 된다. 그는 편집자에게 자기 원고를 보낼 때 미니밴을 이용하는데, 그 편집자는 자신의 원고를 되돌려 보낼 때 택시를 이용한다는 것이다. 우리가 가장 많은 스트레스를 받고 있을 때 무의식이 이와 비슷하게 행동하며 "그래, 네가 오늘 많은 시간을 투자해서 꿈을 적고 그 꿈을 숙고해 볼 시간이 없다는 걸 알고 있어. 이건 시적으로 쓰인 전보 같은 것이야. 짧지만 주요한 메시지가 다 포함되어 있지. 이 전보를 가지고 다니다가 시간이 있을 때 들여다보렴. 그러면 메시지를 이해할 수 있을 거야"라고 말하는 식이다. 이런 감각으로 다룰 때 꿈을 "파편"으로만 기억한다는 사실 자체가 바로 그 사람의 심리적인 상태에 대해 뭔가를 말해 주고 있는 것이다.

꿈을 장시간 기록해 온 사람들 중 한 편의 긴 꿈을 기억하는데 갑자기 떠오르는 부분이 정확히 꿈의 모든 전개 과정에서 어느 지점에 삽입되어야 할지 몰라 당황하는 경험을 할 때가 있을 것이다. 이 부분을 이 지점에 삽입해야 할까? 이보다 먼저 넣어야 했을까? 아니면 이 뒤에 들어가야 할까? 종종 겉보기에 꿈을 제대로 기억하지 못해서 일어나는 혼동처럼 보이는 이런 경우는 "바르게 기억해야 한다"는 욕구에 대한 좌절의 표현이기도 하다. 내 경험에 의하면 이런 "부유하는 꿈 조각"은 그 자체로 독자적인 부분이다. 그러므로 독립적으로 이 조각을 따로 기록한다. 이유는 이 파편들이 이른바 긴 꿈의 주요한 주제들을 은유적으로 집약하여 그 자체로 완전한 꿈이 될 수 있기 때문이다. 경험에 의하면, 실제로 거의 모든 부유하는 꿈 조각은 전체 "과정에서" 집약되어 "편집된 결과물"이라 할 수 있다. 깨어 있을 때의 상황이 꿈꿀 당시보다 훨씬 악화되어 스트레스가 더 가중된다면 진행되는 꿈 전체는 기억하지 못하고 이 "부유하는 꿈의 파편"만 기억하게 되지 않을까 추측해 본다.

이 부분을 가시적으로 표현해 내기는 어렵다고 인정할 수밖에 없다. 그러나 이렇게 부유하는 꿈 조각은 더 완전한 이야기 형태의 꿈 전체에서 말하는 주요한 주제들을 다 드러내고 있으며 다른 한편으로는 더 완전하게 꿈을 기록하려는 꿈꾸는 이의 긴장감을 말해 준다. 이런 의미에서 꿈 자체가 비정상적으로 기억된다면 그 현상 자체가 바로 어떤 의미를 지니는 것이다. 그리고 꿈을 기록하는 과정에서 이 "부유하는 파편"을 이곳에 넣을지 아니면 다른 곳에 넣을지 고심하게 되는데, 의심이 드는 어느 부분에 들어가도 무관하다. 그 이유는 이 파편이 긴 꿈 전체의 주요한 주제들을 은유적으로 표현한, 마치 긴 꿈의 "홀로그램" 같은 것이기 때문이다.

잠깐, 여기서 특별히 극적으로 지속되는 악몽의 경우를 이야기해 보자. 참전했던 병사들 중 전장에서 겪은 공포로 인해 계속 같은 악몽에 시달리는 경우가 있다. 이때 나타나는 "증상"과 꿈을 통해 그 사람을 처방한 기록이 1898년 스페인과 미국의 전쟁 기록에 등장힌다. 악몽에 시달리던 수많은 참전 병사들은 다시 소환되어 전투 중 겪은 무서운 경험을 자세하게 이야기하는 자리가 주어지자 매일 반복되던 자신들의 악몽이 사라지고 마침내 평범한 꿈을 꾸게 되었다고 한다. 여기서 참전 병사의 이야기를 소개하는 이유는, 모든 꿈은 궁극적으로 꿈꾸는 사람의 전일성wholeness을 진척시키기 위해서 온다는 꿈 작업의 기본원리를 확인하기 위함이다. 그리고 마음에서 어떤 억압이 일어나든 간에 그 부분을 의식적으로 다루고 이해하지 않으면 이런 억압된 요소는 영원히 무의식에 남게 되는데, 꿈에 이렇게 억압된 요소가 계속 반복되는 이유는 이런 요소를 의식화하지 않으면 그 사람이 성장하고 발전해서 결국 자아를 실현하는 데 도달할 수 없기 때문이다.

이는 꿈에 "오래된 문제들", 특히 오래 전에 충분히 다루어서 해결되었다고 생각하는 문제들이 거듭거듭 등장하는 이유이기도 하다. 우리 마음 안에 억압되어 있는 부분들을 많은 노력을 기울여 극복했는데도 그 문제들이 꿈에 다시 등장한다면 대부분 마음이 상할 것이다. 그토록 오래 내면작업을 하여 그 문제들을 다루었는데 많은 노력과 에너지가 다 허사로 돌아가는 것 같아 회한을 느낄 수도 있을 것이다. 또 "문제를 해결하기 위해 전력을 다했고 그토록 오래 분투했는데 어떻게 이 문제가 다시 표면으로 등장할 수 있는가?"라고 자문하게 된다. 이런 "오래된 문제들"이 한동안 등장하지 않다가 다시 꿈으로 등장하는 것은 대부분 "전일성" 때문이다. 현재의 우리는 그 이전에 일어났던 전체 경험의 산물들이며 이 모든 긍정적·부정적 경험의 결과가 지금의 우리인 것이다. 다시 말해서 지금의 우리란 옛날에 어떤 문제를 가지고 있던 우리와 그 문제를 극복한 우리의 총합이다. 꿈은 스스로 변화하고 성장함에 따라 새롭게 탄생하는 우리에게 옛날 우리의 낡은 드라마를 통합해 주는 기능을 한다. 나는 종종 새로운 라인 하나를 설치하는 이미지를 연상하게 되는데, "새 행정부"가 선출되어 사무실이 만들어지면 그전의 모든 인물이나 드라마들이 상대적으로 질서정연하게 나와 현재의 인물이나 드라마와 악수하면서 새로운 권력 이양을 질서 있게 수행하는 이미지다. 마치 새 행정부가 기존에 일어났던 변화나 수확을 철회하려 하기나 하듯 오래된 드라마와 직면하는 것은 항상 도전적인 측면이 있다고 믿는다. 그러나 오래 묵은 어려움을 극복한 것은 진실이었고 꿈에 이런 "오래된 문제"가 다시 등장한다고 해서 처음 이 문제를 다루었던 것과 같은 노력과 에너지를 기울여 드러난 문제를 새롭게 다루어야 한다는 말은 아니다. 오히려 이런 "오래된 문제"는 지금의 우리 자신과 우리 세계를 형성하게 된 역사의 일부로 의식적으로 기억해야 하고 영예를 부여해야 한다.

위에서 열거한 이런 예를 토대로, 꿈을 기억할 때 무슨 내용을 기억하는가와 마찬가지로 어떤 식으로 기억하는가에 주의를 기울이는 것 또한 중요하다는 사실이 명백히 드러난다.

그룹에서 꿈 작업을 하든 다른 사람과 둘이서 꿈 작업을 하든, 의식으로의 통합 과정은 결국 홀로 하는 작업이다. 이런 작업을 할 때 각자 자기 창의력의 한계와 자신의 불확실성이 존재하는 곳을 인식하는 것이 중요하다. 우리가 아직 모르는 것과 상상할 수 없는 것 그리고 받아들일 수 없는 것을 안다면 우리의 한계나 취약함을 통해 의식이 확장된다. 그러므로 우리가 엄격하고 내적으로 일관된 세계관을 가지면 가질수록 사고나 경험이 지나치게 사실주의에 고착되어 꿈 기억이나 번뜩이는 통찰과 창조적 충동의 흐름을 방해하게 될 것이다. 최고의 꿈 작업은 아이러니, 역설, 애매모호, 불확실, 다양한 가능성을 열어 주는 방향으로 이루어지는 작업이다.

우리 각자는 새로운 영역에 관심을 기울이면서 지식을 넓혀 나가고 규칙적으로 다양한 자료들을 읽으며 지금까지 이해하지 못하고 알지 못했던 영역에 대해 가능한 한 열린 자세를 가지는 것이 필요하다. 우리가 애매하고 이해하기 어려운 지점에 이르면 상상력을 발휘해 보는 것이 필요하다.

우리는 스스로가 다양성과 개성을 지닌 존재이면서 단일 생물종이며 부분적인 의식의 주관적 경험이 통합된 존재라는 것을 기억하는 것이 중요하다. 우리 모두 같은 배를 타고 있다. 외적으로 우리는 행성을 함께 공유하고 있고 내적으로 하나의 원형적 드라마를 공유하므로 결국 우리는 하나이다. 이런 식으로 나는 근본적이고 급진적인 그리스도교의 메시지를 이해하게 되었다. "원수를 사랑하라"라는 표현은 심리학적인 진실을 진술한다. 우리는 원수를 사랑하는 방법을 배워야 하는데 우리 자신을 위해서도, 전체 행성을 위해서도 이 길만이 진정한 변화를 가져올 수 있기 때문이다.

깨어 있을 때도 그렇지만 우리는 꿈에 등장하는 실체를 우리 자신과 분리해서 생각하는 경향이 있다. 그러나 이런 내적인 지평이나 드라마는 모두 우리 내면의 에너지로 구성되어 있다. 모든 등장인물과 상황은 우리의 내적 삶과 존재의 어떤 요소를 대변하고 있다. 그러나 이미지 자체는 분리되어 있다. 우리는 이것을 꿈 세계의 관례로 받아들이고 깨어 있는 상태에도 같은 상황이란 사실을 깨닫지 못한다.

이러한 자기기만에 대한 기술적인 표현은 "억압/투사"이다. 이것을 여기서 언급하는 이유는 "억압/투사"가 바로 고독한 꿈 작업에서 가장 어려운 장애물 중 하나이기 때문이다. 꿈 그 자체가 투사의 완전한 예이다. 우리의 심리는 꿈을 창조하지만 우리는 꿈이 우리와 분리된 실체인 것처럼 인식한다. 사실 이 모습은 일상의 삶에서 우리가 객관적인 실체를 인식할 때도 마찬가지이다. 그러나 우리가 내면의 경험과 분리되었다는 환상을 믿고 있는 것처럼 꿈이 마치 자신과 분리된 현상인 것 같은 환상을 가질 수 있다는 사실을 매일 밤 증명해 준다.

우리가 어떤 것, 에너지나 잠재력을 부인하고 억누른다고 해서 그 에너지와 잠재력이 사라지는 것은 아니다. 반대로 이렇게 부인된 에너지는 의식의 빛이 투과하는 곳에서 거부되기 때문에 빛이 투과하지 않는 어두운 곳에서 살아가게 되어 의식으로 통제할 수 없는 곳에서 돌아다니다 어느 순간 자발적인 행동을 하게 된다. 이런 식으로 우리가 억압한 정서나 에너지는 일상에서 우리가 이른바 "객관적"이라고 생각하는 우리의 인지력에 영향을 미치게 된다. 그럼에도 불구하고 우리는 의식에서 거부한 에너지는 우리 자신과 더 이상 관련이 없다고 믿는다. 만일 그렇게 믿는다면 이는 단지 인식의 왜곡이고 환상일 뿐이다. 그러나 다른 사람에게 등장하는 파괴적이거나 사악한 면을 볼 때 편치 않거나 초조하게 느끼면서도 일상에서 우리 자신에겐 이런 악이나 파괴적인 성향이 없는 듯이 믿는 경향이 있다.

대체로 우리가 억누르고 부인했던 이런 에너지가 예기치 않은 상황에서 내면으로부터 "터져 나오면" 우리는 억누르고 부인했던 이런 요소가 사라진 것이 아니라 자신의 내면에 존재한다는 사실을 이해하게 되고, 그런 측면을 의식으로 통합하면 더 이상 이런 요소를 다른 사람에게 투사하지 않게 된다. 종종 우리 스스로 자신을 속이고 있었다는 사실을 알게 되는 고통스런 실수를 겪은 뒤에야 이런 투사를 멈추게 된다. 자신의 오류나 인간적인 면을 받아들이고 투사를 그만두는 계기가 꿈 작업을 통해 가장 덜 고통스런 방식으로 이루어질 수 있다. 이렇게 그동안 자신이 투사하고 있었다는 사실을 깨닫는 순간은 마치 악몽에서 깨어나 "아! 그저 꿈이었구나!"라고 인식하는 것과 유사하다. 그러나 마치 자신의 내면에는 이런 악이 존재하지 않는 듯 자기기만 상태에 빠져 있다가 다른 사람에게 "억압/투사"의 형태로 행동한 경우는 그 행위의 결과가 악몽에서 깨어나는 것처럼 그렇게 간단히 사라지지 않는다.

우리의 역사와 개개인의 경험은 수많은 투사의 예들로 채워져 있다. 우리가 하는 부정적 투사는 우리가 매우 싫어하는 사람이나 대화하기 무척 어려운 사람, "함께 있기"가 아주 힘든 사람들을 통해 뚜렷하게 인지할 수 있다. 전쟁, 인종차별, 생태계 위기, 성적 억압 등 집단적으로 일어나는 이런 모든 문제의 실질적인 뿌리는 심리학적 기재로 설명할 수 있다. 우리는 내면의 삶과 특질의 일부를 부인하며 살고 있고 자기 안에서 부인된 그런 점들을 우리 주변에 있는 다른 사람에게서 보게 된다. 예를 들면 인종차별이 드러나는 곳에서 항상 덜 인간적으로 보이는 사람에게 투사가 일어나는데, 이는 자신의 인간성 안에서 가장 억압하고 부인했던 점이 분명 덜 인간적인 모습을 지니고 있으며, 이 모습을 주위에 있는 다른 사람들이 드러내

주기 때문이다.

억압의 형태로 우리의 인간성을 거부하고 우리에게 덜 매혹적으로 보이는 특질을 거절함으로써 다른 사람들로부터 우리 내면에 억압되고 거부된 에너지를 인식하게 되는 경우 다른 사람들의 인간성 자체를 거부하게 된다. 투사를 중단하고 의식적으로 이런 억압된 내면의 에너지를 받아들일 때 우리는 다른 방식으로 '지각하게' 되고 우리의 실체 자체가 변형된다.

재미있는 예를 하나 들어 설명해 보자. 「샌프란시스코 크로니클 San Francisco Chronicle」에 연재되는 '브룸 힐다Broom Hilda' 만화에 등장하는 이야기다. 최근 연재에서 브룸 힐다와 친구 어윈Irwin은 오랜만에 도시를 방문한다. 그들은 낙서로 뒤범벅이 된 도시의 거리를 돌아다니면서 자기들이 이렇게 지저분한 환경에서 살아가지 않는다는 사실이 얼마나 다행인지 우쭐해하며 대화를 주고받는다. 심지어 그들은 왜 사람들이 이렇게 환경을 파괴하는지 설득력 있게 질문한다. 그런 다음, 벽에 기댄 어윈은 통에 든 물감과 붓을 꺼내 그 벽면 전체에 "이 공간에 아무것도 쓰지 마시오"라고 써 넣는다.

우리 각자가 이 만화에 등장하는 어윈과 같이 행동함을 알 수 있고, 종종 저지르는 우리의 억압과 투사의 메커니즘을 인식할 수 있다. 꿈꾸는 사람이 밤새도록 꿈 장면을 투사하듯 우리는 깨어 있는 동안 내면에 억압된 부분을 외부세계에 투사한다.

대부분 투사가 일어나는 상황은 훨씬 복잡하다. 예를 들어 분노가 강한 사람이 의식적으로 자신의 분노를 부인한다면 거의 모든 주변 사람이 화를 내고 있는 것으로 인식하기 시작할 것이다. 일반적으로 분노가 많은 사람은 근본적으로 비이성적이고 "덜 인간적인" 행위를 하는 사람으로 여겨지며, 때로는 통제가 필요한 위험한 미치광이로 보일 것이다. 유머가 별로 깃들지 않은 억압/투사의 다른 예를 하나 들어 보겠다. 샌프란시스코 시장 모스콘Moscone과 그의 동료인 시정감시관 하비 밀크Harvey Milk가 시의원이던 댄 화이트Dan White에게 저격을 당한 사건과 관련된 일화이다.

암살을 저지르기 전부터 화이트는 사형제도의 열성적 지지자였다. 그는 사형만이 사람들의 범죄행위를 억제할 수 있는 가장 효과적인 방지책이라고 여러 번 공개적으로 자기 견해를 드러냈다. 암살 후 자기 고백을 담은 테이프에서 화이트는 자신이 암살을 저지르면 그 결과로 사형선고를 받게 될 것이라는 사실을 알았고, 아이러니하게도 그 사실을 알았기에 암살을 저질렀다고 했다(화이트는 정신적 문제가 있다고 판정되어 최종적으로는 사형을 면했다). 정말 모순이 아닐 수 없지만, 화이트는 사형의 정당성을 믿었기 때문에 살인을 저지르게 된 것이다. 실제로 전쟁의 "영웅주의"부터 범죄를 낮추기 위한 수단으로 시행되는 사형제도에 이르기까지 모든 살인은 억압과 투사 드라마의 결과이다. 억압과 투사가 일어나는 곳에서 완전한 인본주의는 기대할 수 없다. 결국 자기 내면에서 인본주의를 받아들이지 못하고 억압이 일어나기 때문에 이 억압된 부분을 희생자들에게 투사하여 열등한 인간 또는 심지어 인간 이하로 간주하게 된다. 이런 심오하고 주요한 측면에서 볼 때 살인과 자살은 심리학적으로 동일성을 지닌다.

이 두 경우에 모두 억압과 투사의 드라마가 일어난다는 사실은 분명히 알 수 있다. 심리학적으로 개개인에게 진실한 것은 사회집단에도 진실하다. 전쟁이나 시민쟁의에서 적들을 "덜 인간적인" 존재로 보게 되는 억압과 투사가 일어나기 때문에 상대를 공격 대상으로 삼을 수 있는 것이다. 만일 적이 아군을 공격하면 그들을 "비인간"으로 비난할 수 있다. 전시에 정부는 일관되게 국민들이 상대국의 국민을 비인간으로 보도록 막대한 선전을 벌여 전쟁을 위한 모든 가능성을 동원하게 만든다. 시간이 좀 지난 후에야 국민들은 정부가 군사적 행동을 지지하도록 만들기 위해 자신들에게 전쟁을 벌이게 했다는 사실을 깨닫게 된다.

이 단계에서 그리스도교의 가르침인 "원수를 사랑하라"는 심리학적인 필요성을 지닌다. 우리는 행성의 생존을 위한 실질적인 필요성 때문에라도, 또 자기 인식과 자기 깨달음을 위한 연습으로라도 반드시 원수를 사랑하라는 말을 실천해야 한다. 우리가 두려워하고 싫어하는 원수는 일관되게 자신의 내면에 억압된 가능성과 에너지를 거울처럼 반영한다. 이런 자기기만의 드라마를 방지하기 위한 "올바른 이념"이란 존재하지 않는다. 공산주의자들의 표현인 "자본주의 전쟁광", 인종차별주의자들의 표현인 "깜둥이", "흰둥이", "이탈리아놈", 성차별주의적인 표현인 "갈보"나 "돼지", 나이에 따른 차별적 표현인 "어린것", "늙은 놈" 등 모든 표현에서 개개인의 다양한 차이점은 인정하지 않고 마구잡이로 위험한, 무의식적인 거울을 만들어 여기에 반영된 특징을 개개인의 개성보다 더 중요한 것처럼 부각시킨다. 매일 밤 우리는 꿈의 형태로 투사를 직접적으로 대면하게 된다. 그리고 꿈 작업은 진지하게 우리 자신이, 특별히 우리가 가장 싫어하고 두려워하는 사람들과 얼마나 닮았는지 잘 의식할 수 있게 해 준다. 생태, 역사, 심리, 종교는 모두 개인적 그리고 집단적 억압/투사가 서로 연결되어 있다는 것을 보여 주며, 우리는 실제로 자신을

변화시킬 수 있는 유일한 연습으로서 반드시 원수를 사랑하는 법을 배워야 한다

꿈을 꾼 사람만이 자기 꿈의 진정한 의미를 알 수 있는 것과 마찬가지 차원에서 억압/투사를 하는 사람만이 그 상황을 인지할 수 있고 변화시킬 수 있다. 이런 작업은 내면적으로만 이루어질 수 있다. 그러나 동시에 선입관이나 자기기만의 구조는 아주 잘 구조화되어 있어 여러 면에서 꿈꾼 사람이 명확하게 억압과 투사의 드라마를 인지하기 가장 어려운 위치에 있기도 하다.

그러나 굳어진 마음의 습관을 느슨하게 하고 선입관적인 억압과 투사의 드라마를 뒤흔들어 놓을 수 있는 연습 방법이 있다.

가장 강력한 연습 중 하나는 깨어 있는 동안 생생하게 자기 꿈을 떠올려 다시 경험해 보는 것이다. 꿈을 다시 상상하는 과정에서 일어나는 현상을 꿈 일기에 적어 보거나, 그저 눈을 감고 상상하는 것도 효과적이다. 꿈속에 등장하는 자신의 모습을 꿈 자아dream ego라고 하는데 자신의 입장에서 상상하는 것보다 꿈에 등장하는 타인의 견해로 꿈을 다시 경험해 보는 것이 더욱 생산적이다. 이런 연습을 "게슈탈트 작업gestalt work" 또는 "적극적인 상상active imagination"이라고 표현한다.

앞에서도 언급했듯이 꿈에 등장하는 모든 이미지, 모든 사건, 모든 감정이 우리 각자의 내면 삶의 은유적 표현이며 내면의 개성이나 특질의 어떤 측면을 상징적으로 표현하기 때문에 이런 연습이 가능하다. 따라서 꿈을 다시 경험할 때 꿈에 등장하는 상대방의 입장에서 경험해 보는 것이 가능하다. 이런 작업의 한 예를 소개하겠다.

어느 날 저녁수업에 젊은 여성 한 사람이 나타났는데 여기서는 그

녀의 이름을 마거릿이라고 하자. 이 여성은 입에 단내가 날 정도로 끔찍한 악몽을 꾸었다. 꿈속에서 마거릿은 무용수이다. 그녀가 다니는 신학교의 같은 과 친구들이 거의 모두 꿈에 등장해 신나게 춤판을 벌이고 있다. 마거릿은 한쪽에 서서 약간은 비판적으로 친구들을 지켜본다. 마거릿은 이렇게 춤을 즐기고 재미를 누리는 것은 종교적 지도자의 삶을 살며 자기 생을 헌신하려는 사람들에게는 하찮은 일이라고 느끼면서 자신은 이들보다 우월하다고 생각한다. 그리고 이런 경박한 일로 시간을 낭비할 것이 아니라 빨리 집에 가서 공부를 해야 한다는 걱정을 하게 된다. 만일 공부를 하지 않으면 학점을 놓칠 것 같다. 그녀는 이런 우월감과 불안함을 동시에 느끼며 춤추는 곳을 떠나 집으로 돌아가기로 결심한다. 그러나 밖으로 나왔을 때 그녀는 자신이 거의 모든 신학교가 모여 있는 버클리 대학교 북쪽의 "홀리 힐Holy Hill"에 있지 않다는 사실을 발견하고 놀란다. 대신에 마거릿은 도매상들이 난립해 있는 산업지구인 에머리빌Emeryville의 어둡고 쓰레기로 가득한 지저분한 거리에 있다. 마거릿은 잠시 멈춰 선다. 순간적으로 무엇을 해야 할지 모른다. 그때 갑자기 그녀의 왼편에서 젊고 거친 흑인을 보게 된다. 마거릿의 눈길이 이 흑인에게 미쳤을 때 그녀는 이 남자가 강간범이고 살인자이며 자기를 죽이려 한다는 사실을 알게 된다. 이 남자가 다가오자 그녀는 놀라서 달아나는데, 친구들이 춤을 즐기고 있는 안전하고 편안한 곳으로 돌아가는 것이 아니라 어두운 거리로 향한다. 마거릿은 뒤에서 흑인이 따라오는 발자국 소리를 듣는다. 남자의 발소리가 점점 가까워진다. 그 남자가 등 뒤에서 그녀를 잡아채려는 순간, 마거릿은 잠에서 깨어난다. 온몸은 땀으로 흠뻑 젖어 있고 심장이 쿵쾅거린다.

마거릿은 꿈을 이야기할 때 그 생생함과 강렬함 때문에 동요하기도 했지만 꿈 작업의 첫 번째 원칙인, 꿈을 나누는 장소는 안전하고 따뜻함을 느끼는 곳이란 사실을 깨닫고 자기중심을 잡을 수 있었다. 꿈 이야기를 하는 동안 그녀에겐 어떤 "아하! 체험"도 일어나지 않았다. 그래서 상상력을 동원해 꿈을 다시 경험하는 방법을 시도하려 했다. 그러나 마거릿의 관점이 아니라 흑인 남자의 관점으로 다시 경험해 보라고 제안했다.

그녀는 처음엔 너무 무서워서 흑인 남자가 될 수 없다고 했지만 차츰 자신이 생기자 시도해 보겠다고 했다. 그녀가 눈을 감고 꿈을 다시 경험하자 상상으로 꿈을 다시 경험해 보는 것이 얼마나 쉬운지 알게 되었다. 또 흑인 남자의 눈으로 꿈을 경험하는 것이 얼마나 쉬운지도 알게 되었다. 시작하자마자 즉각 그녀의 얼굴에 미소가 떠올랐다(미소란 뭔가 일어나고 있다는 사인이며 대개 약간 겸연쩍은 "아하! 체험"일 때 드러나는 표현이다). 꿈을 다시 경험하는 동안 마거릿은 춤을 추는 장소에서 그녀 자신이 얼마나 "까다롭고 어리석고 굳어 있었는지" 보고 놀랐다. 동시에 그녀는 밝은 문 옆에 서 있는 자신의 모습이 꽤 "귀엽고 매력적으로" 보였다. 젊은 흑인의 관점에서 그가 그녀 앞에 다가간 이유는 파티가 벌어지는 건물을 떠나는 그녀를 초대해 댄스 파티로 돌아가기 위한 것이다. 흑인의 시각으로 그녀를 바라보자 그녀의 얼굴엔 두려움이 가득하고 병적으로 인종차별적이라는 사실이 보였다. 그녀는 뒤돌아서 어둠 속으로 달아났는데, 흑인이 이처럼 생각한다는 것을 깨달았다. "이 시간에 이 거리는 여자 혼자 다닐 수 있는 안전한 곳이 아니야! 저 여자가 안전한지 내가 따라가 봐야지!"

마거릿은 상상을 통해 꿈을 다시 경험하는 과정을 마쳤을 때 자신이 경험한 사실들에 놀랐다. 그녀는 처음 꿈 이야기를 나누었을 때보다 덜 동요하는 듯 보였다. 그녀의 동요는 혼동과 호기심으로 바뀐 듯했다. 그룹이 계속 마거릿의 꿈으로 작업해 나가자 처음엔 그녀가 받아들이기를 꺼렸으나 자기 자신에 대해 일련의 "아하! 체험"을 하게 되었다. 마거릿은 자신이 신학교 공부의 특성에 대해 "잘못 이해하고 있었다"는 사실을 깨닫게 되었다. 그녀의 가장 큰 어려움은 학업과 공부에 대한 압박감이었다. 그러나 꿈 작업 과정에서 전혀 다른 측면을 알게 되었다. "매일 밤 파티"를 하면서도 학교 공부를 열심히 할 수 있다는 사실이다. 그녀가 전혀 예견하지 못했던 것은 신학생의 삶이란 학교수업만이 아니며, 자신의 깊은 신념을 명확히 표현하고 사람과 사람 사이의 관계를 맺는 데도 자신의 진실성과 내면적인 힘을 훨씬 많이 쏟을 필요가 있다는 사실이었다. 그런데 이런 측면은 전에는 경험해 보지 못한 것이었다.

처음엔 진실성과 내적인 힘을 기르는 것이 그녀의 능력 밖에 있는 일 같았다. 그래서 그녀는 이른바 "모범생"이라는 가면을 쓰게 되었다. 이 모범생 가면이란 진정한 자신의 모습이 아닌, 이러이러한 이미지가 되겠다는 의식적인 것이었다. 모범생 가면을 쓰고 살아가는 것은 "안전"하지만 점점 한계가 드러나게 된다. 꿈 작업이 계속 진행되면서 그녀가 깨달은 것은 꿈에 등장하는 흑인 남자가 그녀의 남성적 에너지, 융이 말한 바로는 그녀의 "아니무스animus"라는 것이었다. 그녀의 아니무스는 자기 확신이 있고, 길거리에서 터득한 지혜가 있으며, 다소 냉소적이고, 강하고, 영리했다. 또 그녀가 두려워하는 "비여성적" 에너지를 지니고 있다. 그런데 이 남성적 에너지가 그녀의 내면세계에 점점 강하게 등장한다. 자기 자신에 대해 새롭게 발견하고 이해하게 되면서 그녀의 몸짓이 극적으로 달라졌다. 그녀는 의자 끝에 걸터앉는 대신 두 발을 땅에 굳게 딛고 의자에 깊숙이 앉았다. 쉽게 변하고 냉정한 지성의 소유자 같던 그녀의 표정이 편안해지고 자기 확신이 강해지는 표정으로 바뀌는 것은 대단히 극적이었다. 그녀는 진실한 자기 내면이 점점 드러나는데도 그룹 구성원들이 자신을 거절하거나 미워하지 않는다는 사실을 알게 되었다. 점점 자유롭게 표현하고 진실한 자신이 되어가자 그녀에게서 유쾌함이나 에너지가 샘솟는다는 사실을 느낄 수 있었다. 꿈 작업을 마쳤을 때 그녀가 아주 많이 달라졌음이 눈에도 보였다.

마거릿의 꿈 작업은 매우 극적이고 여러 면에서 교훈적이므로 후에 이 사례를 나중에 한 번 더 언급할 것이다. 꿈을 다시 경험하는 것, 특히 자신의 관점이 아닌 꿈에 등장하는 다른 사람, "꿈 자아 dream ego"의 관점으로 꿈을 다시 경험해 보는 사례로 마거릿의 경우를 소개하겠다.

꿈을 탐험하기 위한 적극적 상상active imagination, 그림 그리기, 그리고 다른 기술들에 덧붙여 기록된 꿈으로 할 수 있는 몇 가지 단순한 연습이 있다. 예를 들면 기록해 놓은 꿈을 다시 읽어 보는 것은 항상 생산적이다. 적어 놓은 꿈을 다시 읽어 가며 이때 일어나는 정서와 감정에 특별한 주의를 기울여 보라. 그리고 꿈 자아와 꿈에 등장하는 다른 인물들을 관찰한 다음, 그 인물들에게 연속적으로 등장하는 감정을 다른 종이에 적어 그 감정들의 목록을 만들어라. 이런 시도에서 종종 반복되는 감정 패턴이 등장하는데, 이 패턴은 깨어 있을 때도 마찬가지로 등장한다. 이런 방식으로 무의식적으로 반복하던 감정 패턴을 의식적으로 인지하는 것이 감정을 변화시킬 수 있는 첫 번째 단계이다. 이 작업은 창조적 에너지를 해방시켜 훨씬 충만하고 창의적으로 자신을 표현하게 만든다.

이와 비슷하게, 꿈에서 깨어나는 순간 꿈이 끝나지 않고 계속된다면 어떤 방향으로 진행되었을지 상상해 보는 것도 언제나 생산적이다. 이 방법은 악몽이나 악몽처럼 두렵고 좌절감을 주며 근심 걱정 하게 만드는 꿈을 꾸었을 때 특히 효과적이다. 꿈에 등장하는 모든 사건과 이미지는 각기 내면의 어떤 특질이나 존재의 한 면을 반영한다. 꿈에 등장하는 사람이나 사건이 깨어 있을 때에 갈등을 일으키는 사람이나 사건과 직접적으로 연관되어 있다 할지라도 꿈에 등장하는 모든 사람, 사건, 상태는 꿈꾼 사람의 심리적 측면을 표현해 주고 있다는 사실을 명심하라.

그러므로 적극적인 상상을 통해 "꿈을 연장시켜 꿔 보는" 연습은 내면세계의 조화와 화해를 이루게 하는 효과가 있다. 어떤 사람에게는 이런 실습이 어리석고 "단지 환상"일 뿐이라고 생각될지 모르겠다. 그러나 꿈이 깨어 있을 때의 상황, 즉 일상의 분위기나 에너지를 결정하는 요인이라는 것을 인지하는 것과 마찬가지로 깨어 있을 때의 정신적 · 상상적 삶은 꿈을 형성하는 내면의 무의식적 동력에 영향을 미친다.

이 지점에서 고대 힌두교와 불교의 가르침인 길에서 뱀을 만나는 이야기를 생각해 보자. 한 남자가 길을 걷고 있는데 바로 앞 뽀얀 먼지 속에 뱀이 보였다. 그는 거대한 뱀의 모습에 놀라 두려움에 사로잡히고 온몸에 땀이 흐르며 무릎이 사시나무 떨듯 떨린다. 그러나 뱀은 움직이지 않는다. 그 남자가 좀 더 가까이 가서 뱀을 관찰하자 그것은 뱀이 아니라, 마차가 지나간 도로 위에 S자 곡선을 그리며 놓여 있는, 끝에 마디가 있는 긴 밧줄임을 알게 된다. 그 사람은 자신의 어리석음이 아무에게도 들키지 않았기를 바라면서 몸을 바로 세우고 씩씩하게 걸어간다.

동양의 현자들은 밧줄을 뱀으로 오해한 이 이야기를, 이 세상의 모든 것은 "마야Maya"(역자 주 : 일반적으로 환상이라고 번역하지만 정확한 의미를 전달해 주지 않아 여기서는 원어로 남겨둔다)라는 가르침을 설교하기 위한 예로 든다. 그러나 서양 과학적 관점으로 보면 이 이야기는 '상상력'의 중요성과 진실에 대해 이야기해 준다. 만일 도로를 걷고 있는 사람의 몸에 서양 의학이 고안한 모든 측정 장치를 부착한다면 근육의 긴장도, 심장박동의 변화나 혈액의 온도 변화, 아드레날린의 분비 정도, 피부경련의 반응 및 호흡 증가 등 일련의 생체리듬의 변화를 측정할 수 있을 것이다. 주어진 순간에 부분적인 의식으로 우리가 실체라고 상상하는 것이 바로 실체가 된다. 이런 면에서 볼 때 상상은 '모든 것'이다.

우리가 적극적인 상상으로 내면의 에너지 균형을 형성하면 전체 시스템에 실질적으로 영향을 미칠 수 있다. 환상을 통해 꿈 체험을 "연장하는" 연습은 내면의 에너지 동력을 바꾸는 효과를 가지며 깨어 있을 때 만들어 내는 이런 영향력은 꿈에도 영향을 미친다.

꿈을 다시 기억해 보는 연습을 계속하면서 일어나는 현상을 기록하고 또 다른 다양한 방식도 적용해 봄으로써 꿈 자체의 부피는 늘어나게 된다. 꿈에 제목을 붙임으로써 종적으로 꿈을 관찰할 수 있게 되고 성장과 발전의 큰 패턴을 볼 수 있다. 그런데 꿈을 규칙적으로 기록하는 동안 "나무들을 보느라 숲은 보지 못하는" 경향이 있을 수 있다. 하지만 몇 주, 몇 달, 몇 해 동안 관심을 가지고 꿈을 되돌아볼 때 어떤 행위의 계절적 패턴, 주기적 성장 드라마 그리고 일어났던 변화를 확실히 관찰할 수 있다.

이런 측면에서 나는 꿈을 기록하는 꿈 일기와는 별도로 다른 공책에 꿈의 제목과 꿈꾼 날짜를 오른쪽 면에 적고 왼쪽 면에 그 꿈을 꿀 당시 깨어 있을 때 일어난 주요한 사건들을 기록함으로써 패턴을 찾고 경향을 파악하는 데 도움을 받는다. 나는 이렇게 "꿈의 목록"을 만드는 경험을 토대로 꿈과 깨어 있을 때의 상황이 밀접하게 연관된 것처럼 보였던 그런 사건에서도 전혀 다른 의미를 파악할 수 있었다. 이와 같이 혼자서 꿈을 기록하고 다양한 방법으로 연습해 보는 것은 매우 생산적이다. 그러나 여러분이 관심을 가지고 꿈의 의미를 파악하려는 사람들과 함께 꿈을 나누면서 그 꿈에 대해 작업하는 것이 더욱 생산적이다.

기억하기

혼자서 꿈 작업을 하기 위한 17가지 기본 요령

1. 어떤 방법을 이용하든 반드시 꿈을 '기록'하라.
2. 꿈을 기록할 때 꾸었던 꿈을 기억해 내는 과거형이 아니라 반드시 '현재형'으로 기록하라. 날짜를 기록하는 것도 잊지 마라.
3. 꿈을 기록할 때 '제목'을 달아라. 나중에 꿈을 다시 읽어 볼 때 도움이 될 뿐만 아니라 제목을 붙이는 순간 꿈에 관한 어떤 통찰을 얻게 될 것이다.
4. 꿈이 어떤 중요한 의미를 지니는지는 꿈꾼 사람만이 알 수 있다는 사실을 기억하라. "아하!" 하는 내면에서 터져 나오는 진실이 꿈 작업에서 유일하게 의존할 수 있는 초석이 된다.
5. "아하"란 항상 긍정적인 것이다. "아하! 체험"이 일어나지 않았다고 해서 그 당시 나누었던 의견이나 제안이 잘못된 것은 아니며 어떤 이유에서건 꿈꾼 사람이 드러난 진실을 받아들일 준비가 되어 있지 않았을 수도 있다.
6. 꿈을 기록하고 꿈으로 작업할 때 습관적으로 지닌 어떤 제한이나 한계를 두지

마라. 문장으로 기록하는 것은 한 가지 방법일 뿐이다. 꿈을 '그림'으로 그려라. 꿈을 기록하고 탐사하기 위한 다양한 방법을 적용해 보라. '시'를 써 보라.
7. 본인이 시도하고 싶은 다양한 방법으로 꿈의 이미지, 아이디어, 에너지를 '표현하라'. 꿈을 더욱 다양하고 창의적으로 표현하는 데 에너지를 투자하면 할수록 꿈의 다양한 의미나 통찰을 얻게 되고 꿈을 통해 더 많은 선물을 받게 될 것이다. 자신이 만족할 수 있는 표현 방법을 개발하라.
8. '조각으로만 기억되는 꿈의 파편을 무시하지 마라.' 꿈 기억의 구조는 종종 꿈 자체만으로도 의미가 있다. 대부분 꿈의 파편은 가능한 한 경제적이고 상징적으로 편집된 꿈 기억이다.
9. 매순간 다양한 범주의 경험을 읽고, 생각하고, 관심을 집중하면서 가능한 한 부분이든 전체든 의미를 파악할 수 있도록 노력하라.
10. 모든 꿈은 여러 단계의 다층적인 의미를 지니고 있다. 그러므로 먼저 떠오르는 한두 가지 의미로 만족하지 마라.
11. 모든 사람이 같은 배를 타고 있다는 사실을 기억하라.
12. 모두 같은 배를 타고 '있다'는 사실 때문에 우리는 원수를 사랑할 수 있다. 우리는 외면적으로 하나의 행성을 공유하고 내면적으로 하나의 원형적 드라마를 공유하므로 원수를 사랑하는 방법을 배워야 한다. 이 길이 유일한 길이다.
13. 가능한 한 생생하게 꾼 꿈을 상상해 보라. 꿈을 다시 상상하거나 경험할 때 꿈에 등장하는 다른 인물들의 시각으로 상상해 보라. 이렇게 다시 상상한 경험을 기록하라. 꿈이 깨어나도 끝나지 않으면 어떤 식으로 전개되었을지 상상해 보라. 이런 방식을 "적극적인 상상" 또는 "게슈탈트 작업"이라고 한다.
14. 시간을 투자하여 꿈 일기책을 만들고 시각적으로 아름답고 흥미롭게 꿈을 기록하라. 꿈을 환영하고 존중하면 할수록 꿈으로부터 더 많은 통찰을 얻을 수 있고, 꿈은 더 많은 아이디어와 선물을 주게 된다.
15. 주기적으로 기록한 꿈으로 되돌아가라. 성장이나 발전의 새로운 패턴이나 발전 방향을 보도록 열린 마음을 가져라. 동시에 어떤 표현 방식을 찾아보라. 이 작업을 할 때 꿈 일기 외에도 다른 일기를 만들어 꿈의 제목과 날짜, 그 당시 깨어 있을 때 일어난 주요한 일들을 기록하라.
16. 어떤 형태의 명상을 하고 있거든 꿈을 다시 경험하는 명상도 할 수 있는지 시도해 보라.
17. 애정을 가지고 있는 사람들과 꿈을 나누어라. 다른 사람의 꿈도 물어 보라.

7

꿈속에서 죽음의 의미

> 길에서 부처를 만나면 부처를 죽여라.
>
> — 불교 수행 가르침

　　꿈에서 죽음은 성장, 변형과 관련이 있다. 마치 성장이 일어남에 따라 기존의 인격 구조가 변화되고, 새로운 인격에 길을 내주기 위해 기존의 인격은 죽어야 하는 것과 같다. 종종 이런 성장이 꿈에서 죽음으로 드러난다. 이것이 바로 어린 시절 꿈이 자주 악몽의 성격을 띠게 되는 이유를 설명하는 한 원인이라고 믿는다. 어린이들은 급격하게 성장하기 때문에 이 성장의 증거가 꿈에서는 죽거나 죽어가는 이미지로 표현된다. 건강하고 행복한 어린이의 꿈도 악몽의 성격이 강한데, 대부분 이런 악몽은 성장의 이정표와 같은 것이다. 어린 시절의 악몽은 부모가 자녀의 발달단계에서 성취되는 변화를 긍정적으로 받아들이고 자녀에게 일어나는 변화에 애정과 관심을 기울이는 경우에도 마찬가지로 나타난다.

　　어린이도 자신의 부모가 죽는 꿈을 간혹 꾼다. 내 경험에 의하면 이런 꿈을 꾸는 주요한 이유는 성장과 발전이 필수적으로 죽음의 은유와 연관되어 있기 때문이다. 실제로 어린이가 성장할 때 부모의 성장도 맞물려 일어나야 한다. 미성숙한 어린 자녀의 귀여운 모습에 머물러 있기보다는 성장하고 변화하는 자녀를 사랑할 수 있을 만큼은 부모도 성장해야 한다. 부모의 이런 성장이 어린이의 꿈에 부모가 죽는 이미지로 그려진다. 이런 이미지를 "부모가 죽기를 바라는" 자녀의 내면에 깊이 억압된 분노가 표출되는 것이라고 생각해볼 수도 있지만, 내 경험으로는 부모가 죽는 꿈이 어린이에게 자주 등장할 때 그 의미는 부모의 성장과 훨씬 밀접하게 연관되어 있었다.

유치원에 다니는 아이들과 꿈 작업을 하는 과정에서 여러 차례 이런 생각을 하게 되었다. 어느 날, 내 딸과의 경험으로 이런 확신은 더 강해졌다. 내 딸은 자기가 꾼 꿈을 이야기하기 위해 아내와 내가 누워 있는 침대 위로 기쁘게 뛰어올라 왔다. 자기가 막 잠에서 깨어났는데 꿈속에서 괴물이 자기를 죽였다는 것이다. 그리고 괴물은 아내 캐시Kathy와 나도 잡아 죽였다고 했다. 딸은 흔히 생각할 수 있는 두려움이나 동요가 전혀 없이, 아주 생생하게 꿈 이야기를 하며 우리를 위해 그림까지 그려 주었다. 그리고 그림을 주며 키스까지 해주고는 고양이에게 아침인사를 하러 뛰어나갔다.

아내와 나는 할 말을 잃었다. 이 상황에 대해 이야기를 나누면서 우리는 딸이 최근에 운동화 끈을 매는 법을 배웠다는 사실을 깨달았다. 이 꿈의 한 가지 측면에서 운동화 끈을 매지 못하던 딸아이가 죽음으로 묘사된 것 같았다. 그리고 딸의 내면을 보면, 운동화 끈을 매지 못하던 과거의 자기를 사랑하던 부모가 죽어야 지금 운동화 끈을 맬 수 있는 변화된 자기를 사랑하는 새로운 부모, 딸의 성장을 인정하고 받아들이는 부모의 탄생이 가능한 것이다.

유치원에서 다른 아이들과 작업해 본 내 경험으로는 꿈에 부모가 죽음의 위협을 받지만 완전히 죽지 않는 경우, 이는 깨어 있는 상태에서 어린이가 새롭게 성취한 성장과 변화를 함께 받아들이고 축복하지 않는 부모의 상황과 연관되어 있다. 이런 꿈을 꾸는 아이처럼 부모로부터 자신이 성숙하고 변화해 가는 데 대해 지지를 받지 못하면 유아기적인 행동으로 되돌아가는 경향이 강하게 나타난다. 이 말은 유아기의 행위를 되풀이하면 가끔씩 부모로부터 핀잔을 듣기도 하지만 어린이의 심리에서는 옛날에 부모로부터 사랑과 관심을 받을 때의 자기로 되돌아가서 부모의 사랑을 계속 유지하려고 노력하는 것으로 설명할 수 있다.

꿈에 등장하는 모든 인물은 각자 자기 내면의 어떤 에너지를 표현하는 이미지라고 했다. 이런 측면에서 심리적으로도 물리학에서와 마찬가지로 에너지는 절대 파괴되지 않는다. 단지 한 에너지에서 다른 에너지로 변형될 뿐이다. 꿈에 한 인물이 "죽거나 살해" 되었을 때 어떤 특별한 이미지로 추정되는 무의식의 에너지가 해방되어 다른 새로운 이미지를 형성하게 된다. 꿈에서는 한 형태가 다른 형태로 변형되고, 이렇게 변화하는 상징적인 주제나 패턴은 꿈 시리즈를 다룰 때 점점 더 명쾌하게 드러난다.

같은 측면에서 죽음으로부터 달아나는 꿈의 의미는, 예를 들어 위협적인 침입자와 싸우기 위해 집에 바리케이드를 치고 무서운 적으로부터 달아나려는 순간은, 지금이 다시 성장하고 변화해야 할 때라고 말하는 내면의 암시를 회피하고 도망치려는 것이다.

이와 관련하여 학교 친구들이 춤을 추는 건물을 떠나는 마거릿의 꿈으로 잠시 돌아가 보자. 어두컴컴한 곳에서 그녀가 왼편에 등장하는 젊은 흑인이 "강간범이고 살인자"임을 즉시 "알아보았다"는 점을 기억할 것이다. 꿈을 다시 경험하는 과정에서 흑인을 그런 식으로 인식한 것은 완전히 그녀의 오해였음이 드러났다. 그녀가 처음 흑인에 대해 인식한 것은 "오해"였지만 어떤 측면에서는 이런 식으로 인식한 것이 진실이다. 이 문제를 조금 더 연장해 보면, 마거릿이 처음에 자신을 "까다롭고 뭐든지 바르게 해야 하고" 절대 실수해서는 안 되는 인물로 판정했다. 그리고 흑인의 이미지로 등장한 자신의 일부가 그녀의 모든 개성을 파괴하려는 "살인적인" 이미지라는 측면은 꽤 정확하게 상황을 인지한 것이기도 하다.

적극적인 상상active imagination을 통해 꿈을 흑인의 관점으로 다시 경험하면서, 뭐든지 "실수 없이 바르게 해야 한다"는 측면의 마거릿은 어떤 면에서는 "강간 혹은 살해" 되었다. 새로운 관점을 의식적으로 획득하는 과정에서 직접 꿈에 강간이나 살인이 일어나지는 않았지만 어떤 측면에서는 이런 죽음이 일어난 것이다.

융 심리학적 용어로 표현하면, 마거릿의 꿈은 기존의 페르소나Persona를 버리고 훨씬 진화되고 표현력 있는 페르소나를 얻은 것을 묘사한다. 새로운 페르소나는 그림자 아니무스Shadow-Animus를 일체화하는데, 이 아니무스는 더 즐겁고 확신이 있으며 일종의 생활에서 터득한 지혜와 자기 수용을 지닌다.

다른 면에서 마거릿의 꿈은 재봉틀을 발견한 일라이어스 하우Elias Howe의 꿈과도 관련이 있다. 이 두 꿈은 모두 원형적 진실인 그림자가 언제나 의식에서 부족한 어떤 측면을 지니고 있다는 사실을 보여준다. 의식에서 부족한 점이란 지속적으로 성장하고 발전하기 위해 불가피한 심리적 요소를 말하는데, 현재의 의식에는 "없는" 부분이다. 아이러니하게 들리지만 결코 우연은 아닌 것이, 하우의 꿈에서 그가 그토록 추구하는 창조적인 에너지가 문자 그대로 가장 어둡고 두렵고 위협적인 원시적 인물들의 손에 있다. 마거릿의 꿈에 등장하는 진실은 그림자를 다루는 모든 신화에서도 진실이다. 그림자 인물이 냉혹하고 완고한 이유 중 하나는 그들이 선물을 가지고 있으며 그 선물을 전달할 때까지는 그 부정적인 모습에서 자유로울 수가 없다는 점이다.

이와 관련하여 나의 꿈을 하나 나누려 한다. 꿈속에서 나는 밭에서 갈고리를 가지고 말에게 먹일 풀들을 수레에 담고 있다. 6연발 권총을 어깨에 메고 있는데, 내 파트너(영화배우 클린트 이스트우드)도 마찬가지다. 우리는 서로 이야기를 나누면서 일을 하고 있는데 갑자기 뇌리에 한 이미지가 등장한다. 농장 주인이 우리에게 지금 메고 있는 총을 주면서 약탈자들로부터 농장을 지켜 달라고 약속하게 하며 건배하는 장면이 선명하게 떠오른다. 이 침입자들의 한 측은 노동조합이고 다른 측은 연방정부이다. 이 전투를 위해 양측 모두 지역 농장들로부터 말과 보급품을 징발해 간다. 클린트와 나는 양측 모두로부터 농장을 지켜 내기로 결심한다. 우리가 용맹을 뽐내고 있을 때 갑자기 무장한 군인들이 숲 속 오른쪽에서 말을 타고 우리를 향해 질주해 온다.

그들을 본 순간 나는 무서워서 그만 온몸이 얼어붙는다. 우리를 향해 질주하는 어두운 기마병들의 얼굴은 흉측하게 일그러져 '긴장되어' 있다. 말발굽 소리로 땅이 진동하는 것을 느낀다. 나는 갈고리를 놓아 버리고 논의 반대편으로 도망친다. 그 자리에 머물면 우리는 분명 죽음을 당할 것이고 마차에 실려 있는 건초에 목숨을 내놓을 만한 가치는 없다는 것을 분명히 알고 있다.

나는 논 가장자리로 질주하여 강가의 둑으로 연결된 좁은 통로 아래에 머리를 박는다. 그때 강어귀에 범선이 하나 묶여 있는 것을 발견한다. 나는 손톱으로 밧줄을 풀어 배를 밀어서 물에 띄우고 배 위로 뛰어오른다. 그리고 뒤돌아 노를 더듬는다. 그때 나는 클린트가 통로를 따라 나를 향해 서서히 걸어오는 것을 보게 된다. 나는 그에게 제발 서두르라고 있는 힘을 다해 외친다. 그가 둑을 내려와 배에 발을 올려놓는다. 나는 미친 듯이 배를 저어 강 중심으로 향한다. 클린트가 배 앞쪽을 향해 서 있었기 때문에 노를 젓는 데 방해가 되었다. 나는 앉으라고 소리친다. 나는 내가 수영을 할 줄 모른다는 사실을 기억하며 배가 전복되면 물에 빠져 죽게 된다는 사실을 생각한다(꿈에 이런 생각이 드는 것은 조금 이상하다. 실제로 나는 수영하는 것을 꽤 즐기기 때문이다. 꿈속에서도 한편으론 수영할 줄 안다는 것을 인식하지만 동시에 "지금 여기 이 자리에서는 할 수 없다"는 것을 확신한다. 이 상황은 일종의 명석몽적인 특성을 지니고 있지만, 엄밀히 말해 내가 왜 여기 이 자리에서 수영을 못하는지 모르기 때문에 명석몽lucid dreaming이라고 할 수는 없다).

나는 클린트에게 앉으라고 또다시 소리친다. 그는 강둑을 향해 나에게는 등을 돌린 채 뱃전 끝에 서 있다. 그는 양다리를 번갈아가며 "배를 굴려 뒤집으려고" 한다. 나는 마지막으로 그에게 "그만!"이라고 소리치지만 그는 이 행동을 계속한다.

클린트가 나의 친구이고 파트너지만 그가 제정신이 아니기 때문에 그리고 그의 어리석은 짓이 나를 죽음으로 내몰 것이기 때문에, 나는 총을 빼어 그의 등을 향해 겨눈다. 그리고 클린트에게 그 행동을 당장 멈추지 않으면 방아쇠를 당기겠다고 소리친다. 하지만 그는 아무 말 없이 배를 점점 더 세게 흔들어 댄다. 나는 더 이상 다른 선택은 없다고 스스로에게 말하면서 그의 등을 향해 방아쇠를 당긴다. 한순간 그는 등을 구부리더니 내 발 밑에 등을 대고 쓰러진다. 죽은 그의 눈이 나를 쏘아보고 있다.

나는 내가 방금 저지른 행위에 대해 스스로 소름이 끼친다. 나는 그의 얼굴을 가까이 들여다본다. 그리고 가능한 한 클린트를 쳐다보지 않으려고 하면서 그의 몸을 들어 올려 물속으로 던진다. 순간적으로 시체의 등이 물 위로 떠올랐다가 물먹은 옷의 무게에 시체는 물 밑으로 가라앉는다. 나는 두려움에 떨며 이 장면을 지켜본다.

나는 배에 누워 있고 오랫동안 배가 물살에 떠내려가고 있다. 양쪽 강둑에서 기마병들이 약탈을 계속하고 있다. 농장과 집이 불타는 연기를 지켜본다. 나는 총소리와 웃음 그리고 절규, 유리 깨지는 소리, 말발굽 소리를 듣는다. 배를 타고 강둑을 내려갈수록 불과 살육이 점점 더 크게 일어나고 있음을 보게 된다.

밤이 가까워지자 배는 강에 있는 섬의 해안에 도착한다. 나는 배에서 내린 뒤 배를 강물에 떠내려 온 나무들이 모여 있는 한 지점에 숨겨 둔다. 땅거미가 지자 섬에 있는 숲 사이를 기어가다 섬 반대편 끝에 있는 작은 오두막에 당도한다. 벌써 바깥은 어둑어둑해졌고 오두막 안에는 램프 불이 밝아 그 집 안을 환히 들여다볼 수 있다. 집 안에는 노부부가 저녁을 먹기 위해 식탁에 앉아 있다. 그들은 편안해 보이고 서로 깊이 사랑하고 있는 것처럼 보인다. 그들은 내가 지켜보고 있는 것을 눈치 채지 못한 채 아주 친밀하고 매력적으로 서로를 대하고 있다. 나는 이렇게 안전하고 한가로운 풍경은 분명 함정이라는 생각을 떨칠 수가 없다. 그러나 한편으로는 이것이 함정이라는 특별한 증거가 없으므로 배고픔을 극복하기 위해 집 안으로 들어가 음식을 좀 구걸하려고 위험을 무릅쓴다.

밖은 이제 칠흑같이 어두워졌다. 내가 오두막 현관으로 걸어 들어가자 노인이 내 발소리를 들었다. 내가 막 문지방에 다다랐을 때 그 노인은 누가 왔는지 보기 위해 문을 연다.

그는 기쁘게 열린 마음으로 나를 맞으며 그의 아내에게 "젊은 사람"이 전쟁터에서 도망쳐 왔다고 말한다. 그들은 나를 안으로 초대하여 음식을 나누어 준다. 나는 허겁지겁 그 음식을 먹어치운 뒤 곧바로 엄습하는 피로에 잠자리에 든다고 말한다. 그 노인이 옆방에 있는 침대를 써도 좋다고 한다. 식탁에서 일어나 작은 침실을 보고 침대 위에 머리를 대자마자 나는 잠에 곯아떨어진다.

즉시 꿈을 꾸기 시작한다(나는 꿈속에서 내가 꿈을 꾼다는 사실을 인지하고 있기 때문에 이것은 일종의 명석몽이다. 비록 내가 꿈 '속에서' 꿈을 꾸고 있다는 사실을 알고 있지는 못하지만). 꿈에 나의 미세한 몸subtle body이 나의 신체physical body에서 이탈하여 잠시 멈춰 서서 침대 위에 꾸부려 자고 있는 나의 몸을 바라보다가 주변을 둘러본다. 나는 이 순간 벽을 투과해서 볼 수 있는 능력을 가지고 있다. 나는 아직도 식사를 하고 있는 노부부를 바라본다. 그들은 조용히 전쟁에 관해 그리고 나의 방문에 대해 이야기하고 있다. 나는 오두막의 정면 벽 너머로 달빛이 비쳐 반짝이는 강 위의 그림 같은 밝은 빛을 보게 된다. 멀리 강가에 반사되는 붉은 불빛에 냉기를 느끼고 오싹해진다.

갑자기 나는 클린트의 모자가 강물 위로 떠오르는 것을 본다. 공포에 질려 지켜보고 있을 때 클린트가 서서히 물에서 나와 젖은 옷에서 쓰레기와 물을 뚝뚝 떨어뜨리며 강가 둑으로 걸어간다. 내가 이 장면을 지켜보는 동안 클린트가 나에게 음식과 잘 곳을 주었던 노부부의 아들이란 사실이 분명해진다. 나는 이 새로운 사실에 놀라 할 말을 잃는다. 나는 클린트가 달빛이 비치는 개간지에서 집을 향해 걸어오는 것을 본다. 나는 클린트가 좀비zombie가 되었다는 사실을 안다. 그리고 내가 침대에서 자고 있으며 냉혹한 좀비에게서 달아날 길이 없다는 사실도 안다. 희망이 없다. 그러나 나는 노부부에게 내가 그들의 아들을 죽였다는 사실을 말하는 것이 그들이 좀비로부터 그 사실을 직접 듣는 것보다는 낫다고 생각한다.

나는 잠자고 있는 내 몸으로 돌아가 갈지자걸음을 걷는다. 내가 부엌으로 뛰어들자 그 부부는 놀란다. "두 분이 반드시 아셔야 할 사실이 있어요. 제가 조금 전에 두 분의 아들을 죽였어요." 그 순간 우리 모두 나무 현관에서 클린트의 발자국 소리를 듣게 된다. 우리 모두 문을 향해 달려가자 문이 저절로 열린다. 문 앞에 좀비가 된 클린트가 물을 뚝뚝 떨어뜨리며 서 있다. 나는 총집에 들어 있는 총에 손이 간다. 그러나 스스로 생각한다. '내가 무슨 짓을 하는 거야? 그를 또 한 번 쏜다고? 그는 벌써 죽었는데 또 쏜다는 게 무슨 소용이 있나?' 나는 목숨을 내놓기로 작정하고 천천히 양팔을 들어 항복한다. 노부부가 식탁에서 일어나 내 양옆에 서 있는데 우리 네 사람은 다이아몬드 형을 이루고 있다. 나는 클린트가 나를 쏘기를 기다리고 있다. 클린트가 앞으로 다가오고 그의 눈이 나에게 멈추어 있다.

나도 앞으로 나아간다. 우리는 방 한가운데서 만난다. 나는 내 팔을 벌려 강하게 클린트를 안는다. 나는 우리의 몸과 몸이 맞닿은 모든 곳에서 따뜻함과 생명의 기운이 솟아남을 느낀다. 내가 그를 안

자 그가 따뜻해지면서 되살아나는 듯한 느낌을 받는다. 그도 팔을 벌려 나를 안는다. 나는 우리 둘 사이에서 끊없이 솟아나는 에너지를 느낀다. 그 강렬함의 절정에서 안도감과 편안함과 전일성이 일어난다. 그 강한 감정에서 깨어나는데 내 심장이 안도감과 기쁨으로 세차게 고동친다.

이 꿈을 꾼 지 20년도 넘었다. 아직도 이 꿈은 새로운 통찰을 주고 꿈을 연상할 때마다 새로운 면을 발견한다. 여기서 클린트 이스트우드 같은 인물의 죽음은 불가항력적으로 부활로 연결된다. 여기서 부활이란 깨어 있는 상태에서 훨씬 새롭고 열리고 정직하고 덜 자기기만적인 자세로, 이전에 억압되었던 그림자를 총합한다는 사실을 반영한다. 이 꿈은 의식적으로 징집을 거부하고 대민 봉사에 참여하는 동안, 세상의 조직화된 폭력에는 반대하지만 내면에 있는 분노와 잠재적인 폭력을 의식적으로 인정하고 창의적으로 그 에너지를 변형하려는 의지는 없었다는 것을 깨닫는 순간과 거의 일치하는 시기에 꾸었다. 이 꿈이 그런 문제와 관련해 나 자신의 그림자 실타래를 풀어내는 데 도움이 되었다.

융 심리학의 용어로 표현하자면 한편으로 이 꿈은 그림자 요소를 통합하는 과정인데, 이 과정에 지혜로운 노인Wise Old Man and Wise Old Woman 원형이 등장해 만다라 형상을 제안한다. 내가 이 꿈으로 적극적인 상상을 해보았을 때 클린트 이스트우드라는 인물은 그림자일 뿐만 아니라 트릭스터Trickster 원형과 자발적 희생Willing Sacrifice의 특성도 지닌다.

꿈의 영역에서 진실한 것은 신화의 영역에서도 진실하다. 신화와 꿈은 궁극적으로 같은 원천인 집단무의식의 산물이며 신화를 "집단의 꿈"으로 이해할 수 있다. 집단의 꿈이란 보편적인 인간 드라마의 집단적 표현으로, 개인적으로 항상 경험할 뿐 아니라 동시에 전 인류가 개인적으로 또 집단적으로 끝없이 반복해서 경험한다.

하인리히 짐머Heinrich Zimmer가 「왕과 송장The King and the Corpse」에서 소개한 콘 에다Conn Edda의 이야기는 죽음과 변형의 원형적 연관성을 시사해 준다. 콘 에다의 사악한 삼촌은 콘 에다의 아버지를 죽이고 콘 에다가 성장해서 왕위를 계승할 때까지 섭정을 한다. 섭정하는 동안 삼촌은 콘 에다를 죽이려고 계략을 짠다. 햄릿과 달리 콘 에다는 삼촌의 의도를 단 한 번도 의심하지 않고 순진하고 게으르게 그의 젊음을 노름과 사치로 허비한다. 콘이 왕위를 계승할 때가 다가오자 삼촌은 군중을 불러 놓고 이런 생각 없는 부랑자에게 왕위를 물려주자니 끔찍하다고 말한다. 콘 에다는 본질적으로 친절하고 정직한 사람으로, 삼촌의 말을 듣고 충격을 받는다. 삼촌은 콘의 미성숙한 면모를 제거하기 위해 모험의 여정을 떠나도록 제안한다. 여행을 하는 동안 콘이 미성숙한 면모를 극복하고 성숙한 남성이 되기를 희망한다고 말한다. 콘은 삼촌의 제안에 동의한다. 무장을 하고 길을 떠날 채비를 하는데 콘이 마구간에 가서 말안장을 채우려 하자 삼촌이 그를 멈춰 세운다. 그는 콘이 말 타는 법을 배운 적이 없고 자신의 말을 획득하지도 못했기 때문에 말 없이 그냥 떠나야 한다고 말한다. 이 말에 콘은 다시 충격을 받고 수치심을 느낀다. 콘은 완전무장을 한 채 걸어서 모험을 떠나고 농부의 아이들이 콘에게 막대기와 흙더미를 던진다.

콘이 투덜투덜 걸어가는데 어떤 목소리가 그를 조롱한다. 그는 분노가 치밀어 검을 던진다. 그러나 주위에는 아무도 없다. 마침내 콘은 자기를 조롱하는 음성의 주인이 논 옆 경작지에 있는 마구를 찬 말이란 사실을 알게 된다. 콘이 말에게 다가가 위협하지만 말은 계속 그를 조롱하며 콘이 똑똑하지 못해 이 지경이 되었다고 말한다. 슬프지만 콘은 그 말을 인정한다. 말은 콘에게 쟁기에 묶인 자신을 풀어 주면 콘을 도와주겠다고 약속한다. 순간적으로 콘이 말이 별로 근사하지 않다고 불평하자, 말은 아무리 자신이 비루해 보여도 걸어가는 것보다 자기를 타고 가는 것이 조금은 나을 것이라고 설득한다.

콘은 말을 풀어 주고 그 말을 타고 간다. 수많은 모험을 거치면서 콘은 자신이 용감하고 충성심이 강하며 스스로 희생할 수 있다는 것을 증명한다. 콘은 별로 영리하지 않지만 말은 비범하고 명석하다. 긴 모험의 여정에서 말은 콘에게 무엇을 해야 할지 이야기해 주고 콘은 주저 없이 말이 지시하는 바를 수행한다. 마침내 용기와 재치로 장애를 극복하고 모든 시험을 통과한 말과 콘은 함께 최종 목적지인 동화의 나라에 도착한다.

동화의 나라의 성은 꺼지지 않는 불길로 둘러싸인 요새이며 불길을 건널 다리도 하나 없다. 뭘 해야 할지 몰라 어리둥절한 콘이 말에게 묻자 말은 단숨에 자신의 목을 베라고 한다. 이에 당황한 콘은 절대 그럴 수 없다고 잘라 말한다. 콘은 또 모든 관문을 통과하고 자기 왕국으로 돌아가면 말에게 큰 상을 내릴 것이라고 말한다. 말은 조용히 하고 자기가 시키는 대로 하라고 한다. 콘은 소중한 친구이자 선물인 말에게 그런 짓을 할 수는 없다고 이번에도 거부한다. 그러자 말은 콘을 조롱하기 시작한다. 콘이 진짜 사나이가 되었는데도 똑똑하지 못해서 시키는 것도 제대로 못한다고 놀려 댄다. 콘은 마침내 눈물을 흘리며 말의 용서를 구하고는 일격에 말의 목을 내리친다. 몸이 떨어지는 그곳에서 콘과 같은 나이의 젊은이가 등장한다. 그 젊은이는 마지막 과제를 수행하지 못할까 봐 두려웠다고 하면서 콘을 얼싸안는다.

놀란 콘에게 젊은이는 자기 둘의 운명이 서로 연관되어 있다고 설명한다. 자기는 동화의 나라에서 왕위를 계승할 왕자인데 '그의' 사악한 삼촌이 '그의' 아버지를 죽이고 그를 비난하여 산 자의 땅으로 모험의 길을 떠나도록 했다. 그런데 누군가 "가슴 가득 사랑을 가지고 자신의 목을 베기"까지는 말의 모습으로 살아가야 했다고, 콘이 그 저주를 풀어 주었다고 했다.

그 즉시 콘은 쌍둥이 같은 동화의 나라 왕자와 함께 성 안으로 옮겨진다. 콘은 다시 자기 삼촌이 있는 성으로 옮겨진다. 기적적으로 늠름하게 변한 콘의 모습에 놀란 삼촌은, 이야기나 꿈에서 흔히 그러하듯 사라져 버린다.

이 이야기 또한 죽음이란 단지 그 인물로 표현되는 에너지를 새롭고 진화된 형태로 재결합하는 것을 의미한다는 사실을 분명히 시사한다. 이 이야기에서 죽음은 필연적이며 말을 위해서도 필요한 일이다. 미국 인디언 신화 중에도 말 대신 사슴이 등장하는 이와 비슷한 이야기가 있으며, 궁극적으로 그리스도 또한 이런 인물이다. 말, 사슴, 그리스도, 이 모두가 자발적인 희생Willing Sacrifice의 원형들이다. 여러 면에서 그리스도교의 '신화소(神話素, mythos)'는 가장 명쾌하고 진화된 형태의 자발적인 희생의 원형 이미지를 우리에게 제공한다. 융 심리학자 에딘저Edinger와 그의 동료들은 그리스도를 "개성화된 자아의 원형"이라고 언급한다. 변화하고 성장하기 위해서 낡은 것은 반드시 죽어야 한다. "죽음을 온전히 받아들이고 수용할 때 재탄생한다"는 그리스도교의 약속은 최소한 심리학적으로는 필연적이고 생생하다. 헤라클레이토스Herakleitos는 "변화를 제외하고 영구적인 것은 존재하지 않는다"라고 말했다. 그리고 자발적인 희생의 원형은 이러한 진실을 부분적으로나마 의식적으로 살아 낼 때 우리 삶에서 구체화될 수 있다.

기억하기

꿈속에서 죽음의 의미

내가 경험한 바로는 꿈에서 죽음이나 죽음에 대한 두려움은 항상 인격이나 성격의 변형이나 성장과 연관되어 있다. 꿈에서 죽음으로부터 달아날 때, 이는 "지금이 또 다른 성장과 변화의 시기이다"라고 말하는 자기 내면의 암시로부터 달아나는 것이다. 이 사실은 신화의 세계에서도 마찬가지다. 그리스도교의 신화소는 자발적인 희생의 원형적 드라마 중 가장 명쾌하고 발전된 예를 제시하고 있다. 이를 위해 죽음이란 재탄생과 변형을 거쳐 다시 신의 에너지와 재결합하는 전조로 이해된다.

8
함께 꿈 작업을 하기 위한
21가지 기본 요령

> 나는 꿈이 진정 우리 성향의 해설자라는 사실을 믿는다.
> 그러나 그 성향을 분별하고 이해하기 위한 예술이 필요하다.
> – 몽테뉴

꿈은 항상 수많은 의미를 단일한 은유적 표현으로 집약하여 우리에게 제시하기 때문에 자신에게 관심과 애정을 가지고 있는 사람들과 꿈을 나누는 것은 중요하다. 또 그들의 꿈을 물어보는 것도 대단히 중요하다. 하나의 꿈을 가지고 작업할 때 여러 사람이 각 개인이 가진 다양한 층의 지식과 직관을 동원해 함께 꿈을 이해하려는 작업에 동참한다면 꿈을 꾼 사람은 훨씬 넓은 범주의 의미를 파악할 가능성이 높아지며, 자연히 꿈의 다층적인 면과 복합적인 의미를 파악할 가능성도 높아지고, "아하! 체험"을 할 기회 또한 증가하게 된다. 이렇게 그룹이 함께 꿈 작업을 한다면, 우선 다양한 상상력이 꿈의 의미를 파악하기 위해 동원될 뿐만 아니라 이 과정에서 공동체의 창의력도 기를 수 있다.

다른 사람들과 함께 그들의 꿈을 다루는 경우 꿈 작업의 두 가지 기본적인 원칙을 기억하는 것이 무엇보다 중요하다. 첫째는 꿈꾼 사람만이 그 꿈의 진정한 의미를 알 수 있다는 것이고, 둘째는 한 가지 의미만 지니는 꿈은 존재하지 않는다는 것이다. 이 두 원칙을 깊이 새기면 꿈 작업을 하는 동안 의미 없는 논쟁에 휩쓸리거나 자신의 생각을 포기하고 다른 사람의 의견이나 해석에 압도되는 일은 없을 것이다. 꿈꾼 사람이 "아하! 체험"을 하지 못한다면 제시되는 의견이나 통찰이 옳은지 그른지, 관련이 있는지 없는지 논의하는 일은 무의미하다. 특별히 그룹 꿈 작업에서 꿈의 주요한 주제나 메시지와는 거리가 먼 지엽적인 요소에 초점을 맞추다 보면, 작업 중에 제시된 어떤 주요한 통찰을 간과하기도 하고 제시된 의견들을 충분히 고려하지 않고 거절하기도 한다. 그러나 꿈은 자기교정 능력이 있기 때문에 간과되었거나 거부된 아이디어나 통찰이 주요한 요소라면 얼마 지나지 않아 분명히 다시 등장하게 될 것이다.

정신건강 문제를 다루는 전문가들 가운에 그룹 꿈 작업, 그 중에서도 특정한 리더가 없이 "일반인들이 이끌어 가는" 꿈 작업에 대해 회의적인 의견을 밝히는 경우가 종종 있다. 꿈은 강렬한 무의식의 에너지와 연결되어 있기 때문에 충분히 훈련받은 전문가 없이 "아마추어들"끼리 꿈에 대해 작업하다 보면, 무심코 입 밖에 내는 말들이 심각한 심리적 상처를 입힐 위험이 있어 그룹 꿈 작업 자체에 저항감을 드러내기도 한다. 그러나 내 경험으로 볼 때 이런 우려는 사실이 아니다. 나는 심지어 심각한 정신적 장애가 있는 사람이 "일반인들"의 그룹 꿈 작업에 참여하는 경우에도 함께 꿈 작업을 하는 사람들이 지속적인 관심과 연민을 가지고 있다면 그 사람에게 계속 전문가의 도움을 받도록 권하고 그런 기회들을 소개하는 경우들을 보았다. 그리고 가장 심각한 정신적 문제를 앓고 있는 사람에게도 꿈은, 상대적으로 건강한 사람들과 마찬가지로, 전일성을 위한 서비스로 제공된다. 비록 꿈 작업이 그 사람들에게 일단 드러난 이슈를 더 진전시킬 가능성은 있지만, 내가 수십 년 동안 경험한 바로는 꿈 작업이 개인의 심리적 기반을 붕괴시키는 원인이 되었던 적은 없다.

일반인이 이끄는 그리고 리더가 없는 그룹 꿈 작업이 궁극적으로 공동체의 정신 건강을 증진시키는 데 활성적인 요인이 된다는 사실은 분명하다. 특별히 그룹에서 섬세하고 진지한 사람들과 함께 각자 내면의 삶을 심도 있게 나누고 활발하게 자기탐구를 하며 서로를 격려하는 일은 더욱 중요하다. 이러한 사람들은 대개 아주 심각한 장애가 있는 사람들과 접촉하려 하고 이들을 지지해 주고 전문가를 소개하는 등 조직망을 만들기도 한다. 꿈 작업을 하다 보면 간혹 꿈 그룹에서 서로 돕고 협력하는 차원보다 훨씬 극적이고 큰 문제를 가진 사람을 만날 수도 있다. 그러나 이런 경우에도 내 경험에 의하면 꿈으로 작업한 마지막 결과는 예측했던 것보다 더 긍정적이었다.

지금부터 제시하는 것은 서로 지지하고 함께 꿈을 탐구하는 꿈 작업 공동체를 발전시키기 위한 방법들이다. 이런 방법은 수십 년 동안 집중적으로 꿈 작업을 해온 내 경험으로부터 나온 것이다. 그러나 여기 제시하는 방법들은 처음 작업을 시작하는 사람들을 위한 것이다. 각 그룹이 꿈 작업을 하는 방법은 다양할 수 있으며, 나는 여기서 제시하는 방법을 토대로 구성원 개개인의 다양한 필요를 충족하기 위해 그 그룹만의 독특한 방법으로 수정하고 발전시켜 나간 수많은 그룹들을 보았다. 꿈 작업의 기본적인 두 가지 "원칙"이 지켜지는 한, 독특하고 창의적으로 그룹을 발전시키는 것은 훨씬 더 자신을 잘 표현하고 꿈의 의미를 더 깊게 만드는 계기가 된다.

무엇보다도 먼저 그룹 구성원들이 만나서 그 모임에 참석한 순간 어떤 느낌과 감정을 가지고 있는지 잠시 나누어 보는 것이 중요하다. 간단하고 짧게나마 현재 그 자리에 참석한 사람들의 감정과 정서를 서로 나누는 것이 좋다. 그러나 간단하게 자신의 감정과 정서를 나누는 것이 어려운 사람들도 있다. 이들은 자신의 감정과 정서를 나누는 데 익숙하지 않아서 종종 "현재 어떻게 느끼는가"라는 질문을 받게 되면 장황하게 왜 지금 자신의 감정이 그런지 설명하려고 한다.

우선 그룹이 간단하게 순간의 감정과 정서를 나눈 다음, 육체적·심리적 긴장감을 완화할 수 있는 명상이나 자기중심을 회복하는 연습centering exercise을 하는 것도 효과적이다. 이러한 연습은 꿈 작업 동안 직관적인 목소리가 자유롭게 표현되도록 하는 데 도움이 된다. 꿈 작업은 항상 무의식의 깊이에서 나오는 직관적인 에너지와 연관되며, 작업하는 동안 이런 무의식적인 직관이 의식적 지식으로 자리 잡게 된다.

특별히 마음이 산란한 개개인의 내적 중심을 회복하는 연습은 그룹 전체가 동의할 수 있는 방법이어야 한다. 그리고 그룹의 필요에 따라 다양한 방식이 도입될 수 있다.

이 가운데 내가 추천하는 방식은 단순하다. 나는 여러 해 동안 꿈 작업을 할 때 이 방법을 사용해 왔다. 내가 참여하는 거의 모든 그룹에서 그룹 작업을 시작할 때와 마칠 때 이 방식을 적용했다.

> **자기중심을 회복하는 연습**
>
> 그룹이 원으로 둘러서서 손을 잡는다. 눈을 감고 편안하고 깊이 숨을 들이쉰다. 자기 몸에 일상적으로 긴장감이나 스트레스를 간직하고 있는 지점을 느껴 본다. 의식적으로 호흡을 하면서 긴장한 부분에 에너지를 집중하여 몸의 긴장을 푼다. 숨을 들이쉴 때 밝은 빛이 몸 안으로 가득 들어온다고 상상해 보라. 숨을 내쉴 때 몸 안의 어둠이 밖으로 빠져나가는 것을 상상하라. 숨을 깊이 쉼에 따라 몸은 점점 빛으로 채워지고 깨달음이 깊어진다고 상상해 보라. 만일 이런 깊은 호흡과 자기 몸을 빛으로 채워가는 방법으로도 마음이 집중되지 않고 초점이 흔들린다면 그룹의 다른 사람들을 그 공간으로 초대하도록 마음을 모아 보라. 구성원 중 지금 그 자리에 참석하지 않은 사람들을 원 안으로 초대해 보라. 자기가 그 자리에 있을 수 있도록 알게 모르게 도움을 주는 모든 사람들을 그 원으로 초대하라. 주변의 모든 사람, 모든 사물, 마침내 우리의 행성 전체를 원 안으로 초대하라. 과거와 현재와 미래를 '모두' 그 원 안으로 초대하라.

꿈 작업을 시작하기 전과 마친 후에 열 번에서 열두 번 정도 이런 긴 호흡을 하기를 권한다. 혼자서 하는 꿈 작업이든 그룹이 함께하는 꿈 작업이든 흐트러진 마음을 한데 모아 집중하는 데 아주 유용하다. 이런 것을 대수롭지 않게 생각할 수도 있지만, 내면의 에너지를 차분하게 하여 꿈 작업에 온 에너지를 집중할 수 있도록 하는 데 도움이 되며 결과적으로 개개인의 인지력을 훨씬 더 객관화하는 데 효과적이기도 하다.

여기서 제시하는 방식을 따르든 안 따르든, 중요한 것은 참여한 사람들이 마음을 함께 모을 수 있도록 하는 간단한 명상이나 어떤 다른 방식의 마음 집중 연습을 시도하는 것이 꿈으로 작업하는 데 도움이 된다는 사실이다. 이런 명상은 꿈을 나누고 꿈으로 작업하는 시공간을 특별히 의미 있는 순간으로 만들고 축복하게 한다. 이런 명상은 내면의 에너지 균형을 회복시키고 작업 도중 자유롭고 직관적인 에너지가 저절로 흘러나올 수 있도록 도와준다.

일단 그룹 구성원들이 그 순간의 감정과 정서를 나누어 정서적 연대를 이룬 다음, 함께 위에서 제시한 "빛 호흡"을 한다면 마침내 꿈을 나눌 수 있는 장이 완료되는 것이다. 이 장에서 어떤 특정한 꿈을 선택하여 작업하기 전에 각자 돌아가면서 꾸었던 꿈을 이야기하는 기회를 가지는 것도 중요하다. 이렇게 돌아가며 꿈을 이야기하는 것이 시간을 많이 소모하게 할 수 있지만, 그룹이 크지 않다면 위에 제시한 방법과 돌아가며 꿈 이야기를 하는 데 많은 시간이 들지는 않는다. 특히 꿈 그룹이 결성된 초기에는 그룹에서 돌아가며 자신의 꿈을 나누는 것이 중요하다.

그 이유는 첫째, 꿈 그룹에 와서 자신의 꿈을 나눈다는 그 자체가 중요하기 때문이다. 간혹 시간을 절약하기 위해 또는 누군가 자신의 꿈으로 작업해야 하는 절실한 이유가 있어서 다른 사람들이 꿈을 이야기할 기회가 없어지면 그들의 꿈 기억률이 뚜렷하게 떨어질 수 있다. 그리고 특별히 선정한 꿈 작업 뒤로 그룹 전체가 돌아가며 자신의 꿈을 이야기하는 시간을 배정하는 경우 시간 부족을 이유로 꿈을 나눌 기회를 생략하게 될 위험이 있다.

둘째, 원 안에서 돌아가며 꿈을 나눌 때 꿈의 차원이랄 수 있는 아주 심오한 단계에서 그룹이 결속될 수 있다. 이러한 이유들로 특히 꿈 그룹이 결성된 지 얼마 되지 않는 경우 참석자 모두가 자신의 꿈을 나눌 기회를 가지도록 하는 것이 중요하다. 지난번 그룹 모임 이후 기억하는 꿈이 하나도 없는 경우에는 예전에 꾼 꿈이나 어린 시절의 꿈을 나누어도 좋다. 그러면 매번 모일 때마다 꿈을 나누면서 결속력을 다지고 재확인하게 된다.

우리가 꿈을 꾸는 동안 사실 우리 각자는 자신의 꿈을 이해하고 있고 같은 차원에서 다른 사람의 꿈을 듣는 순간 그들의 꿈도 이해하게 된다. 비록 이러한 이해가 의식의 차원에서 이루어지지는 않는다 할지라도 어떤 단계에서의 이해는 이루어진다. 그러므로 지속적으로 그룹이 만나는 과정에서 서로에 대한 친밀감이 깊어지고 신뢰감이 증가하며 자연히 자신을 열어 가게 된다. 모일 때마다 서로에게서 최소한 하나의 꿈을 듣게 되면서 서서히 축적되는 효과가 있는데, 이 효과가 깊이 있고 정확하게 꿈을 이해하는 통찰과 직관을 향상시키게 되는 것이다. 이런 효과는 처음에는 미미하게 보일 수 있지만 축적되면 괄목할 만하다.

그룹에서 꿈을 나눌 때 현재형으로 꿈을 묘사하는 것이 중요하다. 처음 꿈을 기록할 때 현재형을 사용하면 현재형으로 꿈을 이야기하는 것이 점차 자연스러워질 것이다. 현재형으로 꿈을 기술하는 것은 과거형 기술보다 꿈을 새롭게 환기시키고 듣는 이의 집중도도 높일 수 있으며 꿈을 이야기하는 사람이 "아하! 체험"을 할 가능성도 높다. 실제 꿈 작업을 하다 보면 꿈을 이야기하는 사람이 현재형을 쓰다가 갑자기 과거형으로 전환하는 것을 발견하게 될 것이다. 이런 경우는 대개 꿈의 상징적이고 정서적인 내용이 특별히 강한 에너지를 가지고 있어서 꿈 이야기를 하는 사람이 무의식적으로나마 꿈과 안전거리를 유지하고 자신을 보호하려는 것일 수 있다. 대부분의 경우 꿈꾼 사람이 꿈 이야기를 마쳤을 때 이렇게 무심코 하는 실수를 지적해 주는 것은 유용하다.

꿈을 나눌 때 등장하는 모든 부주의한 실수는 그 자체로 다양한 의미를 지니게 된다. 꿈을 꾸고 기록한 대로 정확하게 진술했을 때보다 비정상적인 것 같은 "실수"를 저질렀을 때 훨씬 더 많은 것을 얻게 되며 좀 더 다양한 의미의 진실이 드러나게 된다.

한 가지 예를 들어 보자. 어느 날 저녁 "제프Jeff"가 거대한 나무에 기어오르는 꿈을 그룹에 이야기하고 있었다. 꿈 이야기를 할 때, 그는 나뭇가지를 피하여 "올라간다climb"는 표현을 실수로 "죄를 짓다crime"라는 단어로 잘못 썼다. 제프가 꿈 이야기를 마쳤을 때 누군가 이 사실을 지적하자 그는 "네 발로 기다crawl"라는 단어와 "기어오르다climb"라는 단어를 혼동하여 실수로 "죄를 짓다crime"라는 단어가 입에서 새어 나왔다고 설명했다. 꿈 작업이 더 진행되면서 그 비밀이 밝혀지게 되었다. 실수로 등장한 "죄를 짓다"라는 단어는 제프가 아내 외에 다른 여자를 사랑하기로 결심한 사실과 관련이 있었다. 제프는 자신의 말실수인 "죄를 짓다"라는 표현이 자기가 한 결정, 즉 다른 여자를 사랑하기로 한 결정을 자기가 의식적으로 인정하는 이상으로 더 정확하고 깊이 자신의 감정을 진단해 주고 있다는 사실을 스스로 깨닫게 되었다.

이런 말실수나 이상한 표현은 항상 의미를 지니고 있다. 그리고 이런 실수에 주의를 기울이는 것은 꿈 작업에서 대단히 중요하다. 그러나 누군가 꿈을 이야기할 때 이렇게 드러나는 "말실수"에 지나치게 초점을 맞추다 보면 꿈 작업이 비난이나 비판적인 분위기로 흐를 수 있다. 이런 자세의 꿈 작업은 항상 비생산적이다. 작업하는 동안 자신뿐만 아니라 다른 사람이 꿈을 나눌 때 저지르는 실수를 놓치지 않고 알아채는 것은 중요하지만, 자기가 알아챈 사실을 비판적이거나 위협적이지 않으며 통쾌해하지 않고 까다롭게 굴지 않으며 관심과 배려를 가지고 표현하는 방법도 연습할 필요가 있다.

그리고 꿈을 이야기할 때 어떤 부분을 드러내지 않거나 잊어버리지 않도록 적어 놓은 꿈 기록을 그대로 말하거나 읽는 것이 중요하다. 그 꿈을 듣는 사람들도 꿈을 나누는 순간엔 평상시에 나누는 것보다 훨씬 친밀하고 깊은 단계에서 우리 자신을 나누고 있다는 사실을 기억하는 것이 중요하다. 가시적으로 드러나는 꿈의 내용이 어떤 것이든지, 꿈을 나눈다는 사실은 우리가 의식적으로 생각하는 것보다 훨씬 깊이 우리 자신을 열고 드러내게 해준다.

만일 누군가 정말 아무에게도 드러내고 싶지 않은 "깊고 어두운 비밀"을 가지고 있다면 그룹으로 하는 꿈 작업은 피하는 것이 좋다. 이 부분은 내가 수업하거나 꿈 작업을 시작할 때 제일 먼저 이야기하는 '경고'이다. 꿈 작업에서 이런 어두운 비밀이 노출되는 경우, 그룹 내부에서만 비밀을 유지하겠지만 간혹 그렇지 않은 사람이 있을 경우도 배제할 수는 없다. 나는 여러 번 누군가 그룹에서 꿈 작업을 할 때 "낙태를 한 적이 있습니까?", "회사에서 공금을 횡령한 적이 있습니까?", "누군가와 바람을 피웁니까?", "동성애자입니까?" 등의 당혹스런 질문을 하는 경험을 했다. 이런 질문에 대한 대답은 단지 "예"밖에 없다. 꿈을 꾼 사람이 이런 비밀에 관해 여러 꿈에서 드러났지만 의식적으로 다른 사람과 나누려 하지 않았는데, 여기서 인정하는 이유는 그런 사실이 명백히 드러나 더 이상 "비밀"이 아니기 때문이다.

베르너 볼프Werner Wolf는 꿈을 "의식의 거울"이라고 부른다. 꿈은 전일성을 추구하기 때문에 항상 "모든 것을 드러내는" 경향이 있고, 특히 억압되었거나 다른 사람과의 대화에서 스스로 검열하고 있는 부분까지 모두 드러내게 된다.

자신과 타인의 감정에 가능한 한 예민하고 섬세해야 한다는 사실을 기억하는 것은 중요하다. 그리고 다른 사람이 꿈을 나누는 동안 절대 방해해서는 안 된다. 꿈 작업을 하는 동안 최대한 서로에게 정직하고 의식적으로 되는 것은 중요하다. 그룹에서 작업이 진행되는 과정을 이해하고 자기가 깨달은 진실을 말하며 가능한 한 충분히 그 진실을 표현하는 것도 중요하다. 그리고 무엇보다 서로를 존중해야 한다. 서로를 존중하는 것은 항상 중요하지만 특별히 꿈과 꿈에 의해 발생하는 친밀한 감정을 다루는 데서는 더욱더 중요하다.

꿈을 나누는 동안 가능한 한 완전히 집중하도록 노력하라. 그 연장선 위에서 꿈 작업 그룹의 구성원들이 의식적으로 자기 깨달음의 한계를 확장하려 하고 서로의 인지력 한계를 넘어서기 위해 최선의 노력을 다해서 서로의 꿈으로 작업할 때 이런 노력이 작업 과정에 반영될 것이다. 그룹 꿈 작업을 할 때 기억해야 할 가장 중요한 것 중 하나는 작업 중에 번쩍이는 깨달음이나 "아하! 체험", 느낌의 이동 등이 있으면 그것이 항상 진실이 밝혀지는 표지라는 것이다. 그러나 이 진실은 '자신'의 꿈에 관한 것이지 다른 사람의 꿈에도 적용되는 것은 아니다. 그러므로 다른 사람의 꿈에 관해 언급한 것이 그 꿈에 대한 진실을 이야기하기도 하지만, 더욱더 진실인 것은 그 말을 한 사람의 심리나 상징적 구조를 더 많이 반영하고 있다는 사실이다. 이런 이유로 다른 사람의 꿈에 관해 자신의 의견을 나눌 때 "이게 만일 나의 꿈이라면…"이라고 시작하는 것이 항상 도움이 된다.

우리는 다 인간이고 꿈은 우리 모두에게 같은 언어로 표현한다. 그래서 누군가의 꿈에 대한 언급이나 제안이 꿈꾼 사람에게 "아하! 체험"을 불러일으키게 된다. 이 사실은 꿈에 대한 언급과 제안이 그저 투사만은 아니라는 사실도 말해 준다. 융이 언젠가 말했듯이, 우리가 다른 사람의 꿈에 대해 할 수 있는 '유일한' 일은 그 꿈에 관한 자신의 꿈을 나누는 것뿐이다. 비록 우리가 다른 사람의 꿈에 대해 우리의 이해를 투사할 뿐이지만 이런 투사가 꿈에 관한 통찰의 원천이 된다는 것을 증명한다.

때때로 그룹의 크기상, 모든 사람이 꿈 전체를 나누기에는 시간이 충분하지 않고 몇몇 사람의 꿈으로 작업할 시간만 있는 경우가 있다. 이때, 지난번 모임 이후 기억하고 있는 '모든' 꿈의 제목들만 돌아가면서 나누는 것으로 대체하는 그룹들을 보았다. 이런 경우, 꿈 전체를 나눌 때처럼 깊은 차원에서 그룹의 결속이 이루어지지는 못하지만 꿈 그룹 모임이 장기간 지속되는 동안 다른 차원의 넓이를 서로 공유하게 된다. 어떤 그룹은 두 가지 모두를 적용하고 꿈 전체를 나누는 것에서 점차 꿈꾼 사람이 알아낸 내용을 나누는 형태로 진행 과정을 바꾸어 나가는 그룹도 있다.

만일 그룹에서 꿈 작업을 하기 전에 그 꿈으로 어떤 예술적 표현이나 다른 창작을 해보았다면 그룹에서 꿈을 이야기할 때 그 체험도 함께 나누는 것이 중요하다. 그런데 종종 꿈 작업을 그룹에서 하기 전에 그 꿈에 대한 개인적인 통찰들을 벌써 가지고 있는 경우가 있다.

이런 경우 자신의 꿈을 이야기하고 그룹에서 그 꿈으로 작업을 진행한 뒤까지 기다렸다가 자기가 그 꿈에 대해 가지고 있는 통찰을 이야기하는 것이 현명하다. 만일 꿈 이야기를 하면서 자기는 이런 점을 발견하게 되었다고 꿈에 대한 자신의 통찰을 먼저 나누는 경우 그룹 구성원의 관점이 이미 발견된 통찰에 고정되고 상상의 범위를 좁혀 꿈 작업을 하는 데 절실히 필요한 최대의 다양한 가능성에 꿈을 열어 둘 수 없도록 만드는 한계에 부딪히게 된다. 그러나 굳이 이런 제안에 얽매일 필요 없이 자기 꿈 그룹의 특성이나 스타일에 따라 꿈 작업을 시작하기 전에 자신의 통찰을 미리 나누거나 그룹 작업이 이루어진 뒤까지 미루었다가 이야기하는 등 유연하게 대처할 수 있다. 자신의 통찰을 나중에 이야기하는 경우 때때로 자신이 이미 가지고 있던 통찰이 작업하는 과정에서 다시 드러나게 되는 경우도 있다.

일단 그룹 전체가 자신의 꿈 이야기를 나눌 기회를 가진 다음에 그룹에서 몇 개의 꿈으로 작업할 것인지 결정할 수 있다. 그룹의 리더나 진행자가 그날 누구의 꿈으로 먼저 작업을 할지 결정할 책임이 있다. 리더가 없이 작업하는 그룹은 참가자들의 동의로 결정하는 것이 최선이다. 꿈 모임마다 몇 가지 꿈으로 작업할 것인지 그룹이 정하되 그 숫자는 대체로 같아야 한다. 내향적이고 수줍어하는 사람이 외향적이고 적극적인 사람과 동등한 기회를 얻어 자신의 꿈으로 작업하도록 배려하는 예민함은 중요하다. 만일 리더가 있다면 그 리더도 다른 구성원과 동등하게 자신의 꿈으로 작업하는 기회를 가지는 것이 좋다.

명백히 이 마지막 규칙에는 예외가 있을 수 있다. 만일 누군가 전문적으로 제도화된 그룹에서 꿈 작업을 가르치고 이끄는 경우, 오로지 자신의 꿈을 나누기만 하고 자신의 꿈으로 작업하기 위하여 다른 사람의 기회를 제한하지 않는 것이 더 좋다. 그러나 그러한 상황에서도 나는 규칙적으로 내 꿈으로 작업해 보고 싶은지 그룹에 물어 보고 제도화된 그룹, 예를 들면 학교나 단체에서 내가 가르치는 그룹에서도 내 꿈을 가지고 직접 작업하곤 한다.

이렇게 내 꿈으로 작업하면서 나는 그것을 그룹의 발전과 숙련도를 "객관적으로" 평가하는 계기로 삼는다. 내가 가르치는 그룹에서 내 꿈으로 작업하면서 그때 등장하는 의견이나 통찰에 나 스스로 "아하! 체험"을 하게 되면, 나는 그 그룹에게 꿈 작업의 기술과 감각을 적절하게 가르쳤다는 사실을 인식하게 된다. 미국 클라크Clarke 대학교에서 연설하기 위해 대서양을 건너가는 배에서 프로이트와 융이 기꺼이 자신의 꿈으로 작업함으로써 분석심리학의 역사가 바뀐 것을 한번 상상해 보라.

그룹에서 그날 누구의 꿈으로 작업할 것인지 결정되었을 때, 이미 원으로 돌아가며 꿈 이야기를 나누는 과정에서 작업하고자 하는 꿈을 이야기했더라도 다시 한 번 꿈 이야기를 반복할 필요가 있다. 만일 원에서 제일 마지막에 이야기한 사람의 꿈으로 그룹에서 작업하게 되는 경우, 사람들의 기억력이 비교적 선명하기 때문에 다시 긴 꿈을 이야기할 필요 없이 간단하게 꿈의 개요 정도를 한 번 더 환기시키고 작업을 시작하는 것이 도움이 된다.

작업할 꿈을 이야기하고 난 뒤 바로 꿈 작업을 위한 질문으로 들어가기 전에 이야기한 꿈에 대해 좀 더 자세한 묘사가 필요하거나 정확하게 이미지가 전달되지 않는 부분 등에 대해 꿈 이미지를 명확하게 확인하는 질문이 필요하다. 대부분 이런 질문을 하다 보면 자연스럽게 꿈 작업으로 진행된다.

이 시점에서 여기 소개하는 절차는 단지 여러 방법 중 하나임을 떠올리는 것이 중요하다. 꿈을 꾼 사람에게 질문하고 이것이 "만일 나의 꿈이라면"으로 시작되는 꿈의 의미에 대한 통찰이나 자기 이해를 나누는 과정은 그룹 전체의 노력과 참여가 필요하다. 특별히 리더가 없이 꿈 작업을 한다면 이렇게 질문과 답변을 주고받고 견해를 나누는 말로 하는 표현이 꿈 작업의 가장 기본적인 토대가 된다.

그룹에서 꿈 작업이 대단히 생산적으로 진행되었다고 할지라도 딱딱하고 설익게 작업을 종결하는 것은 대단한 실수이다. 그룹 작업 후에도 그 꿈으로 계속 작업할 수 있는데 여러 방법들 중 내가 해본 적이 있는, 의존할 만하고 생산적인 방법들을 몇 가지 소개하겠다.

특별히 강한 감정과 관련된 꿈일 경우, 그 꿈으로 다른 작업을 시도해 보는 것은 항상 유용하다. 꿈을 그려 보거나 조각하거나 글을 쓰거나 시를 짓거나 노래를 하거나 춤을 추거나 작곡을 하거나 바느질을 하거나 수를 놓는 등, 우리가 알고 있는 모든 전통적인 예술기법을 동원해서 꿈에 연관된 아이디어나 에너지에 대해 다른 표현 방법을 모색해 보는 것은 꿈에 관한 새로운 통찰을 발견하는 주요한 계기가 될 수 있다. 다양한 방법을 시도해 보는 과정에서 자신에게 가장 적합한 방법을 발견하게 된다. 그리고 자연스럽게 표현기술이 개발되고 숙련되는 것은 사실이지만 이 과정에서 특정한 매체나 방법을 고집할 필요는 없다. 어떤 그룹은 매번 모일 때마다 다른 표현 방법을 시도하기도 한다. 그룹 꿈 작업에 추가되는 이런 작업은 그룹에서 함께하든 혼자서 하든 결과적으로 고독한 작업이다. 이런 노력에서 그룹이 줄 수 있는 도움은 특별히 어떤 표현 방법이 그 꿈에 대한 추가 작업을 하는 데 적절할지 제안하는 것이다. 꿈에 따라 특별히 그 의미를 표현하고 꿈과 연관된 에너지를 더 적절하게 표현할 수 있는 방법이 떠오를 수 있기 때문이다. 그룹의 제안에 따르거나 개인이 선택한 방법으로 이런 창의적인 꿈 표현을 해본 사람이 자신의 경험을 그룹에서 함께 나눈다면 새로운 차원의 이해와 통찰에 이르는 데 도움이 될 수도 있다.

여기서 나는 꿈 일기책의 표지를 장식하는 방법을 제안하려 한다. 이를 통해 꿈 작업에 대한 에너지를 불러일으키고 재미있게 그 과정을 즐길 수 있다. 때때로 이런 노력을 불편하게 여기고 자신은 재능이 없다고 생각해서 "당신은 '예술가' 군요. 나는 예술가가 아니어서 그렇게 할 수 없어요"라고 말할지 모른다. 그러나 이는 대단히 불행한 표현이다. 사실 자신의 예술적인 표현방식만 발견한다면 모든 사람이 다 예술가이다. 이런 문제를 극복하기 위해 콜라주로 꿈 일기책을 장식하라고 제안한다.

값이 비싸지 않은 투명한 비닐 표지로 싸면 섬세한 콜라주를 보호할 수도 있고 꿈 일기책을 놀라울 만큼 아름답게 만들 수 있다. 또 이 일기책을 가지고 다닐 때 너덜너덜해지는 것을 방지할 수도 있다. 콜라주를 만들 때 기존 인쇄물의 이미지들을 모아 오려 붙이면 자신의 예술적 재능을 남과 비교하는 비생산적인 에너지 낭비를 할 필요 없이 독특하게 자기를 표현할 수 있고 각자 자신의 예술적 우주를 창조할 수 있다. 콜라주로 꿈 일기책을 장식해 본 적이 있는 사람들은 한결같이 꿈 일기책을 장식하는 순간은 항상 명상하는 느낌이며 아주 큰 기쁨의 순간이라는 자신의 체험을 들려준다. 이런 표현 작업의 다른 효과로 이 이미지가 자신의 상징적 삶의 역사가 되고 진화하는 전체로서 자신의 삶에 대한 기억과 관심을 더해 주기도 한다.

여러 해 동안 나는 용수철로 연결된 두꺼운 노트를 꿈 일기책으로 사용했다. 머리맡에 펼쳐 두기 편하고 펴기도 쉬우며 자유로워서 이런 노트를 좋아한다. 노트를 펴서 엎어 두고 가운데 용수철이 튀어 나온 부분을 굵은 테이프로 감싸 버리면 가지고 다니다가 나중에 테이프가 풀려 나오는 것을 방지할 수 있으며 펴고 접는 데도 지장이 없다.

꿈 일기책에 나는 꿈뿐만 아니라 깨어 있는 동안 일어나는 사건들, 갑자기 떠오르는 생각, 시 등 모든 것을 다 적는다. 그리고 시나 창의적인 아이디어는 따로 복사해서 다른 노트에 붙여 두었다가 필요할 때 즉시 이용할 수 있도록 만든다.

여러 번 언급했지만 꿈에 등장하는 모든 것이 꿈꾼 사람의 내면적 삶의 은유이다. 그리고 항상 꿈속에 등장하는 다른 사람의 관점으로 그 꿈을 다시 경험해 볼 수 있다. 앞서 소개한 마거릿의 경우를 기억해 보라. 이런 "게슈탈트 작업" 또는 "적극적 상상"은 거의 대부분의 경우 생산적이고 유익하다. 그러나 내 경험으로는 이런 방법이 그룹 안에 있는 다른 참여자들의 적극성을 저해할 수도 있다. 분명 이런 표현에는 나 자신의 편견이 묻어 있다. 나는 개인적으로 꿈꾼 사람을 게슈탈트 수준에서 깨어나도록 하여 다음 단계로 넘어가게끔 진행을 서두르는 것을 꺼리는 "성향"이 있다. 그러나 자주 만나지 않은 꿈 그룹의 경우, 초기에 적극적인 상상이나 게슈탈트 작업을 시도하라고 권장하지 않는다. 그룹의 역학이 분명히 드러나고 그룹 구성원 모두가 최소한 두 번 정도는 자신의 꿈으로 작업한 다음에는 좀 더 모험적이고 이처럼 많은 시간이 소요되는 작업을 도입할 수 있다.

이런 실험적 작업들은 그룹에서 상호 신뢰나 구성원들의 상호 통찰, 애정의 기운이 형성될 때까지 기다리는 것이 중요하다.

또 다른 실험적인 방식으로 그룹이 협력하여 꿈으로 연극을 해보면 꿈의 다층적인 통찰을 얻을 수 있다. 대개 꿈꾼 사람이 각자의 역할을 정하고 자신은 감독이 되면 이 작업을 가장 잘 수행할 수 있다. 그러나 다른 사람이 감독하는 경우에는 또 다른 통찰을 얻을 수 있고 연극에 참석한 배우들이 각자 자기 자신의 감정이나 투사로 연극을 진행해도 재미있는 결과를 얻을 수 있다.

시간이 충분하다면 꿈에 등장하는 주요한 인물의 가면을 만들어 가면극을 해볼 수 있다. 예전에 꿈 가면을 만들어 가면극을 해본 적이 있는데, 나중에 서로 가면을 교환하여 다른 사람들의 꿈에 등장하는 주요한 인물들이 모여서 서로 작용하는 즉흥적인 연극을 해보았다. 그 경험은 너무 흥미진진했고 유익해서 버클리Berkeley에 있는 유니테리언 유니버설리스트Unitarian Universalist 교회의 일요예배에까지 참여해 이 가면극을 하게 되었다.

어떤 꿈이든 다층적인 중요성과 다양한 의미를 지니고 있기 때문에 그 꿈의 의미가 다 파악될 수 없다는 점을 기억하는 것은 중요하다. 같은 이유로 꿈 작업을 하다 보면 한 사람의 꿈에 대한 관심이 끝없이 지속될 수 있다. 우리는 일상의 삶에서 한 가지 일을 하고 다른 일로 넘어가기 위해 하던 일을 종결해야 한다는 것을 배웠으나 그룹 꿈 작업에서 이런 종결은 일상에서처럼 쉽지 않다. 그룹의 리더나 진행자가 해야 할 가장 주요한 것이 바로 이 종결의 순간을 결정하는 일이다. 한 꿈에 대해 어느 정도 최선을 다했고 다음 꿈으로 넘어갈 시점이 언제인지 결정해야 하며, 이는 꿈 작업에서 대단히 중요하다. 그룹마다 어떤 규칙을 정하고 그것을 따르는 것이 중요하다. 종종 꿈을 꾼 사람이 "참으로 고맙습니다. 이것으로 충분합니다"라는 말을 할 수도 있다. 이렇게 자연스럽게 종결이 이루어지는 경우에도 그룹 전체에 마지막으로 꿈과 꿈 작업에 대해 한마디 더 할 수 있는 기회를 주는 것은 중요하다.

또 어떤 사람이 자신의 꿈으로 작업한 뒤, 특히 작업하는 동안 구체적인 통찰이 이루어지지 않았다면 다음 꿈으로 작업하는 데 주의를 덜 집중하고 그 작업 과정에 적극적으로 참여하지 않는 경향을 볼 수 있다. 때때로 꿈 작업 동안 새로 배운 견해나 통찰을 노트에 적는 경우도 있다(역자 의견 : 내 경험으로는 꿈 작업을 하는 동안 돌아가면서 기록자를 한 사람씩 정하고 꿈 작업 과정을 기록해서 작업을 마치고 꿈을 나눈 사람에게 돌려주면 기록하는 데 신경 쓰지 않고 작업에만 충실할 수 있어 도움이 된다). 기록하지 않으면 꿈이 기억에서 쉽게 사라져 버리듯, 꿈 작업을 하는 동안 등장한 내용들도 기록하지 않으면 의식에서 쉽게 사라져 버릴 수 있다. 종종 꿈 작업에서 드러난 통찰에 지나치게 흥분하고 만족해서 나중에는 그 내용을 전혀 기억하지 못하는 경우도 있을 수 있다. 이런 사람의 경우 다음 꿈 작업에 주의를 집중하지 못하더라도 그룹의 구성원들이 관대할 필요가 있다. 종종 그룹 구성원이 이러한 사실을 인식하기 이전에 그 사람 스스로 이미 작업이 다음 꿈으로 진행되고 있는데도 자신은 그 꿈에 전혀 참여하지 못하고 있음을 갑자기 깨달을 수 있다. 이런 일이 일어날 수 있다는 사실을 이해하고 그룹에 대해 굳이 사과할 필요는 없다.

가끔 꿈꾼 사람이 자기 꿈에 대해 아무런 통찰이나 이해도 얻지 못하고 어떤 "아하! 체험"도 하지 못할 수가 있다. 이럴 때 다른 사람이 그 꿈을 큰 소리로 읽어 줄 필요가 있다. 자신의 꿈을 다른 사람의 음성이나 억양으로 들을 때 종종 어떤 통찰이 일어나기도 한다.

꿈 작업에서 또 하나 중요한 점은 몸을 의식하는 것이다. 생각, 감정, 직관은 매우 발달했지만 감각은 상대적으로 취약하게 발달한 사람이 꿈 작업에 매력을 느낄 수 있다. 이런 사람은 종종 삶에서 육체적인 측면의 중요성을 간과하거나 인식하지 못할 위험성이 높다. 이런 현상이 일어날 때 꿈은 다양하게 이런 점을 지적한다. 아이러니하게도 몸의 피로와 긴장은 억압한 채 좌석에 앉아서 육체의 중요성에 관한 논의만 할 수도 있다. 일어서서 돌아다니고 몸을 스트레칭하는 것은 중요하다. 하나의 꿈 작업을 마칠 때마다 잠깐 휴식을 취하며 몸을 움직이고 의식적 호흡을 해보고 간단한 요가를 하는 것도 좋은 방법이다.

꿈으로 작업하는 공간 또한 꿈 작업의 주요한 요소이다. 생산적인 꿈 작업은 거의 어떤 장소나 환경에서도 진행될 수 있지만 편안하고 정서적으로 안정된 공간에서 작업하면 작업 전체에 막대한 영향을 미친다는 것을 이해할 수 있다. 나는 개인적으로 형광등 불빛에 강한 거부감을 갖는다. 그리고 등받이 없이 오래 앉아 있으면 아주 불편하다. 그러나 나는 방바닥에 앉아서 꿈 작업을 해야 하는 경우, 명상할 때 사용하는 도구들을 이용한다. 일반적으로 제도화된 기관의 건물보다 개인의 주거공간이 훨씬 더 친밀함과 편안함을 준다. 꿈 그룹은 교회, 학교, 병원, 직장 등에서 결성되고 작업을 위한 모임은 구성원의 가정에서 하게 된다.

꿈 그룹의 만남이 계속됨에 따라 그룹이 발전하는 과정에 관심을 기울이기 바란다. 그리고 그룹이 하는 실수를 지켜보기 바란다. 여러분 자신이나 다른 사람이 계속 동일한 실수를 하는 경우에 실수의 원인이 무엇인지 분석해 보라.

내 경험으로 꿈 그룹이 어느 정도 지속되는 경우, 꿈이 너무 이상하거나 깨어 있는 동안 거의 예측불허한 일들이 일어나기도 한다. 이른바 "무시무시한" 느낌이나 "초자연적인" 현상이 일어날 수도 있다. 가장 자주 등장하는 것이 현재 일어나는 사건이 그 '이전에 일어났었다는 느낌déjàvu' 이다. 그리고 그 다음에 일어날 일들의 비밀에 대한 확실함 같은 것이다. 이런 경험은 아주 특이한 체험만은 아니다. 꿈 기록을 계속하던 사람들이 자신의 지나간 꿈을 되돌아보면 깨어 있는 동안 일어날 사건을 예견하는 꿈을 찾을 수 있을 것이다.

일종의 텔레파시를 나누는 꿈도 흔히 일어난다. "텔레파시" 꿈은 두 사람 또는 둘 이상의 사람들이 동시에 거의 같은 꿈을 꾸게 되는 경우이다. 내 경험으로 이런 "텔레파시" 꿈은 정서적으로 서로 연결된 사람들 또는 실제로 그리고 상징적으로 유사한 발전의 드라마에 깊이 연루된 사람들 또는 서로에게 초점이 맞춰진 사람들 사이에서 일어나는 경향이 강하다.

나는 어떤 사람이 텔레파시 꿈을 기억하고 못하고를 결정하는 주요한 요소가 정서적인 연관성과 원형적인 공명이라는 사실을 내 경험상 믿는다. 내가 겪었던 수많은 특이한 체험 중 하나를 소개하겠다. 아내와 내가 동시에 잠에서 깨어났다. 서로에게 꿈을 이야기하면서 우리 둘 다 커다란 코끼리 꿈을 꾸었다는 것을 알게 되었다. 우리 두 사람 꿈에 등장한 코끼리 앞발에 아주 커다란 인간의 손이 달려 있었다. 내 꿈에 등장한 코끼리는 털이 많은 매머드였는데 비해 아내 캐시의 꿈에 등장한 코끼리는 서커스에 등장하는 코끼리였다.

두 코끼리 모두 엉덩이로 앉아 보드빌 쇼 규칙에 나오는 손 자세를 하면서 그 커다란 손을 우리에게 흔들었다. 그 꿈을 꿀 당시 우리 둘 다 코끼리를 생각하거나 코끼리 이야기를 하거나 영화나 TV에서 코끼리를 본 기억이 없다. 우리 둘 다 인간의 손을 가진 코끼리 꿈을 꿀 만한 어떤 실마리가 있는지 세심히 찾아보았으나 어떤 단서도 나오지 않았다. 이 꿈은 나와 아내가 텔레파시로 연결된 꿈을 꾼 수많은 사례 중 하나일 뿐이다. 나는 내가 참여했던 수많은 꿈 그룹에서 이와 비슷한 사례를 이야기하는 사람들을 만났다.

여기서 나는 직접적으로 깨어 있는 동안 공통된 자극을 받은 결과 비슷한 꿈을 꾸게 되는 경우를 분명히 배제하고 있다. 꿈꾼 사람들이 같은 꿈을 꾸기로 이야기한 뒤 꿈속에서 만나거나 꿈에 이야기를 나누는 그런 경험들도 제외한다. 이런 꿈들이 분명 흥미롭지만 "텔레파시" 현상이라기보다는 깨어 있는 동안 유사한 경험이나 의도로 분명히 의식적으로 조작한 결과 꾸게 된 꿈이기 때문에 텔레파시 현상에 대한 증거라고 할 수는 없다. 그러나 증거를 제시할 수는 없지만 이런 경험도 텔레파시적인 요소를 포함하고 있지 않을까 의심해 본다.

이런 "텔레파시" 꿈은 한 예이고 꿈 작업 과정에서 자주 보고되는 꿈 가운데 전생의 기억이나 영과의 만남이라는 식으로 해석되는 꿈들을 경험하게 된다. 최근에 죽은 사람의 꿈이나 이미지가 천국과 지옥을 연상시키는 꿈은 사실 빈번하게 등장한다. 모든 사람이 항상 이런 꿈을 꾸지만 이런 꿈을 꾸면 왠지 "무시무시하게" 느끼거나 안절부절못하는데, 그 이유는 오직 사람들이 자신의 꿈을 나누는 데 시간과 에너지를 투자하지 않기 때문이다. 실제로 깨어 있는 동안 이런 꿈을 꾼 시기에 결코 우연이라고 말할 수 없는, 의미 있는 동시성이 나타난 경우를 제외하고는 이런 꿈 이야기를 거의 하지 않기 때문에 이런 꿈은 아주 드문 일처럼 받아들이게 되는 것이다. 여러분이나 그룹에서 누군가가 이런 꿈을 꿀 때는 반드시 기억해야 할 중요한 점이 있다. 이 현상이 아주 빈번하게 등장하며 지극히 자연스럽고 정상적이라는 것이다. 마치 중력이나 광합성, 인간의 사랑이나 생각 같은 삶의 신비 그 이상도 이하도 아니므로 두려워하지 말고 자연스럽게 다루어야 한다. 또 하나 강조할 점은 이런 현상이 설명하기도 이해하기도 어렵기 때문에 그냥 억압해 버리거나 무시해 버리지 말고 가능한 한 열린 자세로 전체 경험을 다루어야 한다는 것이다. 우리가 이런 경험을 적절히 나누고 토론하기 위한 언어를 개발하고 사고 체계를 발전시키려면 우선, 두려움을 극복하고 이 현상을 자세히 관찰해야 한다. 이렇게 현상을 관찰하는 것이 크게 도움이 되지 않을 수도 있지만 최소한 우리 자신을 좀 더 잘 알게 된다.

   기억해야 할 아주 중요한 점 하나가 더 있다. 우리가 경험하는 '모든' 것은 사실real이라는 점이다. 다른 단계의 의식과 미묘한 단계에서 일어나는 이런 경험들을 해석하고 이해하면서 더 많은 잘못을 범할 수는 있지만 그렇다고 이런 경험을 사실이 아닌 것으로 만들 수는 없다. 이런 이유로 어떤 측면의 경험을 그냥 무시하거나 억압해 버리는 행위는 심각하게 위험한 일이다. 우리는 흔히 일어나는 경험들이 우리가 지닌 기본적인 세계관에 대해 질문을 던지게 하거나 "무섭고" 혼란스럽기 때문에 당혹스럽게 만드는 이런 경험을 무시하거나 종종 일어나지 않은 일인 양 가장하기 쉽다. 특히 꿈 경험이나 다른 무의식의 체험 그리고 직관적 에너지가 우리 의식의 표면으로 등장하는 경우 흔히 이렇게 취급하기 쉽다.

요가나 명상, 샤머니즘, 연금술, 비밀 의례 등을 통해 인류의 긴 역사는 이러한 체험이 깨달음의 증가나 힘을 얻는 것과 관련되어 있음을 말해 준다. 요가 수행자나 연금술사, 혹은 비밀의례를 추구하는 사람들은 한결같이 이러한 "힘들"을 자기 자신만을 위해 추구하면 오만이나 자기 파괴에 이른다는 것도 보여 준다. 끝없이 진화하는 꿈의 세계를 탐사하는 과정에서 이런 '경고들'을 마음에 간직하는 것은 현명하다. 여러분의 꿈 경험에 이런 "힘들"이 표현되기 시작할 때 고요하고 기쁘게 맞이하는 것이 최선이다. 성장과 변화가 진행되며 이 여정이 여러분을 말로 표현할 수 없는 그 너머의 단계로 이끌어 가기 때문이다.

꿈의 세계를 더 깊이 의식적으로 탐사하려는 노력과 꿈의 세계에서 발견한 보물을 깨어 있는 상태에 적용하여 삶을 더 윤택하게 하려는 노력에는 항상 큰 보상이 뒤따를 수 있다. 그룹에서 꿈 작업을 하는 가장 중요한 이유 중 하나는 깨어 있는 동안 삶의 질이나 창의적 에너지를 증대시키고 삶을 더 깊이 즐길 수 있도록 도와주기 때문이다. 다른 사람과 작업하면서 꿈을 나누고 우리 삶의 중요성과 꿈의 의미를 탐사하는 것은 기쁨을 얻는 행위이다. 꿈 작업을 다른 사람과 나눔으로써 더욱 중요하고 진실한 기쁨을 얻게 된다.

기억하기

함께 꿈 작업을 하기 위한 21가지 기본 요령
1. 꿈꾼 사람만이 자기 꿈의 의미가 무엇인지 알 수 있다는 사실을 기억하라. 꿈 작업에서 꿈꾼 사람의 "아하! 체험"이 유일하게 의존할 수 있는 시금석이다.
2. "아하! 체험"은 항상 긍정적인 체험이다. 만일 꿈꾼 사람에게 "아하! 체험"이 일

어나지 않는다면 제안된 견해나 통찰이 "옳고" 그른지에 관한 논의는 무의미하다. 꿈을 꾸는 현상 자체가 자기교정 기능이 있기 때문에 열린 가슴으로 추구할 때 항상 중요한 진실을 발견하게 된다.

3. 그룹이 규칙적으로 만나므로 항상 구성원 각자의 느낌이나 감정이 어떠한지 간단하게 서로 나누며 모임을 시작하는 것이 좋다.
4. 모든 그룹원이 함께 참여해 각자의 마음을 꿈 작업에 집중할 수 있도록 간단한 연습을 하는 것이 중요하다. 이 연습은 긴장을 풀어 주고 산란한 마음을 가라앉히며 직관을 불러일으킨다. 또 이런 연습으로 마무리 짓는 것도 중요하다.
5. 꿈을 가지고 그룹에 참석하는 모든 사람이 자신의 꿈 이야기를 할 기회를 가지는 것이 중요하다. "시간이 부족하거나" 어떤 다른 이유로 꿈을 나눌 기회가 없어지면 꿈 기억률이 현저히 떨어질 수 있다. 모두 꿈을 나눌 수 있는 효과적인 방법은, 마음을 모으는 연습을 한 직후에 원을 이루고 돌아가며 각자의 꿈 이야기를 하거나 꿈의 제목만이라도 나누는 것이 좋다.
6. 가능한 한 꿈은 현재형으로 이야기한다. 꿈을 나눌 때 잊어버리는 부분이 없도록 기록해 놓은 것을 언급하거나 말을 하듯이 적은 기록을 읽는다. 꿈꾼 사람이 자기 꿈에 대한 어떤 통찰이 있더라도 꿈 작업을 마칠 때까지 기다렸다가 그룹에 이야기한다. 어떤 명백한 이유가 없는 한 꿈을 이야기할 때 방해해선 안 된다.
7. 꿈을 이야기할 때마다 우리가 인식하는 것 이상으로 훨씬 우리 자신을 많이 드러낸다는 사실을 기억하라. 그러므로 자신의 감정뿐만 아니라 타인의 감정에 대해서도 예민해지도록 노력하라.
8. 모든 꿈은 다층적인 의미가 있다는 사실을 기억하라. 그룹으로 하는 꿈 작업이 특히 더 효과적인 중요한 이유 하나는 그룹의 다양한 구성원의 다양한 견해, 투사, 직관이 함께 어우러져 작업하면 개인이 혼자 하거나 둘이서 하는 작업보다 훨씬 다양한 범주의 의미를 발견할 가능성이 있다는 것이다.
9. 꿈 작업 중에 언급한 것은 꿈 그 자체보다 언급한 사람의 성격이나 상징 구조를 더 많이 반영한다는 사실을 기억하라. "이것이 만일 나의 꿈이라면…"이라는 말로 자신의 견해를 나누는 것이 필요하다.
10. "무시무시하거나 초자연적" 현상이 꿈에 빈번히 등장한다는 사실을 기억하라. 이런 현상이 여러분이나 그룹의 다른 사람 꿈에 등장하더라도 놀라거나 두려워하지 마라. 이런 현상은 너무 빈번하게 등장해 '자연스런' 현상이라고까지 말할 수 있다. 이런 경험을 적절히 나누고 토론할 수 있는 언어나 사고 체계를 개발하는 법을 배워야 한다. 단지 여러분이 이해하지 못한다는 이유로 이런 경험을 억압하거나 무시하지는 마라.

11. 꿈 에너지와 이미지, 아이디어에 대해 꿈 작업 이외의 다양한 창의적인 표현 방법을 발견하도록 해보라. 이런 표현 방법을 생각해 내도록 서로 도와라. 꿈의 에너지를 완화하고 더 깊은 통찰을 얻기 위해 어떤 창의적인 표현 방법이 적절할지 제안하라. 꿈으로 드라마를 만들거나 가면을 만들어 가면극을 해보면 흥미롭고 생산적인 결과를 얻을 수 있다.
12. 꿈을 이야기하는 동안 상상력, 감정, 정서, 직관적 반응에 관심을 기울여라. 가능한 한 자신을 온전히 열어 모든 주의를 집중하라.
13. 꿈 작업을 하기 위해 꿈을 다시 이야기한 뒤에 꿈 이야기에서 더 분명한 설명이나 정확한 기술이 필요한 부분을 명료하게 하기 위한 질문을 하라. 게슈탈트 작업이나 적극적인 상상 등 적절하고 생산적이라고 생각하는 모든 다양한 실험적인 방법을 시도해 보라.
14. 어떤 꿈에 대해서든 의미를 완전히 파악할 수는 없다는 사실을 기억하라. 그래서 그룹이 최선을 다해 한 꿈으로 작업했다고 생각이 드는 지점에서 다음 단계로 넘어가야 한다.
15. 어떤 사람이 자신의 꿈으로 작업한 뒤, 특히 어떤 주요한 통찰이나 "아하! 체험"을 한 뒤 그 상황에 몰입해서 다음 단계의 꿈 작업에 적극적으로 참여하지 못하는 경향이 있다는 사실을 인정하고 이런 상황이 진행될 때 그대로 받아들여라.
16. 가능한 한 서로에 대해 의식적이고 정직하라. 그룹의 진행과정을 깨달아라. 진실을 말하라. 서로를 존중하라.
17. 만일 꿈꾼 사람이 자기 꿈에 대해 아무런 이해도 하지 못하는 경우에는 다른 사람이 그의 꿈을 읽도록 하라. 종종 다른 사람의 음성이나 억양으로 자기의 꿈을 듣는 경우 새로운 통찰을 얻을 수 있다.
18. 몸을 무시하지 마라. 몸의 필요성, 즉 스트레칭을 하며 움직일 필요가 있다는 사실에 주의를 기울여라.
19. 여러분 자신이나 그룹의 어떤 사람이 계속 오해하는 경우에는 그 이유가 무엇인지 의식적으로 생각해 보라.
20. 꿈 일기책의 표지를 장식하는 과정에서 여러 그룹은 긍정적인 경험을 한다. 시간과 재료의 이용이 가능할 때 그룹이 함께 이런 작업을 해보면 즐거운 경험이 될 수 있다. 콜라주가 특히 적절하고 유연한 방법이다. 콜라주한 부분을 보호하고 들고 다닐 때 너덜너덜해지는 것을 방지하기 위해 빳빳한 종이를 이용하라. 컬러 복사를 해서 다양한 이미지로 콜라주를 하면 경제적이다.
21. 여러분 자신을 마음껏 즐겨라.

9

「게이츠」와 공동체 꿈 작업의 진화

"너희는 내 말을 들어라.
너희 가운데에 예언자가 있으면
나 주님이 환시 속에서 나 자신을 그에게 알리고
꿈속에서 그에게 말할 것이다."

— 민수 12, 6

지금까지 소개한 것과 다른 형태의 꿈 작업이 있는데 그것은 바로 공동체 꿈 잡지를 만드는 것이다. 공동체가 만드는 꿈 잡지는 특별히 관심을 기울여 볼 가치가 있다. 나는 샌프란시스코 만San Francisco Bay 지역에 있는 여러 공동체 꿈 잡지를 알고 있다. 세계의 다른 지역에도 공동체가 만드는 꿈 잡지가 있을 수 있다. 문자를 사용하고 인쇄하는 데 경제적 부담이 크지 않은 곳이면 어디든 이런 아이디어가 자생적으로 탄생할 수 있기 때문이다. 문자를 사용하지 않았던 선사시대에는 꿈에 대한 개개인의 관심이 서로 꿈을 나누는 형태로 확대되고, 특히 주요한 꿈은 공동체 단위로 광범위하게 이야기되는 형태를 띠었을 것이다.

내가 알고 있는 가장 오래된 공동체 꿈 잡지는 존 밴 담John Van Damm이 발행하는 「게이츠GATES」로 '소살리토 선창가 공동체의 꿈 잡지A Sausalito Waterfront Community Dream Journal'라는 소제목이

붙어 있다. 이 잡지는 1977년에 시작되었는데 그 내용은 소살리토 선상가옥 공동체 주민들과 소살리토 선창가를 꿈꾸는 비거주자들의 꿈들로 구성된다. 존은 공동체의 꿈 이야기를 모아서 이미지를 덧붙여 편집하고 인쇄하여 소살리토 선창가 공동체에 이 꿈 잡지를 무료로 배포한다. 존 자신도 선상가옥에 살며, 아주 아름답게 리모델링한 그의 보트는 선창가 5번 게이트에 정박하고 있다.

「게이츠」 잡지는 이 공동체의 갈등과 변화가 첨예한 시기에 창의적이고 비폭력적으로 그 갈등과 압력을 해소하기 위한 방안 중 하나로 탄생했다. 소살리토 선창가가 속하는 리처드슨 만Richardson Bay 해안가 주변에서 공동체 꿈 작업의 역사가 거의 3000년이 된다는 사실은 흥미롭다. 코스트 미웍스Coast Miwoks는 그 지역에 거주하던 인디언 종족인데 이들은 이웃 인디언 종족들과 상호 평화적인 교류와 무역을 하는 과정에서 꿈 이야기를 나누었다. 후에 그들은 스페인 사람들이 당도하고 그 뒤, 미군의 침공에 대항해 마지막까지 싸우다가 결국 전멸했다.

우리는 19세기 말 민족학자들이 수집한 자료를 통해서 이 인디언의 꿈 전통에 대해 알 뿐 그 이상은 거의 모른다. 명백히 이들은 꿈에 관해 중대하게 주의를 기울였고 지하에 만든 특별한 공간에서 규칙적으로 꿈을 나누었으며 일시적으로 설치되는 야영지에서 새날을 맞는 종교의례의 한 부분으로 꿈을 나누었다.

이 지역에서 공동체의 꿈 작업이 새로 나타난 것을 이야기하기 위해 근대사를 간과할 수 없다. 일본군이 진주만을 습격했을 때 미 해군은 미국 서해안에 더 많은 조선소가 필요하다고 인식하게 되었다. 태평양전쟁을 성공적으로 수행하기 위해서 상륙정이나 로켓을 장착하는 배와 PT 보트 같은, 특별히 소형선박을 건조할 조선소가 필요했다. 해군은 조사 결과 소살리토에서도 비교적 덜 개발되어 낙후된 북쪽 끝 리처드슨 만의 북부해안을 선정했다. 그리고 전시에 우선권을 지니는 힘의 권리를 이용해 그 지역에 당도하여 100피트 이하의 목선을 건조하기 위한 조선소를 지었다.

해군은 조선소에 필요한 조선공과 노동자들을 새롭게 건설된 이 지역으로 이주시켰다. 이곳은 현재 마린 시티Marine City라고 알려진 지역으로, 해군은 선상가옥 공동체에서 고속도로를 가로지른 건너편에 강제로 격리된 주택들을 지어 검은 게토를 만들었다.

해군은 전쟁이 끝나고 이 땅이 더 이상 쓸모없어지자 이 땅의 원래의 소유주 돈론 아르케스Donlon Arques에게 되돌려 주었다. 그 땅에는 해군이 버리고 간 엄청난 양의 장비와 자재도 함께 남겨졌다. 또 해군이 마린 시티 분지에 일시적인 거주지를 만들어 살도록 했던 조선공과 일꾼들도 남겨 두었기 때문에 그 지역에 주택난을 초래했다. 그러나 이 때문에 마린 카운티에 첫 번째 공동주택 프로그램이 탄생했다.

돈론 아르케스는 자기 땅을 다시 사용할 수 있게 되자, 북쪽 만에서 수많은 예술가 친구들을 초대해 해안가 선상가옥에 살도록 하였고 각자의 형편에 따라 자율적으로 집세를 내도록 했다. 이곳에는 순식간에 보헤미안 공동체가 형성되었다. 앨런 와츠Alan Watts, 아네스 바르다Agnes Varda, 셸 실버스타인Shel Silverstein, 필리스 딜러 Phyllis Diller 등 잘 알려진 성공한 많은 예술가들이 이곳에서 탄생했다. 이 매력적이고 낭만적인 공동체는 개발이윤을 남기려는 주택업자와 대기업에 의해 바다의 무단 거주자들로 취급되었고, 이 지역을 개발하려는 시도가 거세게 진행되었다. 그러나 40년이 지난 지금도 여전히 매력과 낭만, 예술적인 향취를 유지하고 있는 공동체로 남아 있다. 조직력과 자금력이 든든한 대기업과 투자자들이 종종 폭력을 사용해 이들을 강제로 몰아내려고도 했지만, 그에 맞서 지금까지 공동체를 보존하고 있는 것은 오로지 공동체 주민들의 불굴의 의지와 자신들의 자유로운 생활방식을 보존하겠다는 약속 때문이었다.

이 지역은 샌프란시스코 중심가까지 자동차로 10분 거리에 있으며 대단히 아름다운 경관을 가지고 있어서 잠재적인 상업적 가치가 워낙 크기 때문에 개발업자나 투자자들이 몇 년 동안 계속 잔인하고 물리적인 힘을 동원해 공동체 주민들을 몰아내려고 시도했다. 이런 노력의 일환으로 법률적 처리를 위해 몇 년 동안 아마 한 부대쯤의 법률가들이 고용되었을 것이다.

이 공동체는 주로 비폭력적인 방법으로 저항했고 파괴와 개발, 과밀화를 방지하기 위해 사보타지를 해왔다. 몇 개월에서 몇 년에 이르기까지 이런 과정이 계속되자 예상했던 단기이윤을 기대만큼 얻지 못한 투자자들은 또 다른 조직이 등장해 이 지역 거주자를 어디론가 이주시키고 개발하려는 시도를 할 때까지 당분간 물러갔다.

1970년대에 이런 갈등이 다시 시작되었다. 경찰과 주 치안 담당자, 건설업자, 사설경호원의 폭력과 잔혹함이 극에 달했다. 이 시점에서 존 댐이 서로를 적대시하는 사람들을 함께 모으고 공동의 관심과 인간성을 인식하기 위한, 작지만 의식적인 노력의 일환으로 「게이츠」 잡지를 발행하기 시작한 것이다. 비록 「게이츠」로 인해 폭력이 덜 일어났다는 식의 단정적 표현을 할 수는 없지만 공동체의 여러 상황에서 다양한 사람들과 이야기를 해본 내 경험으로 확신하건대, 조용하지만 지속적이고 한편으로는 이상하기도 하고 매력적이기도 한 「게이츠」가 다양한 사람들의 감정을 콜라주해서 선창가의 이미지와 함께 격월간으로 보여 준 성과를 지나칠 수는 없다. 「게이츠」는 갈라져 서로를 비인간화하고 적대시하려고만 들던 사람들에게 그들이 연합할 수 있는 공통의 드라마를 인정하게 했고 다른 사람의 관심과 가치를 존중하는 데도 기여했다.

분명 「게이츠」라는 잡지만으로 이런 화해와 상호 인정을 이룩할 수는 없었다. 많은 용기 있고 창의적인 사람들이 선상가옥 공동체의 파괴에 저항해 감옥에 갔으며 자신들의 신념과 노력에 따른 육체적·경제적 손상도 감수해야 했다. 그러나 이 모든 와중에서도 「게이츠」는 정기적으로 등장했고 악몽 같은 최악의 순간에 의식의 빛을 투과해 개발을 둘러싼 상호 모순된 견해에 최선의 영감을 주었다.

「게이츠」는 또 예기치 않은 다른 많은 효과도 가져왔다. 어린이와 어른이 감정적인 단계에서 평등하게 연결될 수 있는 공통의 장이 마련되었다. 읽고 쓰는 능력이 덜 중시되던 공동체에는 글을 읽고 쓰는 데 대한 관심이 증가하기도 했다. 「게이츠」는 심각하게 고립되어 있던 많은 사람들에게 이웃 및 공동체 전체와 깊고 지속적인 접촉을 할 수 있도록 감정적이고 지적인 매개체를 창출한 것이다. 물 위에서 사는 삶이나 물에서 일을 하는 사람들은 생활 여건상 폭풍우나 쟁의, 집단적 경축 시기에 서로를 돕기 위해 모이는 사람들과 결속을 다지는 경향이 있다. 심지어 몇몇 경찰관이나 주 보안관, 사설 경호원조차 「게이츠」에서 자신들의 꿈을 나누었고 자연스럽게 각자의 정체성이나 상호이해를 강화했다.

이 공동체의 투쟁이 끝나려면 아직도 멀었다. 분쟁이 일어난 갈등

한편에는 자발적으로 형성된, 개개인의 자유를 존중하는 공동체가 있고 다른 한편에는 상업 및 산업 발전을 통한 단기간의 개발이익을 얻으려는 그룹이 있다. 궁극적으로 이 갈등은 가치관과 생활방식의 차이에서 오는 것이며 소살리토에 국한된 현상이 아니라 전 세계적으로 등장하는 수많은 갈등을 깊이 반영하고 있다. 그런데 이 갈등은 사실 각자의 내면에 존재하는 역설과 집단적 경험의 최대 원형에서 기인한다. 그 이유 하나만으로도 「게이츠」의 이야기나 불확실하고 어려운 시기에 공동체 단위로 꿈을 나누는 전통이 부활한 것은 리처드슨 만의 지리적인 상황을 넘어서는 반향과 중요성을 지닌다.

「게이츠」는 내재적으로 비인간화를 초래하고 폭력을 야기하는 상황에서 창조적이고 비폭력적으로 그 상황에 대응하려는 노력의 응답이다. 「게이츠」는 독자들에게 무의식이 지니는 변형의 힘을 부드럽게 상기시킨다. 「게이츠」는 규칙적으로 무의식과 창의적인 심연에 접촉하는 방법을 제공한다. 현실의 상황이 아무리 암울하고 해결의 가능성이 희박해 보일지라도 무의식의 창의적인 심연으로부터 종종 창조적인 사고나 행위에 대한 영감이 일어나며 이런 영감으로 현실의 암울한 상황을 변형할 수 있다. 「게이츠」는 또 독자들에게 공동체의 결속과 상호 신뢰, 친밀함을 다시 경험하고 확인할 기회를 제공하는데, 이 점은 우리가 살아가면서 살맛과 가치를 느끼게 하는 결정적인 요소이다. 꿈을 나눔으로써 우리는 궁극적으로 서로 연결되어 있다는 확신을 가지게 되며 이런 점은 꿈을 나누는 곳이면 어디든 일어나게 되는 미묘하지만 심오한 효과이다.

1977년 「게이츠」를 모델 삼아 다른 여러 공동체에서도 꿈 잡지를 발행하게 되었다. 버클리에 있는 스타 킹 신학교의 「길Paths」, 샌프란시스코에 있는 캘리포니아 뉴 칼리지New College of California의 「그래서 쓰이게 하라So Let It Be Written」, 「게이츠」의 복사판으로 사람들에게 직접 배달되는 네바다 시의 「무지갯빛 꿈 잡지Rainbow Flicker Dream Journal」 등이 이때 등장하였다.

이 모든 공동체 꿈 잡지는 「게이츠」의 편집방침을 따랐다. 꿈 이야기를 그대로 보도하고 꿈꾼 사람 자신이 꿈에 대해 어떤 언급을 하지 않는 한 다른 언급 없이 꿈으로 하는 창작예술을 포함한다. 경우에 따라서는 꿈 배양에 관한 아이디어와 꿈 기억력을 증가시키는 방법과 독자가 관심을 가지고 있는 공동체 소식을 포함한다. 어떤 꿈 잡지는 유료로 판매하지만 「게이츠」는 아직도 소살리토 선창가 공동체에 무료로 배포된다. 「게이츠」는 선상가옥을 꿈꾸거나 선창가 환경을 꿈꾸는 사람이 신청하는 경우에만 1년 단위로 우편주문을 받는데 1년치를 최저가인 8달러(약 8천 원)에 우송한다.

이 공동체 꿈 잡지들의 경험을 확장하는 것은 공동체 단위로 꿈을 나누는 경우에는 어디서나 삶의 질이 향상되고 창의적인 에너지가 흘러넘치도록 기여한다. 꿈 작업이 점차 널리 이해되고 이 작업에 감사하게 된다면 더 혁신적인 형태로 공동체가 꿈을 나누는 방식이 등장하게 될 것이다. 어느 꿈 학회에서 소단위로 꿈 그룹을 만들어 작업하는 이들이 보내 온 열정적인 반응을 칠판 가득 붙여 놓은 것을 보았다. 이 발상은 그 학회 참가자들 모두에게 매우 흥미롭고 즐겁게 주요한 꿈을 나눌 수 있는 기회를 주었다. 어떤 교회나 단체는 소식지를 만드는데, 고정적인 꿈 칼럼이 있어 규칙적으로 공동체와 함께 꿈을 나누기도 한다. 꿈 작업이 주는 기쁨과 중요성을 공동체와 함께 나눈다면 공동체 생활에 대한 열정을 증가시키고 우리 모두가 함께 공유하는 인류의 보편적인 원형 드라마에 대한 이해를 확대시켜 나갈 수 있다.

기억하기

「게이츠」와 공동체 꿈 작업의 진화

「게이츠」라는 소살리토 선창가 공동체의 꿈 잡지가 보여 주듯, 공동체 단위로 광범위하게 꿈을 나눌 수 있는 가장 생산적인 방법은 공동체의 꿈을 모아 인쇄하고 배분해서 공동체의 구성원 모두가 함께 다른 사람의 꿈을 접할 수 있도록 하는 것이다. 학교나 학회 그리고 일시적인 모임에서도 벽면 한 부분을 할애하여 꿈 이야기와 꿈으로 작업한 예술품을 전시할 수 있도록 한다면 비슷한 효과를 얻을 수 있다. 또 학교 신문이나 교회의 벽면에 꿈을 나누는 칼럼을 설치한다면 비슷한 효과를 낼 수 있을 뿐 아니라 공동체의 상호 이해를 향상시키고 개인과 공동체 전체의 창의적인 자기 숙고와 성장을 위한 포럼을 창출할 수 있다.

10
반기술적인 문화권의 꿈 작업

형제의 꿈들을 존중하라.

– 미국 인디언 속담

반(反)기술적인 사회에서 사는 사람들은 도구를 덜 사용하고 실제로 기계 없이도 살아간다. 이런 사회에서 꿈의 중요성은 산업화, 기계화된 사회보다 현저히 부각된다. 사냥과 채집, 농업이 시작된 선사시대 이래로 꿈은 초월적·종교적 에너지와 접촉하는 수단으로 간주되었다. 개인이나 공동체 전체의 주요한 선택의 순간에 꿈이 인도자 역할을 해왔다. 꿈이나 꿈꾸는 삶에 대한 찬미가 공동체 의례의 중심이 되었다. 공동체가 함께 꿈을 나누고 꿈을 활성화하는 행위를 통해 공동체의 결속을 다졌을 뿐만 아니라 그들의 신념 체계를 강화해 왔다. 거의 대부분 이런 반기술적인 사회에서 그들의 신념 체계가 꿈을 통해 발전되었다고 생각한다. 꿈에 유사한 원형적 패턴들이 표현되기 때문에 종족들 사이에 직접적인 교류가 있든 없든 상관없이, 세계의 다양한 종족들의 신념 체계 안에 공통되는 요소들이 드러나는 경향이 있다고 생각한다.

예를 들면, 깨어 있는 동안 한 사람의 몸에는 "다층적인 영혼들"이 존재한다는 믿음이 있다. 꿈을 꾸는 동안 영혼의 일부가 몸에서 빠져나가기도 하는데 어떤 부분은 몸을 떠난 상태로 머무르다가 그 사람이 죽은 뒤에 다시 합쳐진다는 믿음이 있다. 이런 믿음은 세계 여러 지역에서 공통적으로 발견된다. 또 이와 유사하게 반기술적인 사회의 신념 체계 중 "애니미즘"이 광범위하게 퍼져 있는데, 이 신념 체계는 비활성적인 대상에게조차 "영혼들souls"이나 "영들spirits"이 있다고 믿으며 꿈에서 종종 이런 대상들과 대화를 한다. 이들의 삶은 대개 수많은 의례와 축제로 구성되는데, 의례는 이러한 "영들"에게 직접 영향을 미치거나 관계를 맺도록 발전한다. 의례를 거행하는 동안 영들을 설득하여 신앙인들이 원하는 바를 들어주도록 청하고 결국 신앙인들의 삶이 충만하고 풍요로울 수 있도록 기원한다.

꿈과 연관되어 있는 종교의례의 예들은 풍부하고 다양하다. 예를 들면 미국과 캐나다 북동부 지역의 이로쿼이 연맹Iroquois Federation에 속하는 부족들은 그들만의 고유한 꿈 의례가 있다(역자 주 : 이들은 개개 종족을 "국가"라고 호칭한다). 이 연맹에 속하는 모호크Mohawk 인디언 마을에서는 꿈꾼 사람이 꿈에 등장하는 이미지와 사건을 토대로 수수께끼를 내어 그 의미를 찾아내는 사람들과 선물을 주고받는 것이 일상화되어 있다. 꿈 작업에서 세네카Seneca 인디언이 가장 극단적이라고 할 수 있는데, 꿈을 꿀 때마다 그 꿈을 상징적이고 실질적으로 표현해야 한다. 프랑스의 초기 예수회 선교사들이 세네카 인디언을 그리스도교로 개종시키려 했을 때 꿈과 관련된 이런 면이 가장 어려웠다고 한다.

꿈과 관련하여 각 종족마다 다양한 형태의 의례가 있는데, 이와 별도로 이로쿼이 연맹에 속하는 '6개 국가'는 해마다 한 번은 함께 모여 의례형태로 꿈을 나누면서 연맹의 결속을 다진다. 매해 첫눈이 내리고 나면 연맹의 젊은이들은 자기 공동체를 떠나 먼 "순례 길"에 오른다. 이들은 다른 정착지에 도달하면 가면을 쓰고 자신들의 꿈을 몸으로 표현해야 한다. 꿈을 표현할 때 그들은 가면을 쓰고 적절한 복장을 하기도 하고, 어떤 때는 알몸에 가면만 쓴다. 이런 의례가 끝나면 다음 정착지로 이동하기 전까지 마을에서 환대를 받는다.

1649년 예수회 선교사 라그노Ragueneau 신부는 관구장에게 이런 범주의 꿈 의례에 대해 다음과 같이 묘사했다. "우리가 일반적으로 가지고 있는 욕망은 자유롭거나 아니면 최소한 자발적입니다. 그러나 내면에 있는 욕망과는 별도로 우리에겐 아직 태어나지 않고 숨겨져 있는 욕망이 존재합니다. 이로쿼이 인디언들이 말하기를, 이 욕망은 영혼 깊은 데서 온다고 합니다. 이 영혼은 지식을 통해서가 아니라 어떤 눈먼 영혼이 다른 영혼으로 이동하는 방식으로 오게 됩니다. 이로쿼이 인디언들은 지금도 영혼이 꿈을 이용해 자연적 욕망을 알려 주기 때문에 꿈을 영혼의 언어라고 믿고 있습니다. 영혼의 욕망이 받아들여지면 그 영혼은 충만해지지만, 무시되면 영혼은 화를 냅니다. 그래서 몸에 대항하여 병을 일으킨다는 것입니다. 이로쿼이 인디언은 '온디농크Ondinnonk'라는 표현을 쓰는데, 이는 꿈에 등장하는 영혼의 비밀스런 욕망을 뜻합니다."

이로쿼이 연맹에 속하는 인디언들은 '온디농크'와 그 힘에 대한 믿음이 철저해서, 만일 깨어 있는 동안 자기 꿈을 열정적으로 표현하지 않으면 병이 든다고 믿는다. 1632년 「제수이트 릴레이션스Jesuit Relations」에는 인디언 한 사람이 예수회 점령자를 살해하려고 기도 했다는 이야기가 실렸다. 이 인디언은 프랑스인을 살해하는 꿈을 꾸고 나서 실제로 프랑스인을 살해하지 않으면 자신이 죽게 된다고 믿었기 때문에 살해를 기도한 것이다. 해마다 거행되는 꿈 연극을 위한 축제에 참가하기 위해 이로쿼이 연맹에 속하는 6개 인디언 부족들이 함께 모이는데, 그들은 이 축제를 '오노하로이아Onoharoia'라고 부른다.

호주의 원주민들은 전 우주의 그물이 꿈에 의해 창조된 것으로 믿는다. 원주민 사회의 구조 자체가 꿈 체험을 둘러싸고 형성되었으며 실제로 그들은 꿈 이야기를 하고 그 꿈을 해석하면서 모든 활동을 결정했다. 인류학자 에드워드 타일러Edward Tylor는 다음과 같이 보고한다. "한번은 종족 전체가 그들이 거주하던 너른 땅을 버리고 이동했다. 이는 종족 중 한 사람이 어떤 특별한 올빼미 꿈을 꾸었는데 종족의 어른이 이 꿈은 영spirit이 다른 부족이 침입하려는 계획을 미리 경고해 주는 것이라고 해석하였기 때문이다." 이렇게 꿈 해석을 토대로 개인과 집단의 행위가 결정된다는 사례는 인류의 역사를 통틀어 세계적으로 보고된다.

마호메트의 추종자인 압둘라 벤 자야드Abdullah ben Zayad는 어느 날 한 남자가 온몸에 녹색 옷을 입고 딸랑이를 가지고 있는 꿈을 꾸었다. 꿈에 압둘라가 그 사람에게 딸랑이를 팔겠느냐고 물었다. 판다면 그 딸랑이를 사서 기도하는 사람을 부르는 용도로 쓰고 싶다고 말했다. 완전히 녹색 옷을 입은 사람이 "외쳐라. 알라 외에 다른 신은 없다. 마호메트가 그의 예언자이다"라고 대답했다. 마호메트와 그의 추종자들이 함께 있는 곳에서 꿈을 나누는 시간에 압둘라가 자신의 꿈을 자세하게 설명하자, 마호메트는 압둘라에게 꿈에 들었던 그 문장 그대로 빌랄Bilal에게 가르치라고 했고 빌랄은 회교사원에서 기도시간을 알리는 맨 첫 번째 사람이 되었다.

중국 상왕조의 황제 무정(武丁, Wu Ting : BC 1324~1266)은 나이 많은 조언자가 죽었을 때 누가 과연 가장 신뢰할 수 있는 황제의 조언자가 되어야 하는지 질문하면서 상제上帝에게 제사를 지냈다. 황제는 꿈에 새로운 조언자가 될 사람의 얼굴을 보았고 꿈에 본 사람을 찾기 위해 길을 나섰지만 결국 찾지 못했다. 그래서 꿈에 본 모습 그대로 초상화를 그리게 하여 그 사람을 찾도록 왕국 전체에 배포했다. 고대 역사서에는 마침내 아주 먼 지방에 살고 있는 초상화와 일치하는 인물을 찾아냈는데 그는 "평범한 일꾼"이었으나 왕의 꿈에 대한 사람들의 믿음이 너무나 강해서 결국 수상의 자리에까지 올랐다고 적혀 있다.

남아프리카의 바수토Basuto에서 선교하던 로버트 키블Robert Keable 신부가 보고한 이야기다. 키블 신부는 드라켄스버그Drakensberg에서 긴 달구지 여행을 하다가 느닷없이 한 번도 방문한 적이 없는 마을에 멈추게 되었다. 기진할 듯 지친 말을 탄 원주민이 "백인신부"를 반드시 만나야 한다며 와서 놀랐는데, 그 사람의 이야기를 듣고는 더욱 놀랐단다. "그 원주민은 훨씬 남쪽에 있는 모수토Mosuto에 살았는데 꿈에서 내가 있는 마을에 찾아가야 한다고 했다는 것이다. 꿈에 마을로 오는 길을 보았고 마을을 보았고 마침내 나를 보았다고 했다. 그는 꿈에서 단지 6일 만에 그 여행을 해야 하며 이것을 나에게 주어야 한다고 들었다고 했다. 그러면서 금화 하나를 내 손에 쥐어 주었다." 꿈의 중요성에 대한 개인과 집단의 믿음에 이끌려 그 사람은 꿈속에서 주어진 임무를 수행하는 데 성공한 것이다.

반기술적인 사회의 사람들이 보여 주는 꿈과 관련한 강한 믿음이나 꿈의 메시지에 따라 살아가는 이미지는 현대인에게 꿈 작업에 대한 관심이나 잠재적 가치에 대해 시사하는 바가 많다. 이와 관련해 킬턴 스튜어트Kilton Stewart가 보고한 말레이시아 '세노이Senoi' 족의 꿈 의례는 특별히 주목할 만하다.

스튜어트는 영향력 있는 그의 수필 「말라야의 꿈 이론Dream Theory in Malaya」에서 '세노이' 족이 서로서로 매일 꿈 이야기를 한다는 사실과 그 종족의 집단적 정신건강 사이에 관련이 있다는 내용을 소개하여 여러 사람의 관심을 끌었다. 그의 작업은 소설뿐만 아니라 꿈으로 할 수 있는 수많은 실험에 영감을 제공했다.

스튜어트는 전통적인 세노이족의 삶은 보기 드물게 남녀가 평등하며 육체적으로도 심리적으로도 건강하고 행복한 종족이라고 묘사했다. 그는 '세노이' 족의 이런 목가적인 상태가 주로 꿈에 대한 그들의 자세에서 기인한다고 보았다. 이 종족들 사이에는 꿈에 대한 해석이나 비폭력적으로 꿈을 표현하는 안정된 꿈 의례가 일상화되어 있다고 했다. 이들은 밤마다 '라당ladang'이라는 곳에 모여 꿈 의례를 하는데 '라당'이란 정글 바닥에서부터 막대기를 세워 높은 곳에 길게 붙여 만든 공동의 집을 이르는 말이다. '라당'의 중앙에는 불이 있고 이 불을 중심으로 공동체가 둘러앉아 노래와 춤으로 꿈을 표현하는 의례를 거행했다. 1934년 영국의 인류학자 허버트 눈Herbert Noone이 스튜어트에게 처음으로 세노이족을 소개했는데, 눈은 3년 전에 처음 이 종족을 만났다. 스튜어트와 눈은 세노이 공동체의 삶에서 중심이 되는 특질은 매일 꿈을 나누는 것이라고 했다. 이들은 아침에 일어나면 긴 집의 안쪽 벽 주위, 가족들이 점유하는 완전히 막혀 있지는 않은 칸막이 방에 모여 각자의 꿈을 나눈다. 그중 가장 중요하고 흥미로운 꿈은 오전 중에 '라달' 중앙에 있는 화로 주변에서 공동체 전체에게 다시 이야기된다. 실질적인 공동체의 모든 활동이나 개인 활동의 대부분이 꿈의 해석에 따라서 결정된다. 또 그 전날 밤에 꾼 꿈의 영감을 토대로 서로 선물을 교환한다.

　스튜어트는 이 사회를 분석하는 과정에서 이들이 실행하고 있는 일반적이면서도 특별하고 다양한 꿈 작업을 소개하였다. 그러면서 기계화된 현대 사회의 구성원들이 정신적·정서적 안녕을 얻기 위해 이런 꿈 작업을 실행하도록 권했다.

　인류학적 관점에서 볼 때 스튜어트의 작업은 오점투성이다. 실제로 그는 학교에서 인류학자로 훈련받지 않았으며 심리학과 사회학을 공부했다. 그는 '세노이' 족의 삶에 대해 장밋빛 그림을 그렸고 유쾌하지 못한 사실과 세부사항은 거의 소개하지 않았다. 그 한 예로 스튜어트가 조사할 당시 '세노이' 족의 유아사망률은 대단히 높아 태어나는 아이들 중 3분의 2가 두 돌을 넘기지 못했다. 그래서 이들은 아예 두 돌이 될 때까지는 아기의 이름을 짓지 않았다.

　스튜어트는 세노이족의 낭만적인 측면만을 소개함으로써 이들을 문명의 때가 묻지 않은 순수한 원주인의 모습으로 묘사했다. 그는 '세노이' 족 사람들이 서로 대화로 문제를 해결하는 점에 지나치게 초점을 맞춤으로써 현대인이 원주민에 대해 가지고 있는 낭만적인 꿈을 세노이족에게 투사하도록 공헌했다. 그가 그려 낸 세노이족에 대한 그림은 이들에 대해, 접근이 불가능한 정글에 존재하며 전혀 손상되지 않은 채 남겨진 낙원의 환상과 자연적이면서도 정교한 꿈 작업을 통해 심리학적 억압이나 자기기만을 극복하고 서로 조화를 이루는 삶을 사는, 미래에 대한 장밋빛 꿈을 불러일으키게 하였다. 스튜어트는 그 정글에 금지라는 것은 존재하지도 않으며, 자발적으로 행동하고, 꿈에 대한 에너지를 자유롭게 표현하며, 함께 조력하고 탐험하는, 정교한 기술이나 사람을 억압하는 사회적 조직도 없는 "유토피아"를 창조하였다. 이처럼 때 묻지 않은 순수한 원주민의 원형에 대한 향수 및 유토피아적 특질은 서양 역사를 통해 지속적으로 등장했다. 18세기 루소가 형상화한 것부터 가장 오래된 종교적 서사시인 '길가메시Gilgamesh'에 등장하는 엔키두Enkidu에까지 끝없이 등장한다. 엔키두는 "아름다운 야성의 인간"으로 길가메시와 친구가 되고 그를 가르친다. 이런 이상화된 야성의 기록은 거의 4000년 전까지 거슬러 올라간다. 때 묻지 않고 순수 그 자체인 이런 인간은 낙원에서 추방되기 전의 아담 상태라고 할 수 있는, 인간의 의식이 자연의 리듬과 물리적 세계와 깊이 연결되어 있어 "죄"나 분리라는 감각이 형성되기 이전의 상태이다.

이런 강력한 원형적 감정을 불러일으킨 것 외에도 스튜어트는 세노이족과의 경험을 통해 꿈 작업에서 실행할 수 있는 다양한 방법들을 소개했는데, 이 방법들은 꿈 작업을 할 때 매우 실질적이고 효과적이다. 스튜어트의 작업이 "신빙성"이란 측면에서 논란이 되고 있지만, 내 생각에 이런 논란은 인류학적 연구 관점에서만 그의 일을 평가하기 때문에 일어난다. 스튜어트의 업적은 이런 논란을 넘어서 훨씬 중요한 의미와 가치를 지닌다고 본다. 누구든지 스튜어트가 제안한 방식에 따라 자신의 꿈에 등장하는 어려움을 극복하기 위해 친구로부터 도움을 구하고 역경을 극복할 때까지 꿈 동맹을 결성하는 등의 방법을 시도해 본 사람은 그 방법이 가장 효과적임을 알 수 있으며 스튜어트가 기술하였듯이 "악몽"의 상황을 변형할 수 있다는 사실을 체험하게 된다. 꿈꾼 사람은 항상 패배한 꿈의 적에게 유용한 선물을 요구하고 받아야 하며, 더불어 꿈의 동맹자나 사랑하는 사람으로부터도 선물을 요구하고 받아야 한다는 그의 제안은 현대에 꿈 작업을 하는 사람들 사이에서 실질적 유용성과 가치를 지니는 것으로 판명되었다. 꿈 그룹에 가담하고 선물을 교환해야 한다는 제안도 마찬가지다.

스튜어트의 작업은 멕시코 북부에서 전통적인 '야키Yaqui' 인디언들이 샤머니즘적 꿈 작업과 의례를 벌이면서 향정신성 약물을 사용한다고 소개한 카를로스 카스타네다Carlos Castaneda의 작업과도 비슷하다(역자 주 : 카스타네다는 1960년대 미국에서 네오샤머니즘 운동을 시작하였다. 그는 UCLA의 인류학 박사과정 학생으로 논문을 쓰기 위해 멕시코 야키 종족의 땅에서 조사하던 중 스승 돈 후안Don Juan을 만났다. 카스타네다는 이 연구로 UCLA에서 박사학위를 받았지만 그의 연구에 대한 신빙성 논란은 아직까지 활발히 벌어지고 있다). 둘 다 샤먼적인 꿈 작업 실습에 대해 기술했고 실제로 이들이 소개하는 방법을 적용해 본 사람들에 의해 독자적으로 이 방법들이 입증되었다. 세노이족이 시행하는 꿈 작업 방법을 실시해 본 많은 사람들이 이 방법이 긍정적인 결과를 초래하고 유익한 점들을 많이 지닌다고 입증했듯이, 꿈에 "너의 손을 보라"던 돈 후안의 훈계와 이런 행위를 이용해 명석몽을 꾸고 "꿈에 개인의 의도를 주입하는 방법"은 실제로 대단히 유용하고 효과적이다.

이처럼 매우 중요한 의미에서 스튜어트와 카스타네다가 벌인 작업의 신빙성에 대한 인류학적 논란은 엄격하게 전문적인 인류학적 관심과 의미의 차원에 국한된다. 이 작업에서 광범위한 관심과 영감을 얻게 되는 사람들은 꿈 작업과 관련해 개인과 공동체의 발전을 불러올 수 있다. 또 이들의 보고는 그것을 시행해 본 많은 사람들이 직접 체험한 결과로 그 특별한 기술들의 효과가 증명되었다는 사실 자체가 훨씬 더 큰 의미와 중요성을 지닌다.

사실 스튜어트와 카스타네다의 작업은 "문학적" 특질을 지니고 있기 때문에 대부분 학문적으로 성공적인 인류학적 보고서가 지니는 거리감이나 객관성을 성공적으로 극복할 수 있었다. 이 둘은 이른바 "원시적인" 사람들을 현대인과 동등한, 완전히 인간적인 지위로 기술하였다. 스튜어트의 '세노이' 족과 카스타네다의 '야키' 샤먼들은 우리가 살고 있는, 감정을 지니고 꿈 체험을 하는 우주와 똑같은 우주를 공유한다. 스튜어트와 카스타네다의 이야기에 기술된 원주민들이 획득한 개인적 힘과 위엄, 그들이 개발한 샤먼의 기술은 바로 우리가 원하는 바이고 우리가 그들의 방법을 따를 때 스스로 얻을 '수 있다'고 믿는 것들이다. 스튜어트와 카스타네다가 만나고 조사하고 소개한 사람들은 우리에게 단순히 원시인에 대한 호기심을 불러일으키는 것만은 아니다. 그들은 힘이 넘치고 신비로 가득한 사람들이다. 그들은 우리에게 각자의 내면세계와 꿈을 좀 더 깊이 들여다보도록 영감을 준다. 이러한 상상력과 그 표현 작업은 우리가 꿈꾸는 세상을 창조하는 데 꼭 필요하다. 우리가 꿈꾸는 세상은 전 인류 공동체가 각자의 미세한 다양성과 조화를 경축하고 찬미하며 우리 각자의 내면에 존재하는 때 묻지 않은 순수한 원주민에 대한 꿈이 충족되는 세상이기 때문이다.

기억하기

반기술적인 문화권의 꿈 작업

기술적인 문화권에서 살아가는 사람들보다 반기술적인 문화권의 사람들이 꿈과 꿈을 나누는 데 더 많은 가치를 부여했다. 전 세계에서 꿈 작업을 하는 반기술적인 문화권은 어떤 원형적 유사성을 보여 준다. 이런 사회에서 진행하는 꿈 작업에 대한 보고들은 현대인들에게 많은 영감을 주는데, 그 중에서도 서양의 문화 발전에 지대한 역할을 해온 오염되지 않고 순수한 원주민의 원형을 불러일으킨다. 한편, 이러한 보고가 순수하게 인류학적 연구의 기준에 맞는지의 여부는 그리 중요하지 않으며, 꿈 작업을 하는 현대인들에게 효과적인 방법들을 소개한다. 킬턴 스튜어트의 연구인 세노이족의 꿈 작업이나 카를로스 카스타네다의 연구인 '야키' 인디언의 꿈 작업에 대한 보고의 가치는 그들이 소개한 방법들이 꿈 작업을 하는 수많은 사람들과 이런 방법으로 명상하는 사람들에게 실질적으로 유용하고 효과적임이 증명되었다는 데 있다.

11
꿈에 항상 등장하는 요소

> 잠을 자는 동안 우리는 꿈을 꾼다.
> 우리는 마음을 장악하는 것에 바쁘게 이끌리고
> 자연의 법칙을 더듬고
> 그리고 그것을 우리의 언어로 설명한다.
>
> – 루크레티우스

단일한 "이야기" 속에 다층적이고 복합적인 의미를 지닌 것이 바로 꿈의 특성이다. 꿈이라는 천을 직조하기 위해서는 은유의 실과 기초적인 디자인이 필요한데, 꿈을 짜기 위해서는 어떤 필수적인 요소와 보편적인 의미를 지니는 것들이 분명 존재한다. 이 현상을 몸에 비유하면, 우리가 각각의 장기에 초점을 맞추든 그렇지 않든 각 기관과 조직은 항상 특별한 생물학적 임무를 수행한다. 우리가 기쁘거나 슬프거나 열심히 일하거나 게으르거나 상관없이 심장은 뛰고 혈액은 순환하고 허파는 숨을 쉬고 위장과 장은 소화를 시키고 대변을 보게 한다. 같은 맥락에서 꿈에 나타나는 내용과 상관없이 꿈을 꿀 때 항상 등장하여 심리학적 "임무"를 수행하는 기관들이 있다. 간혹 어떤 순간에는 평상시 의식적이지 않던 심리학적 기관이나 그 기관이 수행하는 과정이 꿈의 주요한 초점으로 등장할 수도 있다. 그러나 꿈의 초점이 직접적으로 이런 요소에 맞춰지든 그렇지 않은 이

기관은 쉬지 않고 작동하며 꿈에 항상 "등장하고" 있다. 다시 베를 짜는 비유를 적용하면, 천을 짜는 데는 항상 씨실과 날실이 필요하다. 천이 아주 가벼운 면으로 짠 손수건이든 두꺼운 양모로 짠 거대한 카펫이든 씨실과 날실은 항상 있어야 한다. 가끔은 한 가지 색이나 조직이 전체 디자인에서 우세하게 보일 수도 있고 그렇지 않을 수도 있으나 모든 꿈은 본질적으로 이처럼 실로 짠 천이다.

역사적으로 꿈 연구에 발자취를 남긴 인물들을 보면 꿈에서 항상 존재하는 어떤 한 측면에 초점을 맞춰 다른 요소들은 실질적으로 배제한 것을 알 수 있다. 사실 가장 초기부터 현재에 이르기까지 지구상에 존재한 모든 사람의 이론과 작업 양식, 종교적 신념, 공동체 꿈 의례를 연구하지 않고 꿈 연구의 역사를 이해하거나 감을 잡는다는 것은 불가능한 일이다.

내 경험으로는 가장 의례 중심적이고 편견에 가득한 미신적인 밀교에서 가장 이성적이고 회의적인 과학적 연구에 이르기까지, 꿈을 이해하기 위해 진지하게 삶을 헌신한 모든 사람들의 견해를 고려하고 관심을 가질 가치가 있다고 생각한다. 이런 태도로 나는 이 부분에서 꿈과 꿈꾸는 데 항상 등장하는 요소를 소개하려 한다.

서양에서 현대의 꿈 작업을 처음으로 도입했다고 할 수 있는 지그문트 프로이트Sigmund Freud는, 꿈은 모두 성과 리비도적 욕망과 관련된 이미지와 감정으로 구성된다고 단언했다. 프로이트적 입장에서는 성관계와 "리비도"가 궁극적으로 생명의 에너지적 특질을 지니므로, 본질적으로 종교적인 의미를 지닌다(비록 이런 의미로 말하는 것에 대해 프로이트는 거부감을 가졌을 수도 있겠지만). 그러나 어떤 "자연적인 힘"을 인간의 에너지와 동기의 궁극적인 원천 차원으로 끌어

올릴 때 종교적인 개념을 피할 수는 없다. 크게 보아 프로이트는 환원론자이다. 그는 꿈을 "드러난 내용"의 "가면"으로 보았는데 그 가면 뒤에 진정한, 리비도의 "잠재적인 내용"이 숨겨져 있다고 보았다. 프로이트는 일부 꿈이나 꿈에 등장하는 이미지가 다층적인 의미를 가지고 있다고 받아들였다. 이는 꿈이란 잠재적으로 다층적이며 다양한 목적을 지닌다는 점을 시사하지만, 프로이트는 명백히 모든 꿈이 '항상' 다층적인 의미를 지닌다는 것을 알아내지는 못했다.

비록 꿈꾼 사람이 확신을 가지고 꿈의 의미를 확인할 때 부분적으로 꿈의 의미를 결정할 수는 있지만, 단정적으로 "이 꿈은 이런 점을 이야기하기 때문에 다른 측면을 의미하지는 않는다"라는 표현은 있을 수 없다. 역사적으로 위대한 꿈 연구가들이 자신들이 발견한 꿈의 특성에 관해 긍정적으로 표현할 때 그 연구는 거의 항상 믿을 만하다. 그러나 꿈의 특성에 대해 그들이 발견한 측면만 단언하면서 꿈의 의미에 관해 주장하는 다른 측면들은 옳지 않다고 표현할 때 그들은 분명 방향을 벗어난다. 불행히도 서양의 꿈 연구에 관한 대부분의 역사는 고유한 이론을 제시하는 학파나 이념들 사이에서 논쟁으로 점철되어 왔다. 그러나 이런 논쟁을 살펴보면 상호 배타적인 것만은 아니다. 프로이트가 리비도적인 욕망의 측면을 꿈에서 시사했을 때 그는 꿈에 등장하는 리비도적 욕망을 제외한 다른 요소들은 배격했다. 사실 프로이트의 전 작업을 조사해 보면 그가 분명 다른 측면, 즉 과학적으로 입증하기 어려울 수 있지만 사실인, 꿈의 다른 요소들을 깨닫고 있었음을 알 수 있다. 그런 요소가 바로 텔레파시나 육체적 건강에 관한 은유 그리고 심오한 종교적 직관 등이다.

프로이트는 자신의 꿈 작업의 기본원리를 모든 꿈은 "소원", 즉 무의식적 소원의 충족이라는 개념으로 설명한다. 비록 현대의 프로이트 심리학자들은 이런 공식에서 벗어나 "소원 충족"으로 꿈을 바라보는 관점을 거부하지만 내 경험으로는 이것이 바로 꿈을 형성하는 기본적인 토대가 된다고 생각한다. 이 소원-충족이 바로 꿈을 구성하는 토대이다. 나는 "무의식적 소원"이나 "리비도적 에너지"는 단순히 아주 미세하지만 다른 어조로 같은 것을 이야기하고 있다고 생각한다.

아마 가장 강렬한 "무의식적 소원"은 전일성wholeness을 성취하려는 욕구, 모든 내적 에너지와 외적 경험의 화해와 조화를 위한 요구일 것이다(역자 주 : 다른 책이나 논문에서는 wholeness를 전인성, 전체성, 온전성, 전일성 등으로 다양하게 번역한다). 이런 면에서 모든 꿈은 기본적인 소원을 충족하고 전일성에 봉사하기 위해서 억압되고 무시하고 거부했던, 꿈의 형태로가 아니면 인정하거나 인지하지 못했을, 이미지와 에너지를 표현한다.

동시에 꿈에 등장하는 모든 것, 즉 모든 인물과 상황 및 배경 그리고 미세한 빛, 생각, 느낌은 꿈꾸는 사람의 성격과 내면적 삶의 어떤 측면을 표현한다. 이 관점이 바로 게슈탈트Gestalt 학파와 프리츠 펄스Fritz Perls의 통찰이다. 이것은 꿈꾼 사람이 꿈을 가능한 한 깨어 있는 동안의 환상처럼 다시 경험해 보는 적극적인 상상을 가능하게 하며, 종종 꿈 자아와 다른 인물이나 다른 특성의 관점에서 꿈을 다시 경험할 수 있도록 해준다. 앞서 소개했던 마거릿의 꿈과 적극적인 상상이 그 좋은 예이다.

이런 작업은 대단히 극적이고 대부분 어떤 성과를 기대할 수 있다. 내 경험상 게슈탈트 작업의 유일한 함정이라면, 꿈꾼 사람이 꿈에 등장하는 원형적이고 초인간적인 인물로 그 작업을 시도할 때 드물지만 이런 에너지가 압도적이어서 무의식에서 표현되는 엄청난 에너지에 일시적으로나마 자기 정체성이 흔들리는 경우가 있다는 것이다. 이 경우, 깨어 있을 때 자신의 인격을 부적절하게 과장하거나 방향성이나 주체성을 어느 정도 상실하는 경향을 보았다. 그렇지만 이런 체험이 원형적이고 초인간적이라고 할지라도 꿈에 등장하는 모든 사람, 모든 것은 자신의 어떤 부분이다. 꿈 작업을 하는 동안 꿈에 표현되는 "이 다른 나는 누구인가? 다른 인물이나 다른 상황이 나의 어떤 면을 표현하는가?"라고 질문해 보는 것은 항상 유용하다.

동시에 꿈은 항상 리비도적·성적 삶, 의식·무의식의 소원과 욕망, 전일성을 증가시키려는 향상성의 추구로 짜여 있다. 모든 꿈은 순수하게 육체적인 존재로부터 자아낸 실, 즉 꿈을 꾸는 시기에 꿈꾼 사람의 건강과 육체적인 조건을 표현한다.

의료계에 종사하는 사람들 사이에서 육체적인 증상이 드러나거나 문제가 가시화되기 훨씬 이전에 꿈이 병이나 고통에 대해 꽤 구체적으로 지적해 준다는 사실은 잘 알려져 있다. 내 경험으로도 명백히 다른 의미를 드러내는 꿈일지라도 모든 꿈에는 그 기저에 "몸의 상태를 읽을 수 있는" 측면이 항상 내포되어 있다.

예를 들면, 많은 경우(그러나 반드시 그렇지만은 않다. 꿈꾼 사람만이 이런 일반적인 진실이 사실인지 아닌지 확신을 가지고 이야기할 수 있다) 꿈에 집이나 건축물이 등장할 때 최소한 한 가지 차원에서는 이 이미지가 꿈꾸는 사람의 육체적 상태에 대한 참조가 될 수 있다. 아궁이가 부서진 집은 종종 일련의 소화기 계통 통증의 조짐을 예견해 준다. 잘못된 전선의 연결이나 배관, 하수구 망은 종종 신경계나 감정

및 성적인 삶의 무질서에 대한 참조가 될 수 있다. 융이 지적했듯이 말은 종종 세상에 살아 있는 인격의 "탄것"으로, 몸의 은유로 볼 수 있다. 그러므로 말이 어떻게 등장하고 무엇을 하고 있는지가 종종 한 가지 면에서는 꿈꾼 사람의 건강과 몸의 상태에 대한 은유로 볼 수 있다.

사실 이런 식으로 꿈은 항상 꿈꾼 사람의 육체적인 건강에 대해 어떤 암시를 하는 구조를 가진다. 이 부분은 꿈꾼 사람의 어떤 느낌이나 확신만이 그 꿈의 의미를 확인할 수 있다는 규칙의 유일한 예외조항이라고 할 수 있다. 만일 여러분이 통합적으로 접근하는 건강 전문가라면 환자의 몸과 행위뿐만 아니라 환자의 꿈에도 관심을 갖게 될 것이다. 이럴 때 신체적인 검사 결과를 토대로 여러분이 이미 의심하고 있는 질병이나 상태에 대해 그 상황을 확인해 주는 이미지를 꿈에서 발견할 수 있다. 이런 상황에서는 치료를 시작하기 위해 환자의 "아하! 체험"이 있을 때까지 진단이나 치료를 늦출 필요가 없다. 물론 환자가 "아하!" 하면서 자기 몸에서 무슨 일이 일어나고 있는지 이해하고 치유 과정에 온 마음을 쏟아 의식적 치유에 동참하는 것이 최선이다. 이런 의미에서는 진단 수단으로 꿈을 이용하는 경우에도 꿈꾼 사람의 확실한 느낌을 추구하는 것이 중요하다.

꿈이 항상 꿈꾼 사람의 건강 상태에 대한 은유적 이미지를 준다는 사실은 이른바 "플럼 푸딩plum pudding 가설"의 원천이 되는데, 이것은 19세기 서양 과학에서 꿈이란 단순히 신진대사의 혼란으로 인해 발생하는 결과라는 가설이다. 이 가설에서 오류는 꿈이 무엇 '이다'라고 단언하는 데 있는 것이 아니라 꿈이 단지 신진대사의 혼란만으로 생기는 산물이라는 표현에 있다. 이 말은 신진대사의 혼란

외에 다른 가능성은 '배제하는 데' 문제가 있는 것이다.

꿈을 꿀 때 우리 몸에서는 기본적으로 생물물리학적 변화가 일어나게 된다. 꿈꿀 때마다 등장하는 이런 요소를 꿈꿀 때 나타나는 "보편적인 요소"라고 간주한다. 아세린스키와 클레이트먼이 처음 주목한 "안구운동력ocular motility"이 이런 현상 중 하나이다. 이런 보편적인 요소에는 전기피부반응galvanic skin reaction과 근육의 긴장력, 특히 얼굴과 턱 근육 긴장도의 변화도 포함된다. '세로토닌serotonin' 과 '노르아드레날린noradrenalin' 의 변화 또한 꿈을 꿀 때 반드시 나타나는 보편적인 요소이다.

혈액 속에 이런 물질, 특히 노르아드레날린이 존재하는 경우에는 꿈에서 나타나는 현상이 실제로 일어나는 것처럼 보일지라도 깨어 있을 때처럼 몸이 직접적 대응을 하지 않도록 자율신경계를 조절하는 데 결정적인 역할을 한다. 꿈을 꾸고 있는 동안 노르아드레날린은 자율신경계를 격리시키고 뇌 속의 행동을 유발하는 신경 충동을 중립화하는 경향이 있다. 그래서 꿈꾸는 동안에는 꿈에서 일어나는 상황에 대해 말도 안 하고 걷지도 않고 행위로 표출하지도 않는다. 노르아드레날린은 렘 주기 동안 꾸준히 다시 채워지지만 렘 주기가 끝나갈 시점에서는 다시 채워지지 않는다. 그러면 몸은 즉시 자율신경계의 충동에 따라 물리적 행동을 하는 상태로 되돌아가게 된다. 연구 결과를 보면 렘 주기 동안은 몽유병이나 자다가 중얼거리는 현상이 나타나지 않는다고 한다. 현대의 연구 결과에 따르면 그런 현상들은 둘 다 잠에서 깨어나지는 않은 채 특별히 생생하고 감정적으로 혼란스러운 꿈을 기억하면서 일어나는 반응이라고 추측된다.

또 다른 연구자들은 높은 데서 "떨어지는 꿈falling" 에 대해 생물물리학적으로 설명한다. 가장자리나 절벽에서 떨어져 놀라 깨어나는 경우, 꿈을 꾸기 시작할 때 혈액으로 노르아드레날린이 방출되는 현상과 관련이 있다고 한다. 영어에서 잠든다는 표현을 "잠에 떨어진다 I fell asleep"라고 하듯이 잠이 든다는 의미로 '떨어진다' 라는 표현을 쓰는 지역은 세계 여러 곳이다. 떨어지는 느낌은 노르아드레날린이 혈액 속으로 들어갈 때 주요 맘대로근voluntary muscle에 대한 통제력을 잃게 되는 감각을 의미한다. 우리가 깨어 있는 상태에서 맘대로근을 통제하지 못하면 떨어짐, 즉 추락은 불가피하다. 나는 이런 생물물리학적 설명을 신뢰한다. 그러나 내가 확신할 수 없는 것은 이런 떨어지는 경험과 생물물리학적 관련성을 제시하는 연구가 "떨어지는 꿈"의 다른 가능성, 즉 상징적인 의미가 없는 듯이 표현하고 있다는 점이다.

'떨어진다'는 이미지와 사자死者의 땅, 꿈의 땅, 무의식의 영역인 "아래"와 그 밑 등의 이미지는 분명히 원형적인 연관성이 있다. "떨어지는 것", 추락하는 것은 사자의 땅, 꿈의 세계, 무의식의 세계에 재빨리 도달하는 하나의 방법이다. "떨어지는 꿈"을 꿀 때 느끼는 순간적인 공포감과 갑작스런 두려움은, 내 경험상 상징적으로 미지의 세계에 대한 두려움의 체험이며 반복되는 변화의 드라마로, 결국 상징적인 죽음과 재탄생의 드라마와 연관되어 있다. 우리가 꿈을 꿀 때 노르아드레날린이 혈액으로 방출되어 꿈을 행동으로 옮기는 것을 방지한다는 설명은, 비록 이것이 과학적으로 설명되고 입증된 사실일지라도 그 이상의 다른 의미 없이 그것만이 모든 상황을 설명한다는 식의 자세는 비과학적이다.

몸과 관련된 요소에 덧붙여 모든 꿈은 그 전날 있었던 즉각적인 기억, 즉 기술적 표현으로 "낮 동안의 잔영"으로부터 형성된 것이다. 꿈은 지난 24시간에서 48시간 동안 일어난 사소한 사건들과 관련이 있다. 많은 사람들은 꿈꾼 내용과 그 전날 일어났던 일의 연관성을 찾을 때 꿈의 의미를 파악한 것처럼 느낀다. 비록 꿈에 일어나는 사건과 그 전날 일어난 상황을 연결시켜 보는 것 자체는 중요하지만, 내 경험으로는 그 전날 일어났던 사건을 꿈으로 다시 꾸었다는 정도에서 그친다면 이는 섣부른 "꿈의 의미 종결"의 또 다른 예가 된다. 이런 경우 "왜 다른 많은 사건들이 아니라 특별히 그 사건이 꿈에 등장했는가"라는 식으로 생각을 확대해 보는 것이 중요하다. 종종 이런 질문에 대한 답을 찾다 보면 비록 꿈은 아니었다 할지라도 일상에서 일어난 사건의 상징적인 특성을 탐구하게 된다. 이런 사고 연습을 하다 보면 깨어 있을 때 일어나는 사건이 내면의 드라마와 공명하는 부분이 있음을 인식하게 되고, 이 내면의 드라마가 겉보기보다 훨씬 중요해 바깥에서 일어난 사건과 연결된다는 사실을 깨닫게 된다.

깨어 있는 동안의 삶, 즉 그날의 잔영과 꿈에 등장하는 상징적 공명 개념을 통하여 "동시성synchronicity"의 요소를 이해하게 된다. 꿈에서 동시성은 가장 특이하면서도 경이롭게 느껴지는 부분이다. 나는 '동시'라는 단어를 융이 처음 사용했을 때와 같은 뜻으로 사용한다. 즉, 상징적으로 우연처럼 보이는 사건이 깨어 있는 동안 일어나는 어떤 사건과 의미 있는 연관성을 지니고 있음을 뜻한다. 융은 동시성을 "우연이 아닌 연결 원리"라는 의미로 사용했다. 나는 동시성의 개념을 꿈에 나타나는 모든 종류의 "무시무시하게" 느껴지고 "신비스럽게" 보이는 현상—특별히 앞서 언급했던 "텔레파시"—으로 확대한다. 내 경험상, 다른 보편적인 요소와 덧붙여 모든 꿈은 동시성의 요소를 지닌다.

꿈에서 텔레파시나 예견적인 꿈처럼 가시적으로 등장하는 동시성을 창의적으로 다루는 데 어려움을 겪는 가장 주된 이유는, 깨어 있을 때 사건과의 공명이 우리가 익숙한 인과 관계적 용어로는 거의 설명할 수 없기 때문이다. 그러나 나는 이런 꿈으로 여러 번 작업한 경험을 토대로, 동시성이 낮 동안의 잔영 같은 상징적인 선상에서 일어난다는 신념을 강하게 갖게 되었다. 대부분, 또는 전부라 해야 할지도 모르겠지만 "무시무시한" 텔레파시 꿈이나 미래를 예고하는 꿈은 꿈꾼 사람에게 개인적으로 특별한 상징적 가치를 지니는 것으로 보인다. 깨어 있는 동안 일어나는 사건이 꾸었던 꿈과 반드시 연관되어 있다는 체험을 할 때 필연적으로 다시 한 번 꿈을 상기하게 된다. 이런 방식으로 꿈을 다시 생각하게 하는 것이 "과학적으로는 설명할 수 없는paranormal" 꿈의 주요한 심리학적 기능 중 하나라고 생각한다. 일어나는 현상이 꿈꾼 사람의 삶에 특별히 중요하고 상징적인 사건이기 때문에 실제로 깨어 있을 때 이런 사건이 일어나는 그 순간 꿈을 다시 기억하게 되고, 마치 깨어 있을 때 일어난 사건이 무의식에서 꿈의 형태로 미리 예견되었거나 아니면 그 순간이 특별히 예정된 듯 느껴진다. 내 경험에 따르면 꿈을 꾼 사건이 깨어 있는 동안 가시적으로 드러나지 않는다면 사소하게 보일 수도 있지만 깨어 있을 때 그 당시 꿈꾼 사람의 삶에 상징적으로 들어맞는 부분이 있기 때문에 꿈이나 그 사건이 "기억할 가치"가 있는 것으로 생각된다. 악몽을 기억하는 주요한 심리학적 이유도 바로 이와 유사하다. 악몽은 심지어 여러 해가 지나도 의식에 깊이 각인되어 있는데, 깨어 있는 동안에도 아주 중요한 내용인 두려움과 불확실성에 대해 상징적으로 전개된다.

동시성의 특질이 명백한 꿈의 경우, 가장 흔한 반응은 불행하게도 꿈과 관련하여 현실에서 불가능에 가까운 필연적인 연관성이 드러나기 때문에 꿈뿐만 아니라 깨어 있는 동안 일어나는 사건에 대해서도 상징적으로 그 의미를 이해하려 하지 않는다는 것이다.

특별히 생각나는 한 사례가 있다. 나는 샌프란시스코 만 지역에서 꿈 작업을 하는 여러 교회의 목사들과 인턴 목사들과 이야기하고 있었다. 그런데 동시성을 지닌 예언적인 꿈으로 작업한 어느 날 밤 아이러니에 직면하게 되었다. 이 작업을 할 당시는 샌프란시스코의 시장 모스콘Moscone과 시정감시관 밀크Milk가 암살된 직후였다. 꿈 작업을 하는 과정에서 이 비극적인 사건이 일어나기 전에 각 그룹에 속하는 여러 사람들이 이들이 암살당하는 꿈을 꾸었다는 보고를 했다. 그러나 암살이 일어나기 전에 이러한 꿈을 가지고 그룹이 작업했을 때 꿈 작업의 대부분은 꿈꾼 사람의 개인적 삶에 관해 초점을 맞추었다. 시정감시관 밀크는 공식적으로 선언한 성적 소수자였고 꿈 작업을 하는 동안 꿈에 등장한 밀크의 이미지는 꿈꾼 사람의 동성애적 충동과 동성에 대한 공포심에 초점이 맞추어졌다. "살해되는 하비 밀크의 꿈"은 꿈 작업을 하는 동안 주로 개인의 내면적 억압과 변형, 성장이란 방향으로 탐구된 것이다.

말할 필요도 없이, 암살 직후 우리가 다시 만났을 때 암살이 실제로 일어나기 이전에 수많은 사람들이 서로 다른 격리된 각자의 위치에서 암살 꿈을 꾸었다는 이야기를 나누며 모두 놀랐다. 이 사례들을 좀 더 깊이 들여다보았다. 암살이 일어나기 전에 꿈 작업을 하는 동안 성적 소수자에 대한 감정이나 정서에 대한 이슈가 제시되었을 때 꿈꾼 사람들은 대체로 "아하! 체험"을 했고 그때의 꿈 작업은 생산적인 것이었다. 그러나 암살이 일어난 후, 암살 꿈을 꾸었던 사람들의 반응은 판이하게 달라졌다. 이들은 그전에 행한 꿈 작업의 타당성을 부인하고 자기 꿈은 예언적인 것이었다고 단언하면서 그 암살 꿈에 대한 더 이상의 상징적인 의미를 탐구하려 하지 않았다. 그러나 꿈 그룹 리더들이 도달한 합의는 비록 꿈꾼 사람들이 꿈 작업에서 나온 의견들을 부인했다고 할지라도 이전에 진행된 꿈 작업은 믿을 만함은 물론, 생산적이었다는 것이다. 이 경험으로 나는 꿈이 이른바 "신비스럽게" 보이는 경험과 연관된 요소가 있다 할지라도, 그 현상은 꿈꾼 사람의 내면적 삶에 대한 은유와 무관하게 일어나는 것이 아닐까 하는 질문을 던지게 되었다. "현대물리학"이 나의 이런 생각을 확인하는 데 도움을 주었다.

이 질문을 고려하며 꿈에 나타나는 현상은 시간이 과거에서 미래로 흐른다는 점, 즉 시간의 흐름에 관한 불변적인 "상식"에 대해 준엄한 질문을 던지지 않을 수 없게 만든다. 심지어 예견적pre-cognitive 꿈이 그리 흔하지 않다 하더라도(개인적으로 내게는 빈번히 일어난다), 이런 현상이 일어난다는 사실만으로도 우리의 일반적인 상식인 시간과 시간의 흐름에 대한 질문을 던지게 한다. 나는 꿈에 관심을 가지고 꿈을 다른 사람과 나눌 때 이런 동시성이 꽤 빈번히 일어나는 이유에 대해 숙고해 보았다. 동시성이란 일어나는 모든 현상의 궁극적인 통합의 결과이다. 다른 표현을 빌리자면 "신은 모든 것 안에 있다"이며 사실 "신은 모든 것"이다. 여기서 융이 자신의 집 출입문 위에 새겨 넣었던 모토 "부르거나 아니거나 신은 항상 현존한다"라는 표현이 떠오른다.

물론 궁극적으로 하나라는 이 직관에 대해 나는 여러 다른 방식으로 확신을 갖게 되었다. 서로 그리고 자연계와 하나라는 친밀함을 늘려 가는 것은 이런 "무시무시한" 현상에 대한 자각을 높이는 체험이다. 아마 이런 체험은 다른 방식으로 궁극적 정체성의 진리인 하나 됨에 관한 개개인의 체험을 표현할 것이다.

꿈에 항상 등장하게 되는 보편적 요소로 동시성을 이야기하기 위해 이런 "무시무시한" 예들을 더 들 필요는 없겠다. 한편, 꿈에 등장하는 다른 보편적인 요소로 종교적인 관심과 추구를 들 수 있다. 여러 인류학 학파는 세계의 거의 모든 지역에서 꿈이 반기술적인 사회의 종교적 견해나 신념 체계의 원천이었다는 결론을 내린다. 죽은 사람이 꿈에 등장하는 것은 보편적인 현상이다. 최근에 죽은 사람부터 오래 전에 죽은 친척, 종족의 죽은 지도자 등의 꿈을 꾸는데, 종종 이런 꿈은 경이로움, 두려움, 종교적 누미노제Numinose를 불러일으킨다. 그리고 모든 문화권에서 천당이나 지옥, 사자의 땅이나 조상들의 거처를 방문하는 꿈을 이야기한다. 인류학자들은 이 두 가지 유형의 꿈이 특히 각기 고유한 신념 체계를 형성하는 바탕이 되었다고 주장한다.

물리적인 죽음의 불가피성과 꿈에서 등장하는 죽음이 항상 내면적 변형이나 재탄생과 관련되어 있다는 인식을 중심으로 종교적인 신념의 토대가 형성되는 듯하다. 꿈에 죽은 사람이 등장하고 그들과 대화를 나누는데, 이런 현상은 물리적인 죽음 후에도 가시적으로 삶의 연속성을 생각하게 만든다. 그리고 영혼의 불멸성을 표현하는 다양한 신념의 스펙트럼이 형성되는 토대가 바로 꿈이었다. 그 예로 다층적인 몸 개념을 들 수 있는데, 이른바 거친 몸physical body에서

"미세한 몸subtle body"(역자 주 : 육체 주위엔 미묘한 층이 존재하는데, 밀도의 차이에 따라 가장 밀도가 높은 것은 거친 몸이라 하고 그보다 밀도가 낮은 것을 미세한 몸이라 한다)에 이르기까지 다양한 몸에 대한 개념이 발전하였다.

융이 지적했듯이, 훨씬 심오하고 자아 초월적이며 원형적인 자기 Self와의 만남은 모든 종교와 "신" 개념의 근원이 된다. 한 측면에서는 무의식을 기능적으로 명백히 정의할 때 "말로 표현할 수 없음"을 그 특성으로 든다. 또 고대 앵글로색슨 전통에서 빌려 온 다른 식의 표현으로는 "아직은 말로 형성되지 않음"이다. 여기서 우리는 분명히 심리학과 종교와 시가 만나는 지점에 도달한다. 이런 본질적 연합은 각자의 창조적인 충동을 양육하는 것이 내면의 통합과 전일성을 획득하는 길일 뿐 아니라 외적으로는 집단적 삶의 조화와 변형을 초래하게 되는 가장 핵심적인 중요성을 띤다는 점을 다시 한 번 말해 준다. 심오한 자기Self, 초월적, 집단적, "객관적 심리"는 모든 문화에서 신에 관한 직관이 탄생하고 의례가 발생하는 원천이다.

여러 측면에서 꿈은 가장 중요하고 깨어 있는 의식과 규칙적으로 만나게 하는 원천이 된다. 이런 의미에서 꿈의 내용이 분명하게 종교적인 의미를 표현하고 있든 그렇지 않든 상관없이 모든 꿈엔 종교적인 원형의 차원이 포함되어 있다. 또 어떤 때는 특별히 심오한 의식의 요소가 분명히 드러나는 꿈이 있는데, 이 경우를 이른바 "큰big" 꿈이라고 한다. 그러나 우리는 가장 평범하고 세속적으로 보이는 모든 꿈에도 자아 초월적이고 원형적이고 종교적인 의미가 항상 존재한다는 점을 기억해야 한다.

이 사실은 깨어 있을 때도 마찬가지다. 우리가 이런 면을 인식하고 체험하기 위해서는 바쁜 마음과 바쁜 일상을 멈출 필요가 있다. 누군가 월트 휘트먼Walt Whitman에게 기적을 믿느냐고 질문했을 때 그는 마치 모든 장면을 다 에워싸듯이 손을 활짝 펼치면서 "나는 기적 이외에 다른 것은 아무것도 모릅니다"라고 답했다. 가끔 우리는 커다란 기쁨joy과 통찰을 경험하는데, 이럴 때 우리의 삶은 기적으로 넘치고 심오한 의미가 훨씬 가까이 다가오는 듯하다. 우리는 모두 이러한 순간을 특별하고 소중하게 여기지만 어려움이나 두려움 그리고 좌절로 혼란스러워지고 시련을 겪을 때는 우리가 여전히 기쁨과 기적으로 충만했던 것과 똑같은 우주에서 살아간다는 사실을 기억하지 못한다. 선승禪僧들의 표현도 이와 같은 맥락에서 이해된다. "깨달음"이란 "얻거나 성취하는" 것이 아니라 '인식되는' 것이다. 우리가 깨달음을 얻기 위해 굳은 결심을 하고 열심히 명상을 하든 안 하든 상관없이 이런 상태는 항상 우리와 함께 존재하는 것이다.

모든 꿈에 이러한 초월적 중요 요소가 등장한다 할지라도 꿈에는 훨씬 자주 개인적이고 꿈꾼 사람의 독특한 환경과 관련된 요소가 등장하기도 한다. 이런 "개인적인" 요소 중 하나가 깨어 있는 동안 힘이나 우세한 관계를 표현하는 것이다. 알프레드 아들러Alfred Adler는 꿈의 이런 보편적 요소를 강조하면서 꿈에 등장하는 모든 상징을 "힘과 경쟁의 충동"이 쓰는 "가면"이라고 했는데, 이는 지나치게 꿈을 축소시키는 경향이 있다. 어떤 면에서 아들러의 이론은 프로이트가 "리비도"와 "소원"으로 표현했던 것을 힘과 경쟁이란 요소로 대치해 만든 공식이다. 물론 이 정의들 사이의 차이점을 분명히 인지할 필요는 있다. 꿈 작업을 하는 데 있어서 실제적인 전략에 따른 결과의 차이를 분명히 할 필요는 있지만 이런 이론들 사이의 유사점과 상호 공명하는 부분이 훨씬 더 중요하다.

이와 연관된 공식 중 하나가 고대의 지혜에 등장하는데, "꿈은 감정이 그린 그림이다"라는 것이다. 분명히 꿈은 꿈꾼 이의 육체적인 상태를 반영함과 동시에 항상 감정뿐만 아니라 감각sensation, 사고, 직관, 정서를 은유적인 이미지와 경험으로 표현한다. 감정에 대한 이런 은유적 표현의 특질과 관련하여 어린 시절과 사춘기의 경험을 드러내는 요소가 꿈에는 항상 존재한다. 이런 경향은 다음의 일반적인 질문과도 직결된다. "내가 삶에서 언제 처음으로 지금 이 순간 느끼는 것과 같은 느낌을 가졌던가?"

그리고 꿈에는 항상 미래에 대해 숙고하는 측면이 등장하는데 이와 관련하여 우리가 던질 질문은, "내가 이렇게 한다면 무엇이 일어날 수 있을 것인가?"이다. 깨어 있는 상태의 의식적인 관점에서 이런 다양한 요소들 사이의 상호 관계는 대단히 복잡한 것 같다. 그러나 상징적인 방법의 연상은 이런 가시적인 모든 복잡성을 단일하고 "단순한" 표현으로 가능하게 한다. 꿈 작업은 전일성을 향해 나 있는 수많은 길 사이에 등장하는 복잡성에 초점을 명확하게 맞출 수 있도록 도와준다.

다른 식으로 얘기하면 모든 꿈은 한 쌍을 이루는 대립항, 예를 들어 밝음과 어둠, 선과 악, 삶과 죽음, 가능과 불가능 등으로 구축되어 있다. 주의를 기울여 고려한다면 이런 현상은 깨어 있는 상태에서도 사실이다. 현대물리학은 본질적으로 동일한 단언을 한다. 우주의 원자는 모두 원자 내부에 양전자기력과 음전자기력의 절대적이고 역동적인 균형을 포함하는 것으로 드러난다는 것이다.

우리가 잠을 자거나 깨어 있거나 우리의 실체는 대극적 "반대" 현상으로 인지되는 것들로 이루어져 있다. 꿈을 꿀 때 우리는 꿈에서 경험하는 것을 깨어 있을 때와 마찬가지로 '물리적으로' 경험하고 있다고 믿게 된다. 그러나 깨어났을 때 우리는 새로운 눈으로 꿈과 깨어 있는 상태의 차이를 인식하고 꿈에서 경험한 것은 몸이 자는 동안 내적 경험을 한 것이라는 사실을 알게 된다. 꿈에서 꿈꾸고 있다는 사실을 기억하는 상황을 자각몽 또는 냉석몽lucid dream이라고 한다.

이처럼 깨어서 꿈을 기억할 때마다 우리는 제한되고 부분적인 의식으로―부분이 아니라 전체적인 의식이 진정한 본성이다―우리 자신을 속이고 있다는 사실을 깨닫게 된다. 대체로 우리는 이런 깨달음을 깨어 있는 상황에는 적용하지 않는 경향이 있다. 그러나 우리가 꿈을 꾸면서 어떤 부분을 기억할지 결정할 때 꿈 자체가 드러내는 부분적인 의식, 한정된 의식이 깨어 있을 때도 마찬가지로 적용된다. 이렇게 생각할 때 우리는 궁극적으로 통합된 하나라는 패턴을 인식하기 시작한다.

우리는 최소한 우리가 육체적인 존재임을 알고 있다. "심리학적인" 영역―"손에 잡히지 않는" 요소인 심리, 영, 종교, 개인과 집단의식의 변형―으로 들어갈 때 우리는 모든 것이 궁극적으로 하나라는 동일한 원리를 발견하게 된다. 우리는 아주 심오하게 서로와 또 생명권과 상호 연결되어 있다. 따라서 이런 견해를 적용하면 "나는" 어디에서 멈추고 "그들은" 어디에서 시작하는지, 궁극적인 확신을 가지고 나와 그들의 경계를 구분할 수 없게 된다. 반면, 이 구분이 꿈에서는 가능한 것처럼 보인다. 그리고 우리가 깨어 있을 때 꿈을 기억하고 이해하기 시작하면서 이 구분이 명쾌해 보이는 듯하다.

고대 중국의 '도道'의 상징을 잠시 고려해 보자.

전체로 통합된 원이 음과 양의 두 극으로 분리되어 있다. 이 분리에도 불구하고 음의 "올챙이" 모양에 양의 "눈"이 있고 양의 "올챙이" 모양에 음의 "눈"이 있다. 윌리엄 블레이크William Blake는 "대극은 결코 진정한 반대가 아니다"라고 했다. 모든 것과 모든 사람이, 심지어 우리가 "반대"로 상상하는 것조차도 물질/에너지의 같은 본질로 이루어져 있다. 이러한 이유만으로도 우리는 모두 미세하게 풀 수 없을 정도로 그리고 절대적으로 상호 연관되어 있고 상호 침투될 수 있다. 아이러니하게도 "상호 반대"이거나 "상호 배타적인" 것처럼 생각하는 것 사이에도 상호 침투나 연관성이 있다.

만일 여러분이 음과 양의 기본적인 상징을 그래픽으로 발전시킨다면 만다라 형상을 만들게 될 것이다. 그리고 모든 종교 예술 전통에서 알려진 에스S자 형 괴문을 그린다. 이 단계에서 모든 형태들은 은유적으로 하나의 통합체이다. 이는 우리가 매순간 밝음과 어둠으로 갈등을 겪는 것처럼 보일지라도 하나(개인의 경험)와 모두("신")와 궁극적으로 연결됨을 의미한다.

이런 의미에서 최근 우주 공간에서 찍은 지구의 이미지에도 아주 오래되고 계속 이어져 온 종교적 예술이 나타나고 있음을 분명히 알 수 있다. 이 이미지는 뜨거움과 차가움, 젖음과 마름, 밝음과 어둠처럼 "반대되는 것

들"이 상호 침투하며 위의 두 이미지와 같은 소용돌이를 보여 준다.

겉으로 보기에 갈등을 겪고 서로 "반대되는 것처럼 보이는 것들" 사이에, 화해가 불가능해 보이는 경험의 소용돌이 속에서 이 둘이 합치되는 인식은 궁극적 신비와 의미를 지닌다. 이 경험은 "견고함"과 "영원함"을 깨닫게 하는데, 이는 상반되어 보이는 갈등으로부터 탄생하고 궁극적으로 이런 대립 자체를 구분할 수 없게 한다.

이 지점에서 '모든 것'이 살아 있다는 고대의 무속적/종교적 신념을 생각하는 것은 유용하다. 명백히 우리는 살아 있고 다른 모든 존재와 같은 본질을 가지고 있기 때문이다. 그러므로 '모든 것'이 살아 있고 "살아 있는 것"과 "살아 있지 않은 것" 사이의 구분 자체는 사실 명료한 것obvious과 미세한 것subtle 사이의 차이라고 가정하는 것도 합리적이다.

이와 연관해 고대의 샤먼적 믿음인 "뼈로부터 새 생명을 불러일으키기"는 본질적으로 같은 종교적인 인식을 반영하고 있다. 죽어서 물리적인 형체가 부패한 뒤 뼈는 가장 지속적이고 영구적으로 남게 된다. 영원한 것—물리적인 우주와 집단적/객관적 심리—으로부터 영원하지 않은 것이 탄생하고 영원하지 않은 것은 영원한 것으로 되돌아간다. 영원하지 않은 것—개개인의 정체성과 깨달음의 감각—은 영원한 것으로부터 거듭거듭 탄생하는데, 뼈는 재탄생의 원천이므로 뼈를 숭배하는 고대의 믿음에 이런 개념이 형이상학적으로 드러난다.

"_____" 말로 표현할 수 없는, 또는 "신"이라고 부르는, 또는 물질/에너지의 원천은 우리가 잠을 잘 때나 깨어 있는 매순간 우리 안에서 신(그, 그녀, 그들, 그것)과 숨바꼭질을 한다. 꿈에 대한 의식적인 관심은 이런 숨바꼭질을 훨씬 의미 있고 더욱 즐겁고 창조적이고 생산적이도록 해준다. 숨바꼭질을 즐기는 것 외에 우리에게 다른 선택권은 없다. 우리가 할 수 있는 유일한 선택은 의식적 자각의 정도이고 이 자각의 정도를 가지고 게임을 하는 것이다. 이것이 바로 "우리 생애의 유일한 게임"이다. 숨바꼭질의 득점은 그 자체, 즉 게임의 은유, 자발적인 동기가 된 우주의 활동, 물질/에너지의 본질의 은유 그 자체로 등장한다.

꿈의 동시적인 복합적 의미에 관해 생각하는 또 다른 방식 하나는 꿈을 게임의 규칙들과 비교하는 것이다. 게임에서는 어느 순간 하나의 규칙이 적용될 수도 있고 여러 규칙이 적용될 수도 있다. 그러나 주어진 어떤 순간에 특별한 규칙이 즉각 적용되든 안 되든 '모든' 규칙은 여전히 규칙인 것이다.

인간의 의식 안에서 벌어지는 신의 숨바꼭질 게임에서 기본적 리듬이 되는 패턴은 무의식의 에너지를 자각적 경험으로 변환시킨다. 우리의 경험을 구성하는 대극성은 의식과 무의식 모두에서 드러난다. 무의식적이란 말은 우리가 주어진 어떤 순간에 의식적 주의를 기울여도 어떤 부분은 무의식적이라는 것이다. 아무리 해도 의식은 부분적이고 간헐적인 것이다.

모든 경험은 꿈에서든 깨어 있는 상태에서든, 의식과 무의식 사이의 역동적인 상호 작용에 의해 규정된다. 우리의 모든 경험에는 항상 전일성에 대한 함축, 가능성, 암시가 존재한다. 이런 전일성에 대한 암시, 즉 의식에서 무엇인가 빠져 있는 부분에 대해 환기하는 것은 꿈에 항상 "보상 기능"과 균형을 유지하려는 요소가 등장한다는 사실을 의미한다. 그리하여 사건이나 이미지의 본질을 추구하지 않고 문자 그대로의 사실주의에 고착되든지 부분적으로 제한된 의식으로 현상을 이해할 때 꿈에 건설적·비평적 요소가 반드시 등장한다. 꿈의 다양한 요소들 사이에서 융은 이 "보상 기능"을 강조했다. 꿈은 항상 "뭔가 빠져 있는" 에너지와 이미지를 표현하는데, 이 빠진 부분은 전일성을 증가시키는 필연적인 요소이며 꿈은 이런 부분을 환기시켜 빠진 부분을 깨어 있는 동안의 행동이나 자세에 통합하도록 한다. 그러므로 꿈에 등장하는 이미지와 에너지는 깨어 있는 동안 삶에서 깨진 균형에 대해 "보상 기능"을 하고, 결국 생체가 균형을 유지하도록 해 개인과 집단의 건강을 확립한다. 심지어 최악의 악몽조차도 균형이 상실된 태도와 행위의 균형을 촉구한다.

꿈에 등장하는 여러 보편적인 요소들처럼 이 보상 기능도 모든 다른 요소들과 분리할 수 없이 얽혀 있다. 여기서 다른 요소에 초점을 맞춰 보면, 모든 꿈에는 깨어 있는 동안의 정서적 관계나 부족한 정서와 연관된 측면이 있다. 정서적 관계의 이슈와 관련된 경우에 꿈의 보상적 기능이 가장 뚜렷하게 드러난다.

꿈의 균형과 보상적 기능은 또 다른 보편적 요소와 연관되는데 그것이 바로 기념일이다. 기념일은 중요한 정서적 사건과 연관된 날이다(역자 주 : 생일, 결혼기념일, 제사, 축일, 사건 사고가 난 날, 국경일 등). 무의식은 주기적으로 돌아오는 기념일들을 인식한다. 이러한 무의식의 능력은 오래 전에 잊고 있었던 기억들이 꿈에 다시 등장하는 현상과 함께, 또 의식적으로 전혀 주목하고 있지 않았던 것들이 꿈에 출현하는 경우와 함께, 결코 잊히는 것은 '아무것도 없다'는 사실을 강하게 드러낸다. 이 지점에서 우리는 "아카식 레코드Akashic Record"나 "모든 지식의 책The Book of All Knowledge" 같은 "신비스런" 개념의 일반적 실체에 대한 상징적 관계를 볼 수 있다. 이런 "우주적 기록"을 "알아내는" 것이나 우리의 비밀은 밝히려는 방식들은 개인과 집단의 무의식을 탐험하고 있다는 사실을 반영한다.

이와 같은 탐구의 구체적인 한 예로 타로Tarot 카드를 들 수 있다. 타로 카드는 역사적으로 전소되어 사라진 알렉산드리아 도서관에 있던 마지막 사서들의 상상력으로 태어났다고 전해진다. 도서관이 불타는 것을 보면서 사서들은 서로 바라보며 도서관에 있던 방대한 집단의 지혜가 다시는 이런 식으로 사라지게 해서는 안 된다는 데 동의한다. 그들은 불에 타 사라진 지혜를 포함할 수 있는 이미지, 즉 집단무의식의 원형적 패턴을 나타내는 이미지 한 조를 만든다. 그리고 이를 이용할 수 있는 기술과 기회의 게임을 만들면 보통 사람들이 어디서든 이용할 수 있다. 이렇게 그들은 타로 카드를 지구상에 널리 퍼뜨려 다시는 잃어버린 도서관처럼 방대한 지식의 보고를 소실하지 않으려고 했다는 것이다.

이런 이야기가 타로 카드나 일반적인 카드가 등장한 역사적 기원을 실제로 반영하든 그렇지 않든 이 이미지들, 특히 메이저 아르카나 Major Arcana는 원형적 성질을 환기시켜 준다. 메이저 아르카나와 마이너 아르카나의 관계는 여러 면에서 꿈과 깨어 있는 삶의 관계를 떠올리게 한다. 이미지가 강력하고 마술적이지만 게임에서는 종종 삭제되거나 무시된다. 왜냐하면 이미지의 상대적인 가치를 결정하는 것이 너무 어렵기 때문이다.

이와 같은 본질적인 관계가 실제적으로 모든 종교 전통에 등장하는 현교와 밀교 사이의 긴장을 묘사한다. 이 긴장은 요한묵시록과 나머지 신약성서의 관계 그리고 카발라Kaballah와 토라Torah와 미두

라시Midrash의 관계에서도 볼 수 있다. 이런 의미에서 요한묵시록 마지막에 나오는 구절인 "나는 이 책에 기록된 예언의 말씀을 듣는 모든 이에게 증언합니다. 누구든지 여기에 무엇을 보태면, 하느님께서 이 책에 기록된 재앙들을 그에게 보태실 것입니다. 또 누구든지 이 예언의 책에 기록된 말씀 가운데에서 무엇을 빼면, 하느님께서 이 책에 기록된 생명나무와 거룩한 도성에서 얻을 그의 몫을 빼어 버리실 것입니다"(묵시 22, 18-19)라는 저주는 단순히 무의식을 거부하고 꿈과 무의식과 직관적인 체험을 억압할 때 기대될 수 있는 결과를 기술한 것이다.

다른 의미에서 요한묵시록, 타로 카드, 카발라 등은 주의 깊게 주조된 영역인데, 여기에 꿈 작업을 하듯 자기 내면의 에너지를 투사하게 된다. 꿈과 깨어 있는 동안 꿈과 연관되어 나타나는, 과학적으로 설명할 수 없는 사건에서도 마찬가지로 상징적 공명의 원리가 다층적 의미와 중요성을 이해하는 데 열쇠가 된다.

꿈을 꾸는 목적 중 하나는 전일성을 증가시키는 것이기 때문에 모든 꿈에 항상 건설적으로 자기비평의 측면이 포함된다. 한 가지 측면에서 자기비평은 보상 기능과 구분이 불가능할 정도로 밀접하게 연결되어 있다. 그러나 다른 측면에서 "자기비평"은 종종 깨어 있는 삶에서 내리는 특별한 결정이나 행위에 좀 더 많은 초점을 맞추고 있다. 반면, "보상 기능"은 특별한 순간보다 일반적으로 장기간의 발전적 에너지에 초점을 맞추고 있다.

이제 꿈에 등장하는 모든 보편적인 요소들이 근본적으로는 서로를 반영하고 있다는 사실을 분명히 해야 할 때이다. 어떤 면을 선택해 중심으로 삼을지는 단지 기호나 심미감의 문제이다. 이런 의미에서 모든 인간의 갈등을 기호와 심미감의 불일치로 이해할 수도 있다. 어떤 사람이 "추하게" 보는 것을 다른 사람은 "아름답게" 볼 수도 있기 때문이다. 이 단계에서 꿈 작업은 심미적인 일이다. 여기서 아름다움에 대한 존중이 나바호Navajos 인디언들이 표현하듯 "어느 곳을 걷든 아름다움 안에서 걷는다"라는 단계로 이어지기를 바란다.

어디든 "아름다움 안에서 걷는다"는 말은 아름다움이 내면에서처럼 외면에도 존재하지 않으면 불가능하다. 이런 의미에서도 우리는 원수를 사랑하는 법을 배워야 한다. 아름다움에 대한 탐사와 확인이 꿈에서처럼 깨어 있는 삶에서 수행될 때 인격에 변화가 일어나고 창의적 에너지를 발견하게 된다. 이것이 바로 기적이다. 월트 휘트먼의 표현처럼 우리 삶에 기적이 아닌 것은 아무것도 없다.

전일성을 진작시키는 기능과 관련된, 꿈이 지닌 다른 보편적인 기능은 "모든 꿈은 창의적 에너지와 문제 해결의 실마리를 포함하고 있다"는 것이다. 여기서 소개했던 여러 가지 꿈에서 벌써 이런 면이 명확히 드러났으리라고 생각한다. 마거릿이 댄스 파티를 떠나는 꿈처럼 "심리학적인" 꿈에서조차도 꿈은 전체적으로 삶의 문제를 창조적으로 해결할 가능성을 갖고 있다. 삶의 문제에 대한 창조적인 해결책의 가능성을 꿈에서 찾으려는 것은 항상 현명한 생각이다.

그러나 꿈에 대해 숙고하면서 어떤 행동에 대한 창의적인 가능성을 찾는 것과 "자신의 삶을 어떻게 살아야 할지에 대한 해답을 꿈에서 찾는 것"은 아주 다르다는 점을 인식하는 것이 중요하다. 자신의 삶에서 주요한 결정을 꿈의 기능에 의존해 내리려는 사람들이 꿈의 미세함, 복잡성 그리고 꿈의 다층적인 의미를 이해하는 데 실패하는 경우를 많이 보았다. "꿈이 주는 답"이 틀리는 가장 흔한 이유는 사실주의와 의식적인 책임에 관한 결과이다. "그 때문에 꿈에 드러나는 의미에 따라" 결정을 내렸더라도 그 사람의 삶의 질은 향상되지 않는다. 내 경험으로는 꿈이 깨어 있을 때 내려야 하는 삶의 주요한 결정에 대해 직접적이고 명확하게 답을 주는 경우는 아주 드물다. 그리고 그런 답을 줄 때도 "분명한 메시지"에 덧붙여 다른 단계의 공명과 의미를 제공한다.

내게 일어났던 한 예를 이야기하겠다. 나는 혼자 여행하는 동안 아내 외에 다른 여자와 사랑에 빠진 적이 있다. 이런 상황에서 나는 이틀 동안 연달아 아주 분명하고 명쾌한 꿈을 두 개 꾸었다. 첫 번째 꿈은 말로 하는 훈계의 형태였다. "반지로 만족하여라." 그 다음 날 똑같이 분명한 메시지를 받았다. 7살이던 내 딸과 연관된 내용과 함께 "모르고 있는 정직한 사람을 기억하라"였다. 두 꿈은 다 내게 분명한 가르침을 주었다. "나의 가장 근본적인 약속을 기억하라. 그리고 그 약속을 지키는 데서 만족을 찾아라." 두 꿈 모두 내가 현실에서 해야 할 선택에 대해 분명한 메시지를 주었는데, 즉각적으로 연관된 관계뿐만 아니라 다른 의미도 지니고 있었다. 꿈에서 "반지"란 "결혼반지"만을 의미하지는 않는다. 공동체가 이루는 서클과 우정의 서클일 수도 있는데 이런 공동체의 "서클"을 그 당시에 내가 발견했었다. 그리고 내 딸만이 상황을 "모르고 있는 유일하게 정직한 사람"은 아니다. 아내와의 관계에서 일부일처의 약속을 유지하려는 나의 선택은 "꿈의 가르침"에 따른 것이 아니라, 내가 의식적으로 선택한 것이다. 꿈에서 제공한 정보는 대체로 나의 삶에 대한 기본적인 입장을 상기시키는 것이다. 그때 당시 나는 순간적으로 이런 견해를 지나치거나 별로 가치를 두지 않았을 것이다.

꿈의 보편적인 언어를 이해하는 또 다른 방식 하나는 모든 꿈이 "자궁으로의 회귀"와 "녹고 다시 주조되는 용광로로 돌아감"의 요소를 포함하고 있다는 것이다. 꿈의 모든 이미지는 우리 자신의 내적 에너지의 어떤 측면을 대변하는데, 매번 꿈을 꿀 때 우리의 인격은 "용융되고" 새롭게 증류되는 현상을 지켜보고 있다. 꿈에서 나타나는 모든 상호 작용은 신진대사의 변화에 대한 은유이다. 즉, 전체 무의식의 다양한 요소들 사이에서 일어나는 에너지 동력 관계의 변화에 대한 은유이다. 이 꿈의 상호 작용이 진정한 변화가 일어나는 것을 반영할 때 깨어 있을 때의 변형도 일어나며, 마침내 자아의 인격이 통합되고 재구성된다. 이런 의미에서 매번 잠을 자는 기간은 사실 상징적으로 "짧은 죽음"이고 매번 깨어나는 것은 "새 삶으로의 탄생"이다.

최근 연구에 따르면 이러한 보편적 요소 외에도 모든 꿈엔 정신집중을 이용하여 단기기억을 장기기억으로 전환시키는 것과도 관련된 구조적인 요소가 있다. 사실 이는 다른 방식으로 같은 것을 이야기하는 것이며 모든 기본적 요소를 묘사하는 것과 같은 현상을 기술하는 것이다. 꿈을 "정보처리 모델"로 축소시키는 일은 꿈에 관한 다른 환원주의자의 단언 같은 잘못을 저지르는 것이다. 꿈에는 분명히 정보처리 기능이 있다. 그러나 이것은 꿈이 가지는 다층적인 의미 중 하나일 뿐이다.

내가 경험한 바로, 하룻밤에 꾸는 꿈들은 주제에서 항상 연관되어 있다. 일부 연구자들은 한 번 잠을 자면서 꾸는 꿈들은 공식적·구조적인 방식으로 연관되어 있다고 단언한다. 그러나 내 경험으로 이 진술은 과장된 듯하다. 하룻밤에 꾼 꿈들을 탐사하여 꿈을 관통하는 주제를 드러내는 데 실패한다고 할지라도 이것은 꿈들이 서로 연관되어 있지 않아서 그런 것이 아니라 그 의미를 찾는 데 실패했기 때문이라고 생각한다.

꿈에 등장하는 보편적 요소를 탐구하는 과정을 마치기 위해 하나 더 덧붙이면, 모든 꿈은 항상 어떤 종류의 유머를 포함하고 있다. 이 말은 모든 꿈이 다 "익살맞다"는 말이 아니다. 분명 꿈은 그렇지 않다. 그러나 가장 머리에 오래 남아 있는, 재미와는 거리가 먼 악몽이라 할지라도 항상 우리가 깨어났을 때 "그냥 꿈일 뿐이야." 하는 아이러니하고 익살스러운 비틀림이 있다. 유머와 관련된 이론은 풍부하나 거의 대부분 "역설"과 "파격적인 병렬"의 형식을 중심으로 한다. 모든 꿈은 깨어 있는 상태에서는 관련이 없어 보이는 파격적인 병렬로 구성된다. 꿈은 친밀한 관계에 이런 파격적인 요소를 제시하기 때문에 꿈꾼 사람의 주관적인 경험이 유머와 관계가 멀다고 할지라도 익살스러운 요소를 보여 준다.

그러나 나는 악몽이나 다른 당황스러운 꿈으로 작업하면서도 익살스러운 요소가 점점 더 쉽게 가시화된다는 사실을 경험했다. 과거의 악몽을 의식이 확대된 현재의 관점으로 다시 돌아보면 이런 악몽에서 익살스러운 측면을 분명히 발견하게 된다. 특히 우리가 장시간 꿈에 등장하는 인물이나 상황이 진행되고 발전하는 것에 주목할 때 이런 점은 더욱 분명히 드러난다. 이탈로 칼비노Italo Calvino와 존 허시John Hersey의 문학에 등장하는 인물처럼 어제의 무서운 괴물이 오늘의 친구와 동맹자가 되는 것을 꿈에서 보게 된다. 꿈을 회고해 볼 때, 처음에 가장 "분노한 모습"으로 등장한 인물조차 스스로 변화될 진정한 가능성에 대한 실마리를 가지고 있다. 처음에 간과했던 실마리는 우리가 이런 인물들과 함께 살아가게 되면서 점차 친근하게 변한다. 대부분의 경우 이런 친근한 요수를 인식함에 따라 감정의 변화가 일어나며 이렇게 변화된 감정만이 "원수를 사랑하는 법"을 배우는 것으로 묘사된다.

모든 꿈에 등장하는 보편적인 요소의 목록을 작성하는 과정은 이론적으로 끝이 없다. 여기서 소개한 요소들은 부분적인 것이며 부분적이라는 표현은 강조되어야 한다. 꿈에 대해선 때로 한 그룹의 이론이 우세하고 다음엔 다른 그룹의 이론이 우세하다. 어떤 경우든 꿈에 무슨 이론이 주요한 요소인지 질문하는 것은 항상 유용하다. 그러나 신화와 꿈에 등장하는 보편적 주제를 찾을 때 한 가지 의미만 가지고 있는 신화나 꿈은 결코 존재하지 않는다는 사실을 기억해야 한다. 꿈이 분명하게 말하고 어떤 행위를 하도록 명백하게 권하는 경우에도 드러난 꿈의 내용 너머로 더 미묘하고 복합적인 다른 의미들이 존재한다.

기억하기

꿈에 항상 등장하는 요소

하나의 "이야기"에서 복합적이고 다층적인 의미를 전하는 것이 꿈의 특성이다. 베를 짜는 은유를 이용하면, 꿈이라는 천을 짜는 데는 어떤 종류의 실이 반드시 필요하다. 때로는 한 가지 색과 디자인이 우세하고 때로는 다른 것이 우세하지만 모든 꿈은 어떤 패턴을 보이든 본질적으로 씨실과 날실로 짜인다. 꿈 작업의 역사를 돌이켜 볼 때 학파나 작업의 스타일에 따라 꿈에 등장하는 보편적인 요소들의 다른 측면들이 강조되었는데 이런 요소들은 상호 배타적이지 않다. 그런 관점에서 여기에 꿈의 의미와 중요성을 드러내는 보편적인 요소들의 목록을 제시한다.

1. 모든 꿈은 꿈꾼 사람이 전일성을 이루도록 도와주는 데 목적이 있으며 외적인

삶과 내적인 삶의 균형을 이루려는 노력의 일환으로 꿈을 꾸게 된다.
2. 모든 꿈은 "리비도", 성적 욕망의 요소를 포함한다. 지그문트 프로이트가 자신의 작업에서 이 점을 강조했다.
3. 모든 꿈은 무의식의 소원-충족의 요소를 포함한다. 비록 현대의 프로이트 심리학자들이 더 이상 이 원리를 받아들이지는 않지만 근본적으로 이것은 프로이트의 개념이다.
4. 모든 꿈은 꿈꾼 사람의 인격, 내면의 삶, 생명 에너지의 요소를 드러낸다. 이것이 게슈탈트 학파로부터 나온 꿈 작업의 기본적인 통찰이다. 한편, 꿈에 등장하는 모든 사람과 사물, 사건이 꿈꾼 사람의 심리적인 한 측면을 반영하는데, 다른 한편으로는 종종 깨어 있는 동안의 사람과 사물, 사건을 동시에 반영한다.
5. 모든 꿈은 꿈꾸는 당시의 건강과 몸 상태를 반영하는 요소를 포함한다. 오랫동안 꿈은 단지 교란된 신진대사의 기능이라는 주장이 우세했다.
6. 현대의 실험실 연구를 토대로 어떤 생물물리학적·생화학적 행동이 꿈을 꾸는 행위를 일으킨다고 단언하는 이들이 있다. 이런 것 중에는 혈액 내 '세로토닌'과 '노르아드레날린'의 극적 증가와 안구운동력의 증가 등이 있다. 노르아드레날린과 세로토닌은 자율신경계를 격리시켜 꿈꾸는 동안 꿈 체험을 육체적 행동으로 표현하는 것을 방지한다. 그리고 렘 주기 동안에는 몽유병이나 자다가 중얼거리는 현상이 일어나지 않는다.
7. 모든 꿈은 낮 동안 일어난 기억의 요소를 포함하는데 이를 "낮 동안의 잔영"이라고 한다. 이런 경우 우리가 해볼 중요한 질문은 어떤 특별한 사건이 꿈에 왜 다시 등장했느냐가 아니라 왜 다른 많은 사건을 제외하고 특별히 그 사건이 꿈 체험으로 연결되느냐는 것이다.
8. 꿈은 항상 기억의 "정보처리 기능"과 관련이 있다. 깨어 있을 때의 상대적 중요성이나 객관적 형태보다는 오히려 정서적·상징적 내용과 관련된 단기기억에서 장기기억으로의 전환이 일어난다.
9. 모든 꿈엔 깨어 있을 때의 힘과 우세함의 관계를 반영하는 요소가 있다. 알프레드 아들러가 꿈의 이런 요소를 강조했다.
10. 모든 꿈은 어린 시절과 사춘기 시절에 관한 회상적 요소를 포함하는데 이때 "언제 내가 삶에서 지금 느끼는 것과 같은 감정을 처음 느꼈는가?"라고 질문해 볼 수 있다.
11. 모든 꿈은 미래에 관해 숙고하는 요소를 포함하는데 종종 이런 질문과 관련된다. "내가 지금 이런저런 것을 할 때 무엇이 일어날까?"
12. 모든 꿈은 은유적 이미지로 감정과 정서를 표현한다. 생각, 감각, 지각 또한 꿈

에 은유적 · 상징적 형태로 표현된다.
13. 꿈을 어떤 다른 이미지로서가 아니라 그냥 그대로의 모습으로 꾸게 되는 이유는, 꿈의 이미지가 복합적인 의미를 지니고 그 의미를 표현하는 데 우리가 꾸는 꿈이 바로 최고로 "적합한" 이미지기 때문이다. 이런 다층적인 의미와 정보를 구성하는 기본원리는 상징적 공명이다.
14. 모든 꿈은 원형적 드라마이다. 심지어 가장 개인적이고 세속적인 꿈처럼 보일지라도 보편적인 인간 경험을 암시한다.
15. 모든 꿈은 깨어 있는 상태와 꿈 사건에 "기념일"과 "경축일"의 요소를 포함한다.
16. 모든 꿈은 건설적인 자기 비평적 요소를 포함한다.
17. 모든 꿈은 창조적인 영감과 문제 해결의 요소를 포함한다.
18. 모든 꿈은 죽음의 불가피성에 대한 종교적 관심과 직관의 요소를 가지고 있다. 전 세계에 존재하는 신념 체계는 공통의 꿈 체험을 반영하고 있음을 볼 수 있다.
19. 모든 꿈은 깨어 있는 의식의 균형을 유지하고 편향성을 보상하는 요소를 가진다. 심지어 계속 반복되는 최악의 악몽조차 깨어 있는 동안의 행동과 태도에서 나타나는 어떤 불균형을 고치려는 요소가 있다.
20. 모든 꿈은 대극적인 요소로 구성되어 있다. 그리고 항상 이 대극적인 요소를 하나로 통합하는, 궁극적 통합의 힌트가 되는 보완요소가 등장한다.
21. 모든 꿈은 "동시성"의 요소를 포함한다.
22. 모든 꿈은 "자궁으로의 회귀"의 요소를 가진다. 꿈은 매번 개성과 성격의 진화와 발전으로 향하는 한 걸음이고 잠에서 깨어나는 것은 매번 잠재적인 새 삶으로 재탄생하는 것이다.
23. 하룻밤에 꾼 꿈들은 주제 면에서 서로 연관되어 있다. 그런데도 같은 날 밤에 꾼 꿈들 사이에서 주제적인 연관성을 찾는 데 실패하는 이유는 실제로 꿈이 관련되지 않아서가 아니다. 그것은 꿈의 다양한 의미를 발견하는 데 실패했기 때문이다.
24. 모든 꿈은 깨어 있을 때 삶의 정서적 관계나 정서적 관계의 부족에 대한 관심을 반영한다.
25. 모든 꿈은 유머의 요소를 포함한다. 그러나 명백히 모든 꿈이 재미있는 것은 아니다. 그러나 최악의 악몽에도 아이러니와 비틀린 익살이 내포되어 있다. 또한 꿈에 항상 등장하는 급진적인 합성과 모순되는 요소의 병렬은 근본적인 유머의 토대이다.

이 목록의 이론적 종결이란 있을 수 없다. 일부 요소는 우세하고 다른 요소는 애매하다. 그러나 내 경험상 모든 꿈에 이런 요소들이 어떤 식으로든 항상 등장한다. "이 가운데 어떤 요소가 꿈을 형성하는 데 우세하게 결정적으로 작용했는가?" 그러므로 "이 요소가 어떻게 다른 보편적인 꿈의 주제들과 상호 연결되었는가?" 하고 질문해 보는 것은 항상 유용하다.

12

꿈에서 섹스의 의미

> 기본적으로 프로이트는,
> 적어도 내가 보기에 내면으로부터 고려한다면
> 성에 영성이 포함되어 있고 내재된 의미가 있다는 것을 가르치고자 했다.
> — 칼 융

　프로이트는 꿈을 매일 밤 "잠의 수호자"가 만들어 내는 일종의 가면이라고 제안했다. 그는 잠을 자는 동안 의식적인 자각력이 느슨해지거나 줄어들었을 때 저절로 차오르는 성적 충동과 감정으로 인하여 수용하기 어려운 이미지와 격렬함이 등장해 잠을 깨우는 것을 방지하기 위해 만드는 가면이 꿈이라고 생각했다. 현대 의학적 연구의 결과, 렘수면 중에 주기적으로 성기가 발기하거나 클리토리스가 부풀어 오른다는 사실이 관찰되었고 성욕과 꿈 사이에 깊은 연관이 있다는 사실도 밝혀졌다. 그렇지만 프로이트의 공식이 전적으로 맞으려면 이런 보편적인 "검열"이나 "보호" 기능으로 인해서 에로틱한 이미지는 꿈으로 기억되지 않아야 한다. 행여 에로틱한 이미지가 조절 기능을 피해 "가면으로 가려지지 않고" 등장하더라도 그런 이미지가 등장하자마자 금방 잠에서 깨어나야 할 것이다. 그러나 실제 상황은 이렇게 단순하지 않다. 거의 모든 사람들이 노골적으로 성적인 꿈을 가끔씩 꾼다. 하지만 이런 꿈을 꾼다고 자다가 금방 깨어나는 경우는 드물다.

반면 계단을 오르내리거나 길고 날카로운 물체가 들락날락하는 이미지를 보거나 오목하고 속이 텅 빈 도넛 같은 물체가 등장하거나, 물속으로 뛰어드는 듯한 이미지를 "프로이트적" 관점으로 꿈 작업을 하여 그 이미지가 뚜렷한 성적 의미를 지닌다는 사실을 이해할 때 강한 "아하! 체험"을 하게 된다. 분명 프로이트는 꿈에 항상 등장하는 많은 보편적 요소들 중 하나의 강렬한 요소를 탐구하였다. 모든 꿈은 프로이트가 묘사한 방식과 아주 유사한 성적 이미지와 에너지의 "가면"으로 구성되어 있다. 그러나 프로이트의 방대한 논증에는 "성적 본능 외에 꿈의 구조에 항상 내재된 다른 요소들은 없는가?"라는 질문이 빠져 있다.

다만 프로이트가 제공한 유산의 일부는, 특별히 프로이트식 꿈 작업을 하지 않은 사람에게도 꿈속에 드러나는 에로틱한 요소들을 "자명하게" 볼 수 있도록 도와주는 경향이 있다는 것이다. 동시에 깨어 있는 삶에서 성적이고 감정적으로 연관된 문제의 탐구에 지나치게 집중함으로써 성적인 은유나 상징의 더 깊은 분석은 기피하게 된 경향도 있다. 프로이트식 꿈 작업이 생산적이기는 하지만 이 방법이 유일한 것은 아니다. 꿈꾸는 사람의 개인적인 삶에서 성적/관계적 긴장을 다루는 것과 더불어 그 성적 이미지들 자체의 상징적 특질에 대해 좀 더 깊이 탐구할 때 더 다른 층위의 의미와 중요성을 이해하게 된다. 꿈속에서 성적으로 보이는 이미지들은 꿈속에 등장하는 모든 다른 이미지들만큼이나 상징적이고 다층적이기 때문이다.

육체적인 성을 모든 것인 양 인식하는 경향은 일반적으로 "과학"을 신격화하면서 "객관적으로 관찰하고" 측정할 수 없는 것들은 객관적인 관찰 및 측정이 가능한 것보다 덜 "진짜real"라고 여기는 문화와 일맥상통한다. 이런 태도는 심리학적 억압의 원형 자체이다. 지금의 성문화가 착취적이며 억압적 특성을 보이는 주요한 책임이 여기에 있다.

그러나 꿈속에서 죽음의 이미지가 원형적으로 개인적인 성장이나 발전과 연관되듯이, 내 경험상으로도, 두드러지게 성적이고 에로틱한 꿈의 이미지는 원형적으로 종교적/철학적/영적 관심들과 연관되어 있는 경향이 강하다. 대개 드러나는 에로틱한 이미지는 일정 수준 영적 실체reality를 직접 경험하고 싶은 욕구와 관련된다. 즉, 삶에서 겉으로 명확하게 드러나는 현상들 너머에 있는 그 무엇을 직접 이해하려는 욕구이자 신성한 에너지를 직접 교감하려는 욕구를 가리킨다. 성과 영적 탐구 사이의 이런 원형적 울림은 세계적으로 저명한 신비주의자들이 쓴 무수한 시들에서도 분명히 증언되고 있다. 모든 종교적 전통의 신비주의 작가들은 그들의 초월적 체험을 묘사할 때 성적인 용어를 사용했고, 신성과의 조우를 은유적으로 "연인"과의 만남이라고 표현했다. 성녀 데레사St. Teresa, 루미Rumi, 노리치의 줄리안Julian of Norwich, 「황금 꽃의 비밀Secret of the Golden Flower」을 쓴 익명의 작가, 카비르Kabir, 아즈텍Aztec 문화의 나후아틀Nahuatl 종교시인들, 마그데부르크Magdeburg의 메히틸드Mechtild, 「카마수트라Kama Sutra」를 쓴 익명의 작가들은 모두 그들의 가장 심오한 종교적·영적인 직관과 체험을 에로틱한 은유를 동원해 표현하였으며 이런 목록의 예는 끝없이 제시할 수 있다.

성적인 삶과 영적인 삶 사이에 이런 원형적 연관성이 있는 이유로 성인adult의 성관계는 항상 다층적인 깨달음과 연관되어 있다는 사실을 들 수 있다. 이 자각은 육체적인 면에서 정신적이고 정서적인 면에 이르기까지 광범위한 범주에서 이루어진다. 억압적이고 착취적인 성관계는 이런 다층적인 경험 전체에 부정적 반응을 불러일으키게 된다. 반면에 사랑이 담긴, 서로 밀접히 연결된 성관계는 그 이전에 상상조차 할 수 없던 깊은 깨달음을 준다. 이런 이유 하나만으로도 성적인 경험과 직접적인 영적 체험 사이에는 밀접한 공명이 생겨난다. 두 체험은 이전에는 상상도 할 수 없었던 심오한 깨달음과 모든 단계의 인지력의 조화를 발견할 수 있게 하는데, 이 인지력은 분명 육체적인 것에서부터 말로 표현하기 어려운 정서적·직관적인 면을 모두 포함한다. 동시에 성관계는 우리 모두의 탄생을 위해서 불가피한 과정이다. 그런 의미에서 성과 가장 심오한 종교나 철학적 질문의 관심사 사이에는 깊은 원형적 울림이 존재한다.

인공수정과 양수 검사, 성별과 장애 여부 감별, '시험관' 수정, 여성의 자궁에서 잉태할 필요가 없는 인간배아복제 등 생명공학 시스템의 발명은 점점 더 정교해진다. 이와 같은 현대 의학의 발달은 도덕적이고 윤리적인 딜레마에 봉착하게 되었다. 이 딜레마는 결코 측정할 수 없는 인간의 감정과 사랑의 요소가 이 의학적 절차들을 가능하게 하는 기계들만큼이나 진짜이며 중요하다는 점을 분명하게 이해하지 않는 한 해결될 수 없다.

아무리 복잡한 의료 절차가 개입한다 해도 결국 인간의 탄생은 두 남녀의 성적인 결합의 결과로 가능해진다. 의료적 기술을 둘러싸고 벌어지는 윤리적 찬반 논쟁은 새 생명의 탄생 과정에 연결된 인간의 성적 본성에 대해서는 살피지 못하고 있다. 인류가 지구상에서 성공적으로 삶을 영위하는 데 프로이트가 가장 크게 공헌한 바는, 우리가 다른 어떤 존재이든 간에 생물학적으로나 심리학적으로 우선 성적인 존재라는 비타협적인 논증을 제시한 것이다. 의식적인 동기와 의도가 노골적으로 성교와 거리가 멀다 하더라도 우리가 생각하고 행동하면서 야기하는 에너지의 어떤 측면은 본질적으로 성적이다.

명백하게 성적이고 노골적으로 에로틱한 꿈들로 작업해 온 내 경험을 통하여 나는 어떤 패턴을 발견할 수 있었다. 억압적이고 두렵고 불쾌한 성적 감정이나 이미지를 드러내는 꿈은 대체로 제대로 해결되지 않았거나 억압된 종교적·철학적인 문제들과 연관되어 있다. 반면에 행복하고 즐겁고 황홀한 성적인 꿈은 깨어 있을 때 철학적·영적인 문제가 해결되었음과 연관된다. "가면을 쓴" 상태와 반대로 노골적으로 성적인 꿈은 깨어 있는 삶에서 의식과 자각에 대한 관심이 증가함에 따라 철학적·종교적인 측면이 그 사람의 삶의 표면에 등장하기 시작한다는 징표이다.

성과 영적 삶이 깊이 연관되어 있다는 사실은 보편적으로 인식되어 왔다. 세계의 종교들이 자발적인 성적 표현을 금지하며 이와 관련한 수많은 금기를 두었지만, 다른 한편으로 동서양의 밀교 전통에서는 성적 결합을 명상과 영적인 수양의 수단으로 개발하고 장려했다. 이 모순되게 보이는 현상엔 상호 보완적인 측면이 있다.

인간 의식의 진화에서, 자발적으로 생겨난 "동물적" 성에 대한 의식적인 통제와 억압은 핵심적 사건이다. 세계의 신화는 성적 본능이 자아 발달과 마찰을 일으키거나 모호한 갈등이 계속되는 이야기들로 가득하다. 그중에서 아테나Athena의 탄생과 그녀에 대한 헤파이스토스Hepaestos의 식지 않는 열정은 가장 흥미롭고 많은 것을 드러낸다.

제우스Zeus는 아버지 크로노스Chronos와 할아버지 우라노스Uranos처럼 일단 권력을 장악하고 나자, 자신이 그랬듯이 자식들이 자라서 자기 왕권을 뒤엎을까 봐 두려워하기 시작했다. 그리하여 크로노스와 우라노스처럼 제우스도 자식들이 태어나면 집어삼켜 버리겠다고 마음을 먹는다. 제우스가 아버지에게 잡아먹힐 운명을 피할 수 있었던 것은 어머니 가이아Gaea가 크로노스가 잡아먹으러 온 아기를 돌멩이로 바꿔 놓아 술 취한 남편을 속인 덕분이었다. 이 때문인지, 제우스는 도전 없이 영원히 권력을 지키기 위해 자식을 살리려는 아내와어머니의 비슷한 시도에 속지 않았다.

하지만 어느 날 그는 지독한 두통을 앓게 된다. 이 두통은 모든 신들의 치유력과 마술을 동원해도 진정되지 않았다. 고뇌에 차 의자에 누워 있던 제우스는 대장장이이자 샤먼인 헤파이스토스를 불러 자신의 머리를 쪼개 열어서 그 고통을 없애라고 명한다. 처음에 헤파이스토스는 그 명령을 거부한다. 그러나 결과가 어떠하든 용서될 것이라는 약속을 받아 내고 제우스의 머리를 도끼로 내려쳐서 연다.

이때 제우스의 머리에서 지혜의 여신 아테나가 탄생한다. 전하는 바에 따르면 아테나는 "완전히 무장을 하고 빛이 나는" 성숙한 여신의 모습으로 등장한다. 아테나는 제우스에게 잡아먹힌 뒤에도 그의 뇌 안에서 자랐다. 해골 안에서 계속 성장한 아테나가 제우스의 두통의 원인이었기에 일단 아테나가 나오자 제우스는 건강과 활기를 되찾는다.

아테나의 뛰어남과 미모에 반한 헤파이스토스는 바로 그 자리에서 사랑에 빠져 흠모의 정을 고백한다. 아테나는 그의 능동적인 호감을 거절하지 않으면서도 더 이상의 발전과 접근을 지혜롭게 막는다.

헤파이스토스의 이미지가 보여 주는 "첫눈에 사랑에 빠지는" 현상은 오늘날에도 잘 알려져 있다. 내면의 무의식적인 요소와 에너지가 언제나 상대방, 즉 "사랑에 빠진 이"에게 깊은 수준에서 투사 projection로 결합되는 것이다. 따라서 이 신화의 이미지에서 억압과 투사가 동시에 벌어짐을 관찰할 수 있다. 제우스가 호소한 "두통"의 이미지에서 우리는 내부에서 벌어지는 억압이 어떤 결과를 가져오는지 연상할 수 있다. 그리고 헤파이스토스의 "첫눈에 빠진 사랑"의 이미지에서 보상적 투사의 엄청난 힘을 관찰할 수 있다.

아테나를 향한 헤파이스토스의 열정적인 욕구는 결코 흔들리지 않았다고 한다. 제우스가 그와 사랑과 성과 정열의 여신인 아프로디테Aphrodite를 부부로 맺어 주었을 때도 그는 여전히 아테나를 쫓아다녔다. 실제로 아프로디테가 뿌리고 다닌 수많은 염문 사건의 배경에는 헤파이스토스에게서 결코 얻지 못한 사랑, 즉 얻을 수 없는 이상에 대한 추구가 약간은 있다.

헤파이스토스가 아테나를 어떻게 쫓아다녔는지에 대한 이야기는 많다. 그는 아테나에게 선물하기 위해 모든 종류의 기발한 기계와 "노동력을 절감하기 위한 장치들"을 만들었다. 그는 아테나에게 자기가 얼마나 똑똑하고 손색없는 남자-신인지 보이려고 애썼으나 아테나는 눈길도 주지 않았다. 헤파이스토스는 어느 날 혼자 올림포스 산자락의 눈 덮인 능선을 산책하는 아테나의 뒤를 따라가 여신을 겁탈하기로 마음먹는다. 아테나는 공격을 당했을 때 순종하는 척하다가 그가 자신을 임신시키려고 하는 순간, 그를 경멸하면서 눈 속으로 밀쳐 버린다. 헤파이스토스의 성기에서 쏟아져 나온 정액은 눈 위에 떨어져 조각상으로 굳어 버린다. 얼어붙은 정액은 생명은 없지만 헤파이스토스의 좌절된 욕망을 열정적으로 나타내는 이미지로 응고된다. 이 형상들이 후대의 고전적인 조각가들의 꿈에 등장하여 대작을 만들도록 영감을 주어 헤파이스토스 조각 정원이 탄생하게 된다.

이 신화는 야생의 성 에너지가 창조적 작업으로 승화되는 심리적 기적을 표현한다. 이는 프로이트가 그렇게나 중히 여기던 창조적 과정을 설명하는 중요한 이미지다. 또 다른 차원은 헤파이스토스의 조각 정원과 아버지의 머리에서 등장한 아테나 이야기에서 살펴볼 수 있다. 즉, 성적인 욕구와 본능이 의식적인 자각과 의지에 의해 통제될 때 원형적인 분투와 발전의 순간이 나타난다는 점이다.

이 이야기를 힌두 전통에서 전하는 이야기, 새벽Dawn의 탄생 설화와 비교해 보자. 브라마Brahma가 요가 명상의 황홀경에 몰두해 앉아 있다. 존재하는 것이라고는 자기 자신밖에 없고 스스로의 무한한 깊이를 인식하면 할수록 그는 다른 신들의 형태와 존재로 나타나게 된다. 자신이 "모든 것의 아버지"지만, 명상을 해감에 따라 이 무의식의 깊이에서 자신이 어떤 이미지로 나타날지는 알 수 없다. 그래서 자신이 갑자기 첫 번째 여신인 "새벽"과 동시에 새벽빛으로 나타나자 스스로도 놀란다. 이 이미지를 표현한 시에 따르면 여신 새벽은 상상이 불가능할 만큼 "빛나고 아름다운데" 브라마는 즉각적으로 여신에게 열정을 품게 된다. 그러나 그는 아버지와 딸 사이에는 성적으로 결합할 수 없음을 상기한다. 다른 판본에 의하면 브라마를 조롱하듯 비난하면서 이 사실을 알려 준 것은 시바Shiva이다. 일단 이 사실을 상기한 브라마는 의지력을 동원해 자신의 욕구를 통제한다. 그런데 너무 노력을 많이 해서 온몸에 땀이 비 오듯 흘러내린다. 흘러내리는 땀방울들이 "욕망의 귀신들"로 변형된다. 귀신들이 그의 몸에서 떨어져 나와 "두려움! 분노! 욕정! 전쟁! 탐욕! 살인! 자살!"이라고 외치며 행진을 한다. 다른 판본에서는 브라마가 억압한 욕구에서 태어난 것이 인류라고도 한다.

이 욕망 귀신들이 힌두교와 불교의 신화를 가득 채우고 있다. 고타마Gautama가 보리수 아래서 현실의 참 본성을 꿰뚫어 보려는 영웅적 노력을 기울이고 있을 때 그가 완전한 깨달음에 이르는 것을 방해하기 위해 마라Mara가 동원한 것이 바로 이 귀신들이다. 부처가 마라의 귀신이 단지 마야(환상)라는 사실을 알고 명상을 방해할 가치가 없다며 물리칠 때 고타마는 브라마가 지은 "원죄"를 속죄하게 된다. 이는 예수가 아담과 하와 그리고 그 자손들을 대신해 비슷한 상황에서 속죄하는 것과도 공명한다.

하와가 아담의 내부에서 나고 뒤이어 악과 불화의 근원이 되는 창세기에서도 같은 원형적 이미지를 읽게 된다. 세 이야기는(이 밖의 다른 많은 이야기들도) 본능적이고 저절로 발생하는 "동물적" 성에 의식적으로 영향을 미치는 것이 인간 의식의 발달에도 영향을 미침을 증언해 준다. 이 이야기들은 우리가 더욱더 의식적으로 성 에너지를 다룰 때 그 에너지가 우리를 가장 심오한 원형적 뿌리로 다시 연결할 수 있음을 암시한다. 헤파이스토스와 아테나의 이야기는 아테나가 상징하는 지혜와 헤파이스토스가 상징하는 기술 사이의 깊은 간극을 그려 보인다는 점에서 현대 세계에 특히 호소력이 크다. 지혜가 기술을 사랑하지 않고 우리 내면에 존재하는 이들 두 원형 에너지가 화해하지 않으면, 우리는 스스로를 잔인하고 끔찍하게 파괴할 것이다.

이 이야기는 은폐된 진리를 가리키기도 한다. 우리가 영악한 기술과 불완전한 지혜로 창조한 모든 공포가 어떤 깊은 단계에서 볼 때는, 사랑의 묘약을 주려는 시도의 좌절에서 온 것이다. 이는 모순적이지만 우연은 결코 아니다. 좌절된 성 에너지는 결국 무의식적으로 자기 파괴 행위의 동기가 된다. 이 행위를 초래하는 에너지가 바로 현대의 우리가 처한 사면초가 상황을 만족스럽게 해소하기 위해 절실히 필요한 에너지다. 의식의 증가와 함께 성적 에너지로 초월적인 종교적·영적·철학적 관심사의 영역을 인식하고 탐구한다면, 우리의 에로틱한 욕구 자체가 전일성을 증가시키고 영적 체험을 심화시키며 인간의 화해를 증진하기 위한 명상적인 수단이 될 수 있다.

기억하기

꿈속에서의 섹스

내 경험에 의하면 노골적으로 성적이고 에로틱한 꿈은 모든 다른 꿈만큼이나 다층적이고 상징적이다. 적나라하게 성적인 꿈은 명백하게 깨어 있을 때 성적이고 정서적인 긴장에 대해 언급하지 않는 것은 아니지만 철학적·종교적·영적 관심사와 더 깊이 연관되어 있다. 행복하고 즐겁고 황홀경에 빠지게 하는 성적 이미지를 지닌 꿈은 영적·윤리적 문제들의 해결과 연관된다. 반면 무섭고 불쾌한 성적 이미지를 지닌 꿈은 대개 영적이고 도덕적인 관심사에 대한 억압과 관련이 있으며 철학적이고 종교적인 문제를 적절히 해소하지 못한 현실을 반영한다.

자발적으로 일어나는 "동물적인" 성적 충동을 의식적으로 통제하는 것은 인간 의식의 발달과 개인의 자의식 발전을 표현하는 주요한 은유이다. 이러한 성 에너지의 통제 욕구를 증가시키려는 의식적인 노력을 세계의 수많은 종교들은 잘 보여 준다. 반면에 성적 만남을 영적인 수련으로 장려하는 상호 보완적인 전통이 있다. 겉보기에 모순적인 이들 두 접근 방식은 성과 영성 사이의 깊은 연관성과 성적 에너지의 흐름으로 더 높은 의식 상태를 얻게 되는 중요성을 모두 확인시켜 준다. 성적인 존재로서 우리 자신을 좀 더 의식적으로, 좀 덜 억압적으로 대하는 태도가 집단적 생존을 위해서도 절대적으로 필요하다.

13

꿈과 깨어 있는 삶에서 마주치는 원형들

역사란 우리가 깨어나려는 악몽이다.

― 제임스 조이스

　의미와 구조를 파악하려는 눈으로 꿈을 들여다보면 꿈의 언어가 은유와 상징이라는 보편적인 언어로 구성되어 있음을 이해하게 된다. 이 언어는 신화와 종교적 신념의 상징어이다. 스위스의 심리학자이자 문화역사학자인 융은 다양한 문화권에 사는 개개인의 자발적인 꿈과 여러 문화권의 신화와 종교의식 사이에 상호 연관이 있으며 인간의 삶이 인식할 수 있는 발전적 단계를 구체적으로 나타낸다는 인식 속에서 "집단무의식"이라는 개념을 발전시켰다. 말년에 융 스스로도 인정했듯이, "집단무의식"이라는 용어를 선택함으로써 개념은 정확하게 서술했을지 모르지만 한편으로는 혼동과 오해의 원인이 되기도 했다. 융은 인간의 경험과 의식의 기본적인 패턴을 기술하기 위해 "객관적 심리"라는 용어를 쓰는 편이 더 나았을 것이라고 밝히기도 했다. 그는 인간의 무의식이 개인의 성장과 발전 단계에 저절로 드러나는 어떤 범주의 상징적 드라마와 이미지를 지니고 있다고 했으며, 다른 한편으로는 집단의 문화적·역사적 특정 발전 단계들이 드러나는 이 상징적 드라마와 이미지를 통해 그러한 개념을 발전시키게 되었다. 이런 패턴들을 그는 "원형들"이라고 불렀다. 집단무의식 또는 객관적 영혼은 원초적인 인간 경험의 이 원형들로 이루어져 있다. 이들 범주 또는 원형들은 개인적이고 집단적인 모든 발전 단계에서 모든 민족들 사이에 본질적으로 동일한 방식으로 공유된다.

특정한 원형적 이미지와 제례적 의식이 집단적 발전 단계와 연관되어 있다는 융의 아이디어는 1930년대 나치와 파시스트 운동 내 인종차별적 지식인들에 의해 악용된다. 융의 아이디어가 정복과 억압의 이념적 정당화에 이용됨으로써 융의 작업이 심하게 왜곡되기도 했지만, 독일 내 나치 운동과 "인종적 무의식" 이슈들에 관한 융의 발언, 그 중에서도 「심리분석 저널Zentrablatt Für Psychotherapie」의 사설은 긍정적으로 평가한다 해도 애매모호하다. 융의 전기 작가 중 가장 명석하고 솔직한 반 데르 포스트Laurens Van der Post의 말을 빌리면, "…이 모호함은 독일에서 나치 세력들이 떠오르던 초창기에 융 스스로 아직 집단무의식과의 만남에서 매우 큰 자극을 받았기 때문에 다른 사람들에게서 집단무의식이 어떤 형태로 나타나는지를 부정적이기보다는 긍정적으로 평가하려는 경향에 빠져 있었다는 사실을 기억한다면 충분히 이해할 만하다. 그러나 그로부터 2년이 안 되어 그는 마음을 바꿨다. 융은 독일에서 일어나는 사건들에 대해 자주 긴박하고 뚜렷하게 경고했다. 전쟁이 발발했을 때도 독일에서 융의 책들은 금서가 되었고 나치는 즉시 제거할 대상으로 블랙리스트에 그의 이름을 올렸다."

증가된 집단적 원형 에너지―전쟁과 파괴에서 평화로운 진화와 집단적 화해에 이르기까지 모든 형태의 원형적 변화를 부추기는 에너지―가 활성화되었을 때 나타나는 잠재적인 결과가 긍정적이냐 부정적이냐 하는 문제는 오늘날에도 여전히 중요하다. 융 자신이 당대의 대중정치와 사회 변화의 방향과 중요성을 평가하는 데 초기에 실수를 범했다는 사실을 고려하면, 우리 스스로 미숙한 단견으로 도덕적 판단을 하면서 비슷한 실수를 저지를 가능성에 대해 더욱 조심스러울 수밖에 없다.

어느 순간, 특정 대중운동에 대해 개인이 어떤 태도를 취하든 그런 운동이 기본적으로 원형적 드라마를 반영한다는 사실을 피할 수는 없다. 원형이 개인과 집단적 생활 모두의 기본적인 틀을 형성하기 때문이다. 이런 의미에서 모든 사람이 "종교"를 가지고 있다고 말할 수 있다. 폴 틸리히Paul Tillich가 "궁극적 헌신"이라고 종교를 정의한 것도 같은 실체를 약간 다른 관점으로 설명한 것이다. 자살 성향이 농후한 허무주의자도 부정negation에 대한 궁극적 헌신을 하고 있고 따라서 "부정의 종교"를 갖고 있다고도 말할 수 있다.

몸의 비유를 다시 한 번 사용하자면 생물학적 형태의 기본적 원형은 분명히 존재한다. 즉 모든 사람이 피부, 근육, 뼈, 심장, 허파, 머리, 피 등 기본적으로 똑같은 생물학적 기관을 지니고 있다. 이들을 생물학적 형태의 "원형"이라고 생각할 수 있다. 한편으로 살아 있는 모든 사람은 고유의 육체적 표본이지만 동시에 모든 인간이 기본적으로 똑같은 육체적인 형태를 가지고 있다는 것도 사실이다. 심리도 몸과 마찬가지다. 우리 개개인은 모든 인류와 공유하는 똑같은 기본 패턴을 여전히 반복하는 한편, 객관적인 심리 또는 집단의식의 원형을 우리 고유의 독특하고 개인적인 방식으로 구현한다.

원형들이 서로가 어떻게 연관되어 있는지를 이해하는 것은 분명한 결말이 없는 복잡 미묘한 작업이다. 원형들은 내면의 "개인적" 경험의 범주와 외적인 역사와 문화의 집단적 패턴 모두에 반영되어 있다. 실제로 개인의 꿈과 환상에 등장하면서 집단적이고 역사적인 경험으로도 반복되어 나타나는 어떤 상징적 패턴이나 드라마와 마주칠 때 하나의 체계화된 원형을 발견할 수 있다. 개인적·집단적 단위 모두에서 동일한 상징적·드라마적 에너지를 가지는 본질이 바로 원형의 특징을 나타내고 정의한다.

진지하게 꿈 작업을 하자면 필연적으로 만나는 이런저런 형태의 원형적 에너지가 있다. 꿈 작업 초기 단계에서 가장 흔히 마주치는 원형들을 간략히 소개한다. 앞서 소개된 꿈의 구조와 꿈꾸기에 존재하는 보편적 요소들의 경우와 마찬가지로 이 목록 또한 부분적인 것이다. 원형들 자체에 대한 정의는 내재적으로 복잡하고 다층적이며 미묘한 수준의 의미와 다른 요소들을 강조하면서 다양한 관점에서 형성되었다. 타로 카드의 형상들과 '주역'의 시적인 이미지들은 원형들의 체계적 형성을 보여 주는 두 가지 사례다.

원형들을 소개하는 글을 읽을 때 염두에 둘 것은 원형들이 항상 다양한 방식으로 서로에게 스며들어 있으며 상호 연관되어 있다는 점이다. 우리 몸의 기관들처럼 원형들은 살아 있는 전체를 형성한다. 또한 몸속의 기관들과 마찬가지로, 하나의 원형을 어떤 절대적이고 최종적인 방식으로 나머지로부터 떼어 내 구분하려는 어떤 시도든 생명의 역학을 파괴하고 사체만 남기게 될 것이다. 그러나 삶과 생활에서 모두가 제대로 서로 조화와 균형을 이루며 움직이는 것을 필요로 한다는 점을 기억하는 한, 심장을 가리키며 간과 다르게 생겼고 그 기능도 다름을 누구나 얘기할 수 있듯이 원형들의 주된 기능 또한 서술할 수 있다. 의식적인 꿈 작업은 그런 자연스럽고 유사한 성장과 발전 과정을 촉진시키고 유지시키며 강화시킨다.

원형의 영역으로 잠시 들어가 융이 "페르소나"라고 부른 원형을 먼저 들여다보자. 이는 육체로 치면 피부와 가장 가깝게 비유되는 심리적 삶의 원형이다. 즉, 전체적인 역학 시스템이 바깥으로 드러나 보이는 부분이다. 어떤 면에서 융이 페르소나 개념을 발전시킨 것은 특정 사회의 특정한 형태보다는 이 현상의 무의식적이고 보편적인 근원에 더 중점을 두고 있고 프로이트가 "자아"와 "초자아"를 체계화한 것과 비슷하다. 페르소나라는 이름은 고대 그리스인들이 그들의 종교 제례적인 연극에서 사용했던 가면에서 유래한다. 이 가면들은 원형극장의 뒤편에서도 볼 수 있도록 등장인물들의 얼굴 표정을 과장하고 정형화하며 때로는 야외에서 잘 들리도록 배우들의 목소리를 확대하는 메가폰으로 사용되기도 하였다.

원형으로서 페르소나도 같은 기능을 한다. 즉, 개인적으로나 집단적으로 일관되게 알아볼 수 있는 공식적인 얼굴 표정을 만들어 내는 것이다. 누구에게나 피부가 있듯이 주어진 페르소나가 어떻게 나타나건 누구나 페르소나를 가지고 있다. 페르소나를 가장 쉽게 볼 수 있는 곳은 우리가 어떻게 보이고 싶은지에 따라 선택하는 옷, 머리 모양, 말투, 공적으로 어떤 집단과 동일시하는가 등에서이다. 현대 심리학의 많은 부분은 페르소나에 집중해 왔고, 페르소나는 대부분의 기본적인 심리학적 담론에서 가장 두드러지게 공개적으로 연구되어 왔다. 이런 페르소나 심리학은 과장해서 말하자면, 우리 몸이 피부조직으로만 이뤄졌다고 생각하면서 습진부터 심장병, 골절까지 모든 병에 대해 스킨로션을 처방하는 것과 같다. 페르소나가 관련되었을 때는 그런 "피부 관리" 심리학이 효과적이겠지만, 보이는 행동의 "표면" 아래 원형들이 직접적으로 관련된 문제에 적용하기에는 조금 엇나가고 반생산적인 측면이 있다.

피부-자아의 은유와 관련해 포유류 배아의 초기 발달 단계에서 뇌가 나중에 뇌로 발전되는 세포 "거품"을 형성하면서 머리가 될 영역으로 함몰되어 들어가는, 얼핏 보기에 분화되지 않은 피부 조직에서 시작된다는 점은 흥미롭다.

지난 세기 초, 서양의 심리학이 보여 준 경향은 페르소나와 관련한 이슈들에만 집중되어 있었고 이는 융이 가장 일관되게 저항한 것이다. 이런 이유에서 많은 원형학자들과 심리치료사들이 페르소나를 특히 집단무의식 내의 "더 깊은 곳"에서 오는 에너지에 비해서 약간 부정적으로 보는 경향이 있다. 부정적으로 조명되어 오긴 했지만 페르소나는 자아와 타자가 상호 접촉하는 원형이며 따라서 모든 인간 사회와 문화의 기본 원형임을 인식하는 것이 중요하다. 환경의 변화나 위험한 외부 요소들의 침투로부터 몸을 보호하는 피부 없이는 육체의 삶이 불가능한 것처럼, 우리 내면의 다양한 면면을 바깥으로 드러내는 페르소나 없이는 인간 사회 또한 불가능하다. 비록 집단의 삶에서 가장 어렵고 위험한 드라마들의 근원에 대부분 시대에 뒤떨어진 페르소나의 형태와 이상에 대한 고집스런 집착이 있기는 하지만, 이런 결정적으로 중요한 의미에서 전통적으로 고수해 온 페르소나의 변형에 대한 집단적인 저항은 기본적으로는 건강하고 가치가 있는 충동이다.

페르소나의 접촉을 통해 인간 사회는 형성되고 유지되어 왔다. 한 개인이 "사회적 인습"에 완전히 저항해 벌거벗고 지내거나 언어나 사회를 모두 버리고 떠나기로 결심한다 하더라도 그 사람의 행동은 야생의 페르소나를 형성함으로써 다른 형태의 페르소나를 표현할 뿐이다. 심지어 정신분열이나 자폐로 보이는 사람들의 기괴한 페르소나조차도 이 원형을 표현하는 방식은 "정상적인" 사람들에 의해 투사된 페르소나와 같은 형태를 드러낸다. 실제로 내 경험에 따르면, 집단적으로 받아들여진 페르소나와 정신질환을 앓고 있는 이들이 보이는 페르소나 사이에 기묘한 패러디의 아이러니가 존재한다.

원형은 개인적인 것에서부터 집단적인 것에 이르는 연속선에서 본질적으로 같은 성질을 표현한다는 것을 알 수 있다. 페르소나가 국가나 종교, 사회기구와 같은 "공적인 얼굴"에 밀접하게 연결되어 있는 것이다. 우리 개인이 선택하는 언어와 의상, 머리 모양과 마찬가지로 종교적 예복, 깃발, 공식 복장, 국가國歌, 법적 장치들, 공공건물 양식, 종교적으로 국가적으로 또 인종적 역사에서 받아들인 해석 등은 집단적 수준에서 원형적 페르소나를 형성하는 요소들이다. 여기서 개인적인 것과 집단적인 것 사이의 구분은 상징적 형태가 아니라 규모일 뿐이다.

개인의 심리와 역사적·집단적 삶 양쪽에서 가장 원형적인 문제 중 하나는 페르소나의 표현들이 실체의 전부라고 믿으며 우리의 무의식적이고 비이성적인 에너지를 부인하고 억누르려는 경향이다.

비극적이고 집단적인 전쟁과 억압으로 점철된 우리의 역사를 더 잘 이해하는 한 방법은 "신"이 어떤 영역에서 어떤 페르소나와 밀접하게 동일시되고 있는지 알아보는 것이다. 대부분 이는 야훼, 여호와, 알라의 형상으로 동일시되어 왔으며 따라서 역사적으로 다른 원형적 요소에 대한 억압이, 그런 요소가 투사된 대상을 폭력적으로 억압하는 형태로 드러난 것은 자명한 일이다. 유대교, 그리스도교, 이슬람교의 전통에서 "신"은 배타적이면서 남성적이고 권위적이며 의문의 여지없이 변화를 넘어 "영속적으로" 믿어진다. 그만큼 "신"은 심리의 전체성을 속이는 페르소나에 대한 은유이다. 이 원형적 실수는 잘 알려져 있으며 비극적일 뿐 아니라 지금도 계속되고 있다.

중동의 유일신 전통은 모든 이에게 진리는 하나뿐이라는 미숙한 폐쇄성을 조장하는 경향이 있다. 특정 종교에서 유일한 진리가 명확하게 금방 드러나지 않으면 틀린 종교이고 따라서 '사악하다'고 생각한다. 여기서 종교의 절대적 진리의 이름으로 억압과 투사의 드라마가 전개되고 전쟁이나 십자군 전쟁이나 지하드 등이 신의 의지를 따르는 듯 일어나게 된다. 이들 유일신교는 그들이 주장하는 진리의 진정성에도 불구하고 하나의 관점이나 신화만 진리로 선택하고 다른 모두를 거짓으로 배척하게끔 미묘한 영향력을 지속적으로 행사한다. 이는 다층적이고 미묘하며 많은 것들이 동시에 진리일 수 있다는 직접적이고 의식적인 경험에 위배된다.

중동의 미숙하고 폐쇄된 유일신 사상 전통의 또 다른 결과는 서구에서 진행된 과학적 방법의 발전이다. "하나의 진리"라는 종교적 아이디어는 최근 과학에서 "하나의 진리"라는 형태를 띠게 되었으며 과학적 분석방법을 적용한 기술발전을 통해 자연환경을 조작하고 변형시키는 능력을 증가시켜 왔다. 우리가 집단적으로 직면한 가장 절박하고 파괴적인 문제들의 명백한 원인이 물리적 세계에 대한 이 같은 조작으로 드러난다는 사실은 모순처럼 보일지 모르지만 결코 우연이 아니다. 문제는 "과학"에 있는 것이 아니라 과학을, 실체를 관찰하고 이해하는 유일한 방식이라고 미성숙하고 폐쇄적으로 인식하는 데 있다.

고대 "다신적" 종교들에 담긴 심리학적 진실은 우리가 실제로 다층적 원형들의 형태로 집단무의식을 만나게 된다는 점이다. 역사와 꿈은 우리에게 다양하고 모순적인 목소리로 비슷하게 말을 건넨다. 실제로 인간의 의식이 적어도 초기 인식 단계에서는 어떻게 "많은 신들" 없이 진화할 수 있었는지 나로선 상상할 수 없다. 처음부터 신성이 하나로만 인식되었다면 인식하는 주체와 인식 대상 사이의 기본적 분리는 불가능했을 것이다. 초월적이고 말로 표현이 불가능한 무의식적 에너지가 초기에 다층적으로, 심지어 이들 사이에 서로서로 경쟁적인 형태로 받아들여지지 않았더라면 의식적인 선택과 자각이 만들어 내는 경쟁적인 요구들 사이에서, 또 대극적인 것들 사이에서 분투라는 역학적 긴장은 결코 경험할 수 없었을 것이다.

겉보기에 다신적으로 보이는 고대의 "신비적 전통"에서 표면적으로 드러나는 "많은 신들"의 허상 너머로 결국 "모두가 하나"라고 추측할 만한 근거가 있다. 근대 심리학에서 깨어 있는 동안 저절로 등장하는 무의식의 에너지는, 하나의 에너지가 다층적으로 표현된다 할지라도, 처음 경험할 때 최소한 겉으로는 서로 분리되어 그들 사이에서 조화로운 화합을 이루고 있지 않은 것처럼 보인다. 여기, 서로 모순되어 보이는 대극적 요소의 우연한 일치들 사이에 "자유의지" 대 "결정론"을 둘러싼 영적인 논쟁의 뿌리가 놓여 있다. 만약 신이 진정 하나라면 어떻게 자유의지가 존재할 수 있을까? 자유의지가 있다면 어떻게 신이 하나이면서 전능할 수 있는가? 이 명백한 모순에 대한 해결책의 일부는 "신" 개념을 페르소나 원형의 한계 너머로 확장하는 데 있다.

우리가 세상에 페르소나를 드러낼 때 우리 자신의 일부분은 과장하고 일부분은 삭제해 버린다. 질서 있고 평화로운 삶을 위해 무슨 말을 하고 행동할지 선택할 때마다 우리는 내면에서 저절로 솟아오르는 좀 더 나은 질서, 동시에 잠재적으로 파괴적일 수 있는 충동의 표현을 의식적으로 통제하게 된다. 여기서 융이 그림자라고 부른 원형적 에너지를 만들게 된다. 빛이 있는 곳에서 우리 몸이 그림자를 만드는 것과 마찬가지로 심리적인 페르소나도 그림자를 만든다. 이 그림자는 습관적 억압으로 의식의 빛이 닿지 않아 페르소나와 같은 모양을 지닌 어두운 윤곽을 창조한다. 이런 의미에서 그림자는 의식적 자각과 무의식 사이의 경계를 형성하는 원형이다. 그림자는 우리가 무언가를 억누르고 부인해 온 개인적이고 집단적인 모든 수준에서 만들어진다. 또 다른 좀 더 심층적인 의미에서 그림자는 무의식적인 '모든 것', 즉 내면생활에서 인식되지 않는 모든 내용으로 구성되어 있다. 이런 이유에서 그림자는 아직 의식의 빛이 닿지 않은 어둠을 상징하므로 원형적으로 "어두운" 경향이 있다.

어둠과 무의식적인 것들 사이의 결합은 보편적이며 그 자체로 하나의 원형이다. 이 원형적 결합은, 꿈속에서 표현되는 방식 하나가 꿈속에 등장하는 빛의 성질과 관계된다는 것이다. 꿈에 등장하는 빛의 특질은 깨어 있는 상태의 의식에 대한 은유적 표현이다. 따라서 꿈이 밝게 빛나고 조명을 잘 받고 있으면 깨어 있을 때 이미 명확하게 이해하고 숙고한 이슈나 고려 사안들을 뜻한다. 반대로 조명이 나빠서 꿈꾸는 사람이 무엇을 보는 데 어려움을 겪는 꿈이라면, 내 경우에 문제 혹은 문제의 발전을 찾으려는 경향이 있는데 이는 깨어 있을 때 상대적으로 아직 인식을 덜한 문제이다. 심지어 나는 과거에 "조명이 나빴다"고 기억하는 꿈이 꿈 작업으로 중요한 의미를 지니는 요소들에 의해 "빛"을 쬐는 작업을 함으로써 "좀 더 밝은" 꿈으로 변하는 경우도 경험했다.

꿈속에서 그림자는 처음엔 흔히 못생기고 사악하며 무서운 모습으로 등장한다. 좀 더 들여다보면 그 어둠의 한가운데엔 좀 더 건전하게 발달해야 하므로 그 발달을 간절히 요구하고 있는 바로 그런 부분이 놓여 있음을 알 수 있다. 그림자의 "어두운" 형상에 항상 가장 큰 선물이 숨겨져 있다. 이 선물을 받으려면 그림자의 "어두운" 측면으로 인해 생긴 두려움과 반감을 먼저 극복해야만 한다. 일라이어스 하우와 "마거릿"의 꿈 둘 다 이 원형적 드라마를 잘 보여 준다.

잠시 그림자가 개인의 차원을 넘어 집단적으로 드러나는 상황으로 돌아가 보자. 이 원형은 전 세계적으로 종교 건축물 곳곳에서 구체적으로 뚜렷이 드러나 있다. 모든 종교적 성소나 예배당은 그로테스크하고 끔찍한 이미지들로 보호된 경향이 강하다. 그리스도교 전통에서는 고딕 건축물에 수많은 이무기들이 장식되어 있다. 신도神道 사원 앞에는 바람 괴물이 있고 인도와 중앙아시아의 전통에서는 사원을 지키는 악마가 있으며 중국의 도교 사원에는 문을 지키는 용이 있다. 겉모습이 끔찍한 이 형상들은 두 가지 목적을 지닌다. 첫째, 비입문자들에게 그들의 비인간non-human 상태를 경고하며 특정 종교 전통에 입문하지 않은 사람에게 겁을 주어 그 자리를 떠나게 만든다. 이와 동시에 성스러운 구역에 들어가는 것이 허용된 이들에게는 그런 이미지들을 전혀 두려워할 필요가 없음을 알리는 교육적 기능을 한다. 따라서 전 세계의 종교적 건물 외벽에 새겨진 괴물 같은 문지기는 흔히 의식의 저 아래 어떤 단계에서 "두려워 말라"는 메시지를 "설교하고" 있는 것이다. 이들은 상징적/심리적/영적 진리, 즉 개인의 차원을 넘어선 원형들의 영역에 의식적으로 접근하려고 하면 그림자에 대한 두려움과 직면해 그 두려움을 변형한 후에야 가능하다는 것을 분명히 드러낸다.

일단 그림자에 대한 두려움을 극복하고 그림자를 내면의 현실로 받아들이고 나면 꿈을 꾸는 이는 흔히 다른 여러 원형적 이미지와 원형적 드라마를 만나게 된다. 프로이트의 작업과 관련해 융이 한때 언급한 것처럼 오이디푸스 콤플렉스를 공식화하고 신화적 차원을 알아봄으로써 프로이트는 아주 많은 원형들 중에서 하나의 원형을 정의할 수 있었다. 프로이트가 오이디푸스 드라마가 지닌 원형을 내면세계의 다른 모든 정형화된 것들이 하나로 수렴되는 기본 모델로 볼 수 있었던 것은 부분적으로 변형하는 성질이 원형들에 있었기 때문이다. 이는 결국 인간이 경험이라는 상대적인 현실의 소용돌이를 바라보는 데 어떤 입장을 취하는가의 "미적인" 선택에 불과하다. 에너지가 물질로, 물질이 다시 에너지로 변화하는 과정만 존재할 뿐 궁극적으로 그런 선택을 뒷받침할 아무런 절대적 근거도 없다는 증거가 늘어감에도 불구하고 인간은 여전히 어떤 절대적인 입장을 취하려 한다.

그림자를 수용하는 것은 단번에 이루어지거나 완전히 이루어지지 않는다. 꿈속에서 죽음과 재탄생으로 등장하는 성장과 발전의 각 단계를 거칠 때마다 내면세계에 있는 원형적 에너지와 형상들이 재형성된다. 그림자는 새로운 형태를 띠게 되고 정직한 자기응시라는 가장 기본적인 도덕적 행위를 또다시 요구한다.

페르소나와 그림자는 꿈 기억 초기에 처음 만나게 되는 원형적 형상들이다. 머리 모양과 의상, 공식적인 행사 등에 관한 꿈들은 흔히 페르소나의 이슈와 연관되어 있다. 자주 등장하는 꿈 가운데 공식석상에서 벌거벗었거나 부분적으로 또는 부적절하게 옷을 입었던 꿈은 흔히 어느 정도 페르소나의 가면이 벗겨졌을 때 드러나는 자기에 대한 두려움과 연관되어 있다. 꿈을 솔직하게 나누다 보면 페르소나로 정형화된 이미지 너머에 있는 좀 더 복잡하고 진정한 자신을 보게 된다. 꿈속에서 벌거벗었다는 것이 불안하거나 걱정이 되거나 또는 그렇지 않다 해도, 적어도 그것은 일정 수준 꿈꾸는 사람이 페르소나 너머의 자신을 드러내는 것을 어떻게 느끼는지 보여 주는 하나의 지표가 된다.

그림자는 꿈속에서 가장 무섭고 혐오스런 인물들에서 가장 쉽게 인식될 수 있다. 깨어 있을 때는 우리가 가장 싫어하고 두려워하는 사람에게 자신의 그림자를 투사하는 경향을 쉽게 찾아볼 수 있다. 그림자 에너지를 투사 형태로만 인식하는 동안에는 그것을 제대로 다룰 수 없다. 그리고 이처럼 적절히 대응하지 못하는 동안에는 외적 현실을 통제하려는 모순된 노력을 기울이게 된다. 우리가 "다른 사람들"을 통제하려고 하면 할수록 자기 스스로에 대한 통제력은 점점 더 잃을 뿐이다. 억압과 투사의 기제가 내면의 역학에서 점점 더 많은 에너지를 고갈시킬수록 우리는 점점 더 필사적이 되고 결국 그 속에 갇혀 통제가 불가능한 상태인 것처럼 느끼게 된다. 억압과 투사의 드라마가 개인과 집단적인 삶에 공포와 모순을 형성하는 것이다.

개인에게 일어나는 이런 억압과 투사의 드라마는 더 크게 역사적인 규모로 나타나기도 한다. 유다인들 스스로 "선민"이라는 믿음으로 군사력과 음모를 펼치며 전 세계를 장악하려 한다고 나치가 믿은 것은 모순적이기는 하나 우연은 아니다. 바로 이 투사를 통해 나치는 군사력과 음모라는 복합적 수단으로 전 세계를 장악하려는 자신들의 시도가 정당하다고 느꼈다. 그들 스스로 "선민", 즉 가장 강하고 최고의 신체와 문화적 특성을 지닌 인종이라고 믿었기 때문이다. 중세 그리스도교가 "평화의 왕자"라는 이름의 검sword으로 남녀노소를 희생하고 신의 사랑이라는 이름으로 "이교도"나 "마녀"를 고문하고 처형할 준비를 했던 것 또한 모순적이지만 우연은 아니다. 그림자를 억압하고 투사하는 데서 탄생한 비극적 모순을 늘어놓자면 끝이 없다. 가장 개인적이고 사변적인 것에서 가장 집단적이고 역사적인 것까지, 이 모든 드라마에서 그 원형적 본질은 동일하다. 내면의 그림자를 부정하고 억압, 투사하여 외적 현실로만 관찰하게 되는 것이다. 완전한 타자로서 그림자를 잘못 인식하고 이들에게 강박적이고 정신병적으로 반응하는 것은 스스로에 대한 기만과 억압의 정도에 정비례한다. 우리가 자기 그림자를 투사하는 대상이 우리 내면에 가진 어떤 기질을 갖지 않는 경우는 거의 없다. 하지만 두려움, 반감, 싫어함의 정도는 다른 사람에게 실제로 존재하는 기질에 대한 반응이 아니라 자기 내면에 억압된 에너지의 정도를 나타내는 척도이다. 억압 과정에서 우리는 우리의 인간성을 부인하게 되는데, 이는 내면에 있는 그림자 같은 요소가 지닌 인간성을 부인하는 것이기도 하다. 따라서 타인이 지닌 인간성을 쉽게 부인하고 자기가 지닌 그림자 에너지를 타인에게 투사하는 동안, 그들을 사람이 아닌 열등한 존재 또는 사물처럼 다루는 것이 쉬워진다.

그림자 투사는 인종과 연령의 차별, 생태계의 기술적 파괴, 전쟁이라는 측면에서도 발견할 수 있다. 집단적 수준, 즉 백인-남성-기술 중심 문화에서 억압된 집단적 그림자는 유색인-비남성-비기술 세계로 이어져 이들에 대한 착취와 억압을 "정당화"하는 것으로 투사된다. 집단적으로 보면 인종차별주의자와 성차별주의자, 기술만능주의자들이 투사하는 바로 그 요소들은 자발성, 감성, 육체성physicality, 자연과의 연관성 등이며 이 모든 요소는 우리의 권위적이고 자살적인 기술사회가 긍정적으로 변화하는 데 반드시 필요한 요소들이다. 역사적인 아이러니의 또 다른 예지만 결코 모순되거나 우연이 아니다. 우리 스스로를 구하려면 그림자를 개인과 집단의 내면적 현실로 인정해야만 한다. 개인적 차원에서 스스로를 치유해야만 집단적 차원에서도 구원될 수 있다. 이 두 결과는 단지 같은 원형적 과정의 서로 다른 측면들일 뿐이다. 이런 의미에서 인간이 처한 곤경의 원형적인 본성은 기술에 의해 변화되지 않았다. 우리는 여전히 자기 인식과 억압, 삶과 죽음, 유토피아와 망각 사이의 기본적인 선택에 직면해 있다. 원수를 사랑하라는 그리스도교의 가르침과 자신을 알라는 이교도의 가르침은 이런 수준에서 보면 단지 같은 원형적 발전을 다른 방식으로 기술한 것이다.

그렇다고 그림자가 억압과 투사의 유일한 원형만은 아니다. "첫눈에 반하는" 현상뿐만 아니라 더 자주 일어나는 서로에 대한 끌림과 감정도 더 큰 범주에서 보면 항상 성적 보완 대상에 대한 억압과 투사에 바탕을 두고 있다. 융은 남녀에게 있는, 서로를 성적으로 보완하는 대상에 대한 원형을 각각 "아니마anima"와 "아니무스animus"라고 불렀다. 아니마와 아니무스는 상대편 성에 대한 우리가 지닌 가장 심오한 지식과 직관을 대표한다. 아니마는 모든 남성의 심리에 존재하는 원형적 여성이고 아니무스는 여성의 심리에 존재하는 원형적 남성이다.

이 원형들에 최초로 개인적 이미지를 부여하는 것은 반대 성의 부모이다. 아니무스와 아니마는 원형적 어머니와 아버지 이미지와도 깊이 연관되어 있다. 우리가 개인적 경험을 통해 이런 원형적 남자와 여자, 어머니와 아버지, 자아와 타자에 부여하는 이미지는 인간관계를 맺을 때도 깊이 영향을 미친다.

이 원형들과 원형적 드라마는 집단적이고 역사·신화적 형태를 지닌다. 각각의 사회도 끝없이 같은 주제와 형태를 지닌 아니마, 아니무스를 표현하는 동시에 아니마, 아니무스의 역학적 긴장을 해소한다. 문자시대 이전인 선사시대에 존재했던 모계사회가 붕괴한 이후로 여성에 대한 집단적 억압이 진행되었는데, 이 시기 동안 남성의 내면에 있는 원형적 아니마에 대한 집단적 억압도 동시에 이루어졌다. 그러면서 사회적 현상 내면의 아니마가 억압된 상태를 반영하게 되었다. 역사적으로 부계사회에서 아니마와 위대한 어머니Great Mother는 억압되었고 여성의 이미지는 "동정녀" 아니면 "창녀"라는 극단적인 이미지로 나뉘었다. 여성성의 이미지가 양극화되고 그 사이에서 상호 배타적이며 파편화된 현상은 바로 내면의 여성성이 억압된 사실을 반영한다. 아니마가 지닌 인간성을 억압하고 부인하는 현상이 바로 성차별을 일으키는 원형적 드라마이다. 이는 그림자가 지닌 인간적 측면을 억압하고 부인하는 것이 전쟁과 인종차별의 원형적 드라마인 것과 마찬가지다.

가톨릭 전통에서 마리아의 이미지는 파편화된 아니마와 위대한 어머니의 이미지를 하나로 통합한다. 여기서 우리는 다시 한 번 원형들 사이에 서로 영향을 미치는 경향을 보게 된다. 마서릿이 댄스파티를 떠나는 꿈에서 아니무스와 그림자가 하나로 통합해 "흑인 강간범 혹은 살인자"의 이미지를 창조한다. 동시에 흑인의 모호한 형상에서 우리는 또 다른 원형인 트릭스터가 구체적으로 등장하는 것을 본다.

다른 원형들과 마찬가지로 트릭스터는 신화적 형상이자 내면의 심리를 구성하는 요소이다. 트릭스터는 의식과 무의식의 경계에 서 있는 또 다른 원형이다. 이 원형적 마술사는 남성일 수도 여성일 수도 있으며 의식적인 자아가 지닌 자기기만과 창조적 가능성 둘 다를 하나의 형상으로 드러낸다. 세계적으로 트릭스터는 흔히 사회 권력이나 위계질서에서 가장 낮고 천시되는 위치에 있다. 그러나 동시에 바로 이 트릭스터의 선물과 창조로 인해 인류의 의식과 문명이 진보한 것으로 여겨진다.

마거릿의 상상/게슈탈트 꿈 작업에서 흑인은 트릭스터 원형을 보이며 살인자로 시작하여 보호자가 되고 마침내 선물을 선사하는 이로 스스로 변화한다. 그는 그림자에서 아니무스, 트릭스터까지 모든 원형이 하나의 이미지가 된 모습으로 등장한다. 마찬가지로 그림자와 트릭스터가 일라이어스 하우의 꿈에서는 식인종의 모습으로 나타난다. 트릭스터는 다양하게 장난스런 모습을 취하는 "신의 전령사"이다. 트릭스터는 인간 의식의 창조적 가능성과 습관적 어리석음 둘 다를 동시에 체화한다.

트릭스터의 교묘한 선물은 새로운 의식, 즉 새롭게 사고하며 느끼고 존재하는 방식 자체로서 또 다른 원형적 형상인 신성한 아이

Divine Child로 구체화된다. 신성한 아이는 대개 혼란의 와중에 탄생한다. 태어날 때 또는 태어나기 전 자궁 안에서부터 외형상 말을 하고 이동하는 등 기적 같은 능력을 지닌다. 대개 신성한 아이는 살아남아 세상을 완전히 변모시킨다. 아마도 서구 문화에서 이 신성한 아이의 가장 친숙한 예는 아기 예수일 것이다.

아기 예수의 형상은 혼란의 와중에 성스러운 부모에게서 기적 같은 능력을 지니고 태어나 나중에 인류 사회의 모습을 완전히 바꿔 버리는 다른 신성한 아이의 이미지들과 분명히 연관되어 있다. 헤르메스Hermes, 헤라클레스Hercules, 디오니소스Dionysus, 타무즈Tammuz, 텔리에신Teliessin, 모세Moses, 부처, 마호메트 등의 탄생 이야기는 동일한 원형적 패턴을 반영하며 같은 원형을 조금 다르게 형상화했다고 볼 수 있다. 존 윈덤John Wyndham의 소설 「미드위치 쿠쿠The Midwitch Cuckoos」에서 신비로운 외계의 방문 후에 태어난 아이들은 신성한 아이의 신화적 드라마, 새로운 의식이 탄생하는 드라마의 현대적인 예이다. 윈덤의 소설에서는 모든 아이들이 텔레파시로 교신하는 것을 두려워한 국가 지도자가 이 아이들을 살해한다. 이 이야기에서 우리는 헤로데의 군대가 탄생이 예고된 구세주를 없애기 위해 그 아이 또래의 모든 아기를 살해하는 드라마를 보게 된다. 줄거리상의 독특한 반전이 있기는 하지만 이 이야기에서도 우리는 신성한 아이의 탄생이라는 기본적으로 동일한 원형적·신화적 드라마가 작용하고 있음을 볼 수 있다.

대개 신성한 아이는 자신을 살해하려는 기존의 낡은 구질서의 박해를 피해 살아남는다. 개인의 꿈뿐만 아니라 신화적 이야기에서도 신성한 아이를 보호해 성인으로 자라게 하는 데는 대개 동물들이 주요한 역할을 한다. 동물은 대개 꿈 작업 초기에 마주치는 또 다른 원형이다. 개인과 집단의 발달이 어떤 단계에 이르렀건 동물은 항상 존재한다. 융은 동물 원형이 어떤 수준에서는 본능적인 "동물적" 충동을 드러낸다고 설명한다. 이 설명은 가장 오래된 고고학 유물에 나타난 종교적 도상圖像들의 진화를 고려할 때 특히 설득력을 지닌다. 지난 마지막 빙하기(BC 15000년경)에, 동굴 벽화에 나타난 최초의 원형적 어머니와 샤먼의 이미지는 동물의 모습과 밀접하게 연관되어 있다. 샤먼의 경우에 동물과 인간의 모습이 하나로 섞여 있다. 이 벽화에서는 사람이 제례 의식을 행하기 위해 동물 가죽을 입는 모습이 나타난다. 또 하나, 고대 샤먼들의 이미지를 숙고할 때 좀 더 미묘하지만 필연적으로 떠오르는 생각은 샤머니즘적이고 종교적인 흔적에서 동물의 의식이 인간의 의식으로 그리고 인간의 의식이 동물의 의식으로 다시 돌아간다는 점이다. 전 세계에서 역사적으로 또는 기술 및 문명화되지 않은 현존하는 문화권에서 샤먼들이 신들린 상태에서 행하는 행위에 대해 알면 이런 가설은 더욱 설득력을 띤다. 신들린 상태에서 샤먼들은 동물이 되어 동물적 경험을 하는 것이다.

이런 원형적 의미에서 이집트나 세계의 다른 지역에서 보여 주는 동물의 머리를 한 숭배 대상들은 인간 의식이 점점 더 발달하여 개별적인 상태로 진화함을 나타내는 것으로 이해할 수 있다. 신화나 꿈에서 동물이 도움을 주러 오거나 아니면 방해를 하며 위협적으로 나타나면 어떤 수준에서 우리는 삶에 본능적이고 무의식적인 자연적 충동이 은유적으로 나타난다는 사실을 알게 된다. 이런 경우에 특정 동물은 대개 특정한 본능을 구체적으로 가리키곤 한다. 이미 언급했다시피 말의 이미지와 꿈에 말이 나타났을 때 꿈꾸는 사람의 신체적 상태 사이에는 원형적 울림이 있다. 개나 고양이는 남성과 여성의 동물적 성 에너지를 나타내는 경향이 있다. 3000여 년 전 고대 이집트에서 바스테트Bastet를 조직적이고 제도적으로 숭배하기 훨씬 이전부터 고양이는 여성의 성에 대한 원형적 상징으로 이해되었다.

신화와 꿈에서 아니마는 고양이로, 아니무스는 개로 변하는 경향이 있다. 이 현상은 모든 은밀한 합일을 암시한다. 명백히 섹스가 동물의 원형의 구체화된 모든 본능적 충동은 아니다. 융은 주어진 상황에서 원형적 동물의 상대적 발달과 진화가 곧 내면세계의 역학에서 본능 에너지가 진화적으로 발전하는 단계를 반영한다고 제안했다. 따라서 용dragon은 고대의 본능적인 계보를 대표하는 이미지인데, 일부 뇌 연구자들 사이에서 "양서류 두뇌"의 개념으로 변화해 가는 중이다.

동물들은 그림자와 마찬가지로 의식적이지 않은 것들을 나타낸다. 이런 연관성으로 인해 그림자와 동물이 간혹 한 형상으로 나타나곤 한다. 두 원형이 합쳐져 지하세계의 문턱을 지키는 끔찍한 문지기 개 세르베루스Cerberus와 같은 형상으로 합쳐지는 것을 본다. 동물과 아니마에 대해, 마호메트가 알라의 우주를 돌아볼 때 타고 있던 알 부로크Al Buroq에서 보듯이 인간의 머리를 한 스핑크스나 말처럼 인간과 동물의 잡종결합이 신화적 지식이 없는 사람들의 꿈에도 저절로 등장한다는 사실은 주목할 만하다. 로버트슨 데이비스Robertson Davies의 동명소설에 나오는 맨티코어Manticore처럼 이 동물・인간 잡종들은 대개 발전과 변화가 완성되지 않은 과정을 나타낸다. 마치 기어 다니는 형태에서 날아다니는 형태로 완전히 변태하기 전 곤충의 과도기를 보는 것과 마찬가지다. 다시 한 번, 원형적 드라마에서 개인의 심리적 규모와 집단적·역사적 스케일 양쪽에서 동물과 인간이 결합된 형태의 차원은 발달 중인 의식이 진화적 상태를 나타낸다.

특별히 언급할 필요가 있는 동물 원형은 아마 영적인 새Spirit Bird 일 것이다. 전 세계의 신화에서 새의 이미지를 찾을 수 있다. 새는 신이거나 신들의 영역에서 인간 의식의 영역으로 보내진 전령사이다. 이 원형의 이미지에 대한 가장 친숙한 예를 그리스도교 도상학 iconography에서 찾을 수 있다. 성령의 "비둘기" 형태는 저 위로부터 유한한 존재인 인간들이 사는 지상으로 신성한 메시지를 가져온다. 이 비둘기는 다른 신화에 등장하는 새들과 원형적으로 연관되어 있다. 갈까마귀, 선더버드(역자 주 : 북미 인디언이 우레를 일으킨다고 믿었던 거대한 새), 봉황, 제우스의 독수리, 비슈누Vishnu의 가루다Garuda 등은 모두 이 원형의 전형들이다. 새들의 비상을 보고 점을 치는 고대 종교의식은 이 원형이 우리의 집단적 의식에서 스스로를 드러내는 방식을 보여 주는 또 다른 예이다. 동양과 미국 원주민들의 신화에서 이 원형은 오리, 거위, 백조, 아비, 왜가리 등의 물새로 흔히 나타난다. 여기서 영적인 새는 하늘에서 아래의 인간이 거주하는 "중간계middle earth"로, 또 수중 저 깊은 곳에서 위로 신성한 메시지를 전달한다.

제례적인 종교의식의 은유를 통해서도 원형은 그 모습을 드러낸다. 고고학적 증거에서 보여 주는 선사시대의 종교의식은 인간 의식에서 신성에 대한 직관이 남성적이기보다는 여성적 형태를 띠었다는 사실을 분명하게 보여 준다. 마지막 빙하기에서 문자가 발명된 기원전 1500년경까지 최소한 2만 년 동안 초기 신성의 이미지는 위대한 어머니Great Mother였다. 위대한 어머니에 대한 경배 의식은 점점 더 정교하고 복잡해졌는데, 이는 정착 공동체의 형성과 농경의 도입 이후에 점차 정교하고 복잡해진 인간 사회를 반영한다. 가부장적인 인도-유럽인의 이주/침략기에 이르러 고도로 발달한 유럽과 아시아, 근동의 농경/도시 문명에서는 원형적 어머니에 대한 경배가 잘 확립되었다. 위대한 어머니는 지역에 따라 수많은 다른 이름으로 불렸지만 원형인 제례의 형태는 근본적으로 동일하다.

위대한 어머니는 아이를 잉태하는 데 남성의 도움이 필요하지 않다. 물리적인 우주 전체가 그녀의 몸으로 잉태되고 모든 생명이 그녀의 아이다. 모두에게 생명을 주고 양육함과 동시에 피할 수 없는 죽음으로 처벌한다. 위대한 어머니는 자기 아이들이 죽으면 그녀의 법칙을 따르고 계절적 순환을 찬양하는 이들에게 재탄생을 약속하면서 집어삼켰다. 카프카스(영어 표기는 코카서스) 지방으로부터 출현한 인도-유럽인들은 신성에 대한 다른 비전을 가지고 있었다. 그들은 자신들의 군사적·정치적 헤게모니를 강요하면서 위대한 어머니를 폐기처분하고 신성의 남성적 형태에 해당하는 만인/만물의 아버지All-Father로 대치하였다. 오늘날 역사적인 세계 종교의 대다수가 행하는 가부장적이고 남성적인 숭배는 이 선사시대의 정치-경제적 투쟁의 결과이다.

역사적으로 모계 중심의 대지모 종교의 신화와 종교적 관행들은 집단적으로 "민간전승"이나 "늙은 아내들의 이야기old wives' tales"의 형태로 억압되어 남아 있다. 몇몇 학자들은 억압되었음에도 불구하고 "마법witchcraft"과 "요정 이야기fairy folk"가 상대적이나마 지속적으로 대지모를 숭배하는 오랜 전통을 간직하고 있는 흔적이라고 꽤 설득력 있게 주장해 왔다. 그리스 신화에서 데메테르Demeter와 페르세포네Persephone, 에로스Eros와 프시케Psyche의 신화는 그들의 신화적·종교적 상태를 유지하며, 오늘날까지 이어진 민담과 동화에서 공통적으로 나타나는 원형의 어떤 유사성을 분명히 가리키고 있다.

대지모 신앙에 대한 체계적인 억압에도 불구하고 현재의 정신에서도 대지모의 원형적인 잠재력은 결코 줄어들지 않았다. 이 원형의 지속적인 중요성은 "어머니 자연Mother Nature"과 "어머니 지구Mother Earth"와 같은 문구에서 찾아볼 수 있다. 현대사회의 억압에서 큰 역할을 하고 있는 죽음에 대한 두려움은 위대한 어머니에 대한 집단적 억압과 분리될 수 없이 얽히고설켜 있다. 지구의 신성함과 지구가 살아 있는 몸이라는 경외감을 가지고 대해야 한다는 믿음은 지구를 단지 죽은 물질이며 가장 잔인하고 "효율적"인 방식으로 착취할 자원 덩어리일 뿐이라는 남성적이고 부계적인 인식과 극명하게 대조된다. 이런 대비와 그 태도에서 기인한 집단적 행동들은 생태적 위기의 중심에 존재하는 신성한 원형적 어머니가 얼마나 억압되어 있는지를 보여 준다.

위대한 어머니에 비해 만인/만물의 아버지는 상대적으로 새롭고 "어린" 원형적 인물이다. 일부 학자는 위대한 어머니의 남성 동반자로 처음 등장하는 이 원형의 진화에 대해 상징적 분석을 했다. 최초의 남성으로, 신성의 원형은 계절적으로 죽고 부활하는 위대한 어머니의 아들·동반자의 제례적 의식과 관련해 이른바 "동물의 제왕"으로 처음 등장한다. 이 죽고 부활하는 신들은 결국 위대한 어머니가 자손을 낳는 데 남성적 도움이 필요 없는 것처럼 삶을 창조하는 데 더 이상 여성적 도움이 필요 없는 전능한 만인/만물의 아버지의 형상으로 발전했다.

위대한 어머니 숭배의 사회 종교적 구조의 중심에 있는 잉태에서 남성의 역할이 중요시되지 않았다는, 또는 인식되지 않았다는 학자들의 주장은 꽤 설득력이 있다. 제2차 세계대전 이전의 트로브리안드 군도Trobriand Islands 사람들에 대한 브라니슬라프 말리노프스키Branislaw Malinowski의 연구는 남성들이 임신과 출산에서 자신들의 역할에 무지했음을 보여 준다. 이들은 여자들이 사적 의식을 통해 또는 다른 여성들과 함께 있을 때만 죽은 조상들의 영혼을 환생시킨다고 믿었다. 말리노프스키는 여성들 또한 남성들의 아버지 역할에 대해 무지할 것이라고 그냥 가정하고 트로브리안드 여성들에게 같은 질문을 하지는 않았다.

로버트 그레이브스Robert Graves나 다른 연구자들은 인도-유럽인들이 모계사회를 정복할 수 있었던 것을 다음과 같이 설명한다. 즉, 그들이 말을 단지 짐수레를 끄는 동물로만 이용하는 데서 그치지 않고 직접 타고 다니며 군사적 우월성을 드러냈으며, 더불어 남성의 도움 없이는 아이를 잉태할 수 없다는 지식을 얻었기 때문이라는 것이다. 그리스 신화에서 "켄타우로스centaur"의 모습은 마치 하나의 생명체처럼 보이는, 말을 탄 사람을 처음으로 본 놀라움에서 나타난 것이다. 인도-유럽인 침략자들과 켄타우로스를 동일시하는 것은, 모든 왕과 귀족의 아들들이 전쟁의 기술을 배우기 위해 켄타우로스의 가르침을 받으며 청소년기 후반을 보내야 했다는 사실을 상기한다면 더욱 설득력이 있다.

개인의 꿈에 위대한 어머니와 만인/만물의 아버지의 원형적 모습이 나타나기도 한다. 하지만 이 이미지들과 가깝게 느껴지는 현명하고 나이 든 여성Wise Old Woman과 현명하고 나이 든 남성Wise Old Man이 더 자주 등장한다. 융은 이 형상을 아니무스와 아니마처럼 하나의 원형적 에너지가 성적으로 분화된 얼굴들이라고 주장하였다. 이 이미지들은 우리 내면에서 가장 나이 많고 현명한, 사랑할 가능성을 상징한다. 8장에서 기술했듯이, 클린트 이스트우드를 죽이는 내 꿈에 나이 많은 현명한 남성과 여성의 이미지가 분명히 드러난다. 몇몇 위대한 시인과 종교 지도자들이 남긴 꿈 기록을 보면 다른 많은 원형적 형상들과 함께 위대한 어머니와 만인/만물의 아버지의 사례들을 볼 수 있다. 이들은 심하게 동요된 사람들의 꿈에도 등장한다. 동요가 심한 사람들의 경우에는 가장 강렬하고 아이러니한 페르소나를 불러내기 마련이다.

　이 이미지들과 관련하여 자발적인 희생Willing Sacrifice의 원형 또한 자주 모습을 드러낸다(이 원형은 9장에서 잠시 다룬 바 있다). 콘 에다Conn Edda의 말은 어떤 측면에서는 미국 원주민의 종교의식에서 보이는 사슴과 가까운 친척이다. 많은 미국 원주민 부족들이 사냥한 동물이 동의하지 않는 한 그것을 잡아먹을 수 없다고 믿었다. 사슴 형제들에게 다시 한 번 먹잇감이 되어 달라고 설득하는 샤먼적 강신 의식은 아마도 오랫동안 행해졌을 것이다. 위대한 어머니를 좀 더 의식적으로 인정하는 데서 흘러나오는 이런 생태적으로 현명한 의식 상태를 반영하듯 원주민들은 수사슴을 찾는 게 절대 불가능한 상황이 아니면 암사슴이나 새끼는 결코 죽이지 않았으며 그럴 때조차도 기아를 면하기 위해서만 암컷이나 어린 사슴을 죽이러 가곤 했다. 그렇게 암컷이나 어린 사슴을 해쳤을 때는 반드시 특별히 더 강렬한 의식을 통해 속죄했다.

자발적인 희생의 원형은 그리스도교 직관의 핵심이다. 그리스도교인들은 이 원형이 예수의 이미지에서 시작되지도 끝나지도 않는다는 사실을 받아들이기 힘들어한다. 그리스도교의 신화소는 전 세계에서 가장 초창기부터 발견되는 고대의 원형적 주제를 구체적으로 표현한다. 자발적 희생을 나무 십자가 교수대와 함께 묘사하는 전통은 많다. 오딘(Odin, Wotan)은 스스로가 만인/만물의 아버지라는 사실을 알기 위해 세계나무World Tree 위에서 7일 동안 희생한다. 위대한 어머니는 물리적 세계 전부를 대표하는 것만큼이나 자발적 희생의 표현이기도 하다. 스스로의 몸을 자식들에게 주고 희생하며 그들이 죽으면 집어삼킨다.

자발적으로 희생하는 위대한 어머니의 대표적 이미지를 인도의 칼리Kali 숭배에서 생생히 볼 수 있다. 칼리는 흔히 자기 머리를 잘라 몸에서 멀찍이 서서 머리카락을 부여잡고 잘린 목에서 뿜어져 나오는 피를 받아 마신다. 서구인들은 그 힌두 이미지를 "야만적이고 끔찍하다"고 느낀다. 그에 못지않게 야만스러운, 십자가 위에서 고난받는 예수의 이미지는 숭고함의 정점이라고 보면서 말이다. 동양인의 눈에는 꿈속 같은 여신과 살아 있는 잘린 머리보다 십자가 이미지의 생생한 사실주의가 더 "조악하고 야만적"이며 "끔찍할" 수 있다. 여기서 우리는 다시 한 번 억압과 투사가 우리에게 매우 중요한 미적 판단을 결정하는 모순을 보게 된다. 그리스도교가 자발적인 희생의 원형을 체화한 여러 세계 종교들 중 하나라는 사실을 인정하는 데 어려움을 겪는 그리스도교인들은 현대과학 연구의 은유에 드러나는 원형들을 인식하는 것도 힘들어하는 듯하다. 아인슈타인이 보여 준

물질과 에너지는 단순히 궁극적으로 동일한 과정의 표현이라는 이론은 신성을 통찰할 때도 적용된다. 파동과 입자를 확실히 분리하는 데 완전히 실패한 동시대의 연구와 과학이 마지못해 받아들인 인간의 인식과 분리된 "객관적 실체"는 없다는 사실, 즉 언어의 모호함을 넘어서 진실은 무한하며 이 아무런 결론이 없는 과정에 대한 오늘날의 모든 "결론들"이 가리키고 공명하는 바는 "신"이 인간 의식이 경험할 우주를 창조하기 위해 사지를 절단해서 기꺼이 자신을 희생한다는 고대 신화이다.

힌두교도들에게 자발적인 희생은 꿈속에서 진행된다. 깨어 있는 세계가 "신의 꿈"에 불과하다는 것은 절대적으로 완전하고 고요하며 궁극적으로 움직이지 않는 유일한 존재One로 남아 있는 동시에 희생하고 사지를 절단하며 부분적인 파편이 되는 것에 대한 은유이다. 깨어 있는 삶 자체는 신성한 유일한 존재One가 존재하는 우리 모두All the Many that we are 의 안에 있으며 각자에게 독특하게 있는 것으로 인식된다. 그런 의미에서 인간의 삶과 역사를 "신성한 꿈"으로 보는 힌두의 개념은 세계 종교 내에서 보편주의자Universalist 운동의 근원이 된다. "영원한 천벌"은 없다. 왜냐하면 모든 사물과 사람, 심지어 가장 큰 "죄들"과 "죄인들"조차 궁극적으로는 신에게서 왔으며, 따라서 꿈꾸는 조물주가 깨어나면 신에게로 돌아가 유일한 존재 속에서 완전히 화해하기 때문이다. 힌두교와 불교가 지닌 교리와 심리학에서, 인간의 모든 경험은 수학에서 말하는 무한 회귀의 성질을 띤다. 명상 훈련 안에서 큰 자아 속에 소아를 완전히 소멸시킨 게 아니라면 모든 "의식 상태"는 단지 꿈속의, 꿈속의 꿈이다.

자발적인 희생의 원형은 동물에서 인간에 이르는 이미지들을 통과하여 그 너머 우주 자체의 모양을 띤다. 만다라는 하나 속에 있는 모든 것의 전체성Totality of All을 진화시키는 또 다른 원형적 이미지다. 만다라 형상은 항상 각을 이룬 형상과 원을 결합시킨다. 주목할 만한 것은 선사시대 고고학에서는 나선형 모양을 한 최초의 만다라 형태가 등장하는데, 원과 각진 형태가 합쳐진 만다라는 농업 혁명이 일어나 유목생활이 완전히 청산될 때까지 등장하지 않는다는 사실이다. 이를 통해 조셉 캠벨Joseph Campbell은 만다라가 분화되고 도시화된 문명의 원형이라고 제안하게 된다. 만다라가, 지금껏 발견된 가장 오래된 정착 농경 공동체의 도공들이 사용한 바퀴의 발명과 관련되어 있음은 분명해 보인다. 가장 오래된 농경 공동체는 지금의 터키 평원에서 발견되었으며 대략 기원전 7000년으로 추정된다.

전 세계 어느 문화권에서나 만다라 형태는 항상 종교적 묵상과 명상, 황홀경, 기도 등과 관련되어 발견된다. 만다라는 항상 정해진 중심을 갖고 있으며 흔히 네 부분으로 나뉜다. 이 사각형과 원이 더해져 둘은 조화롭게 새로운 이미지를 만든다. 그리스도교 전통에서 장미 창문, 힌두교와 불교, 자이나교, 도교, 신도 관습의 산스크리트 만다라, 에스키모들이 가지고 다닌 "주머니용 기도 원판", 미 원주민들이 사용한 치료용 바퀴medicine wheels와 꿈 방패dream shields, 선사시대 유럽 지역의 돌로 만들어진 원stone circle 등이 모두 만다라 원형의 예다.

융은 더 나아가 비행접시의 은유가 만다라 이미지의 한 종이라고 제안하기도 했다. 「비행접시―하늘에서 보이는 물체에 대한 현대적 신화Flying Saucers―A Modern Myth of Things Seen in the Sky」에서 그는 만다라가 지닌 원형적이고 중심적인 성질을 설명하고 이를 "개성화 상징individuation symbol"이라고 불렀다. 전 세계에서 만다라 명상을 포함하는 제례적 관습은 모두 의식을 중심점으로 네 가지 기능과 내면생활에서 에너지를 나누는 것을 포함한다. 만다라는 조화와 균형 그리고 중심성을 반영한다. 그러므로 사용하는 사람들이 의식적으로 조화롭게 균형을 이루도록 한다. 만다라는 원형이다 보니, 신성한 중심과 근원에 대해 다가가며 명상하는 내적 과정뿐만 아니라 조직화된 사회와 문화에서 외적 "만다라"를 반영하기도 한다. 만다라는 도시 생활과 함께 등장하고 성지나 "이상적인" 도시의 디자인은 그 원형으로 만다라 형태를 띠게 된다. 신성한 통치자는 깨어 있는 존재와 신 또는 신들의 영역 사이에 있는 매개자로서, 제대로 된 질서가 잡힌 국가의 중심에 선다. 융은 더 나아가 자신이 수집한 이 만다라가 집단적/역사적으로 표현된 많은 예들을 통해 집단적 인간의 삶에서 질서를 잘 갖춘 구조에 반영된 신성한 조화와 질서에 대한 아이디어 사이에 깊은 연관성이 있음을 보여 주었다.

원형적/역사적 형태들에서 만다라의 원형적 본성과 기능을 확립한 후, 융은 나아가 자신에게 분석을 받은 개인들의 꿈과 판타지에 저절로 등장한 만다라가 본질적으로 같은 "질서"와 "중심"의 기능을 가지고 있음을 지적한다. 이런 분석을 바탕으로 융은 "비행접시"가 적어도 한 차원에서는 정면에서 똑바로 보이는 것이 아닌 중간쯤 거리에서 공중에 떠서 일정한 각도로 보이는, 가장 우주적이고 멀리까지 도달할 가능성을 지닌 "우월한 존재들superior beings"과 교신하는 것과 연관된 만다라의 한 형태로 보인다고 주장한다. 다시 한 번 그는 "비행접시" 만다라가 개인적이고 집단적인 영역에서 사회의 대변동이나 개인의 변화시기와 깊이 관련되어 있음을 보여 주는 예들을 제시한다. 비행접시/만다라 이미지는 "구질서"가 안팎에서 흔들리기 시작하고 이를 대신할 "새로운 질서"가 아직 모습을 드러내지 않고 잠재적 형태로 존재하는 그런 순간에 등장하는 원형적 경향을 지니고 있다. 비행접시의 이미지는 따라서 임박한 대격변을 은유적으로 드러낸다. 이런 의미에서 "비행접시"는 종종 존 윈덤의 소설처럼 신성한 아이의 탄생 직전에 등장한다.

서구에서 나침반 장미Compass Rose는 만다라 원형의 가장 중요하고 의미심장한 예이다. 나침반 장미는 네 방향을 가리키며 지도를 보는 사람을 스스로 둥글게 둘러싼 지평선으로 정의된 우주의 커다란 원 중심에 위치하도록 이끈다. 지도를 보는 사람은 십자가 형태로 만들어진 중심에 서서 네 방향으로 사등분된다. 이렇게 지도를 읽는 "세속적인" 행위는 나침반 장미라는 만다라의 도움으로 명백히 종교적인 명상과 연결된다. 나침반의 도움으로 우주 속에서 적절한 중심을 이해하고 방향을 찾는 데 만다라와 동일한 상징적 의미를 모방하고 있다. 이런 예들은 무의식적인 자연세계에 내재된 "신성한" 질서와 미를 상징하는데, 동양에서 연꽃이 자연스런 만다라 꽃인 것처럼 서구에서는 장미를 만다라 꽃으로 여긴다.

장미와 연꽃에서 인류는 방사형 대칭에 내재된 자연적인 만다라 형태를 인식했다. 이런 의미에서 만다라는 인간의 의식이 진화하기 훨씬 전에 무의식적인 자연에 의해 만들어진 형태의 원형이다. 연꽃과 장미보다 훨씬 더 오래되고 더욱 깊이 우주의 구조 속에 긴밀하게 연결되어 있는 형태는 나선 모양이다. 나선은 은하의 모양에서부터 DNA의 나선구조에 이르기까지 인식의 모든 규모에서 자연스럽게 드러난다. 우리는 나선이 리드미컬하고 반복적이며 주기를 가진 거

역할 수 없이 전진하는 시간을 표현하는 과정에서 불가피하게 나타나는 결과라는 것을 의식적으로 인식하고 이해한다. 따라서 우주의 구조와 본질 속에 고유하게 내재되어 있으며, 원형적인 정신 형태 안에서 자연스럽게 경험되는 이 원형적이고 신성한 질서와 의미는 선사시대 가장 초기의 인류의 조상들이 조개껍질, 특히 바다에서 멀리 떨어진 암석에서 발견된 화석 형태의 암모나이트 껍질의 나선형을 숭배하게 되었다는 믿음을 제공하는 좋은 근거이다. 나선은 영혼의 성장과 발달이라는 리드미컬한 주기성의 개념과 연관해 꿈에서 자연스럽게 등장한다. 나선형 계단, 산을 오르거나 갈라진 계곡으로 내려가는 나선형 통로로 자주 등장한다. 심지어 꿈에서 새와 비행기, "비행접시" 등의 나선형 비행에 반영되기도 한다.

나선 원형과 긴밀히 연관된 원형은 위험한 여정Perilous Journey이다. 전 세계 모든 시대에 걸쳐 인간의 삶은 험난한 여행의 은유로 묘사되어 왔다. 삶의 여정과 영적인 지형은(단테의 지옥으로의 하강이나 미로를 관통해 나가는 영웅처럼) 종종 나선형이다. 이 여정은 불가능해 보이는 모험을 통해 어떤 위대한 힘을 얻거나 "보물"을 찾거나 귀중한 것을 발견하거나 얻는 것이다. 여행하는 꿈엔 대개 "삶의 여정"과 공명하는 원형적 이미지가 있다. 여행하는 꿈은 흔히 깨어 있는 동안 특정한 삶의 여로에서 만나게 되는 구체적인 위험이나 혼란을 묘사한다. 그런 꿈들은 흔히 그 중심에 우리가 의식적으로 인식하고 있는 것보다 삶에 대해 더 큰 관점을 갖게 한다.

험난한 여행은 종종 어둠 속 또는 아래에 위치한 "지옥"이나 "사자의 땅"으로 우리를 인도한다. 이 장소는 모두 어느 수준에서 무의식 전체에 대한 원형적 표현이다. 이런 하강에서 시각적으로 어둡다는 의미는, 대개 깊이를 알 수 없는 곳에 존재하는 에너지와 관련해 우리의 의식적 자각이 부족함을 원형적으로 표현해 준다. 신화에서 이 여정은 남성과 여성 영웅들에게 종종 "결코 돌아오지 못할" 길이라는 경고를 한다. 어떤 수준에서 이는 단순히 변화를 막기 위해 동원되는 사회·문화적 압박을 나타내기도 하지만 또 다른 차원에서 진실을 말하고 있기도 하다. 자의식을 확장하는 여행을 할 때 죽음의 땅으로 내려간 그 사람은 실제로 되돌아오지 않는다. 되돌아오는 자는 죽음을 경험하고 새로운 형태로 재탄생하기 때문이다. 이 신화적 변형, 즉 죽음과 재탄생은 일생 동안 여러 번 되풀이된다.

신화와 꿈의 영역에서는 물리에서와 마찬가지로 에너지가 파괴되지 않고 단지 한 상태에서 다른 상태로 변화될 뿐이다. 꿈속에 등장하는 죽음은 자아가 새로 태어나는 데 필요한 전주곡이다. 개인적으로나 집단적으로 변화는 항상 우리에게 죽음의 공포와 직면하게 한다. 새로운 것에 자리를 내주는 낡은 것의 "죽음"은 우리가 두려움으로 가득 차 물리적 죽음과 동일시하게 되는 심리적이고 영적인 죽음이다. 개인의 삶과 사회가 모두 경직되어 어떤 "영속적이고" 불변하는 이미지에 사로잡혀 있는 상황에서, 죽음으로 여겨지는 변화에 대한 두려움을 극복할 때 우리는 일종의 "살아 있는 죽음"을 만들게 된다. 죽음의 공포에 사로잡혀서 변화하려는 욕구를 억압해 성장이 좌절된 데서 오는 고뇌를 피하려고 죽음을 외부의 다른 것들에 투사한다. 드라큘라와 헤로데처럼 우리는 "죽지 않는" 상태를 유지하려고 강박적인 시간을 지내게 된다.

어떤 의미에서 헤로데와 그리스도는 동전의 양면이다. 헤로데는 신성한 아이Divine Child가 탄생했으므로 군주로서 자신의 날들이 끝날 뿐 아니라, 자신이 대표하고 있는 "영속적인" 질서가 사라져 버린다는 소식을 접했을 때 새로운 가능성의 불씨를 꺼 버리려 한다. 그는 억압과 투사의 과정을 비유하는 원형적 흡혈귀가 되어 타인의 피를 마시는 것이다. 반면, 그리스도는 자신의 죽음이 불가피하다는 것을 알게 되었을 때 죽음을 아버지와의 신성한 합일 속에서 부활하는 데 필요한 전주곡으로 받아들이라고 설교한다. 이는 개성화individuation 과정의 중심에 있는 죽음과 재탄생의 패턴이라는 심리적 발전에 대한 원형적 은유이다.

흡혈귀가 지닌 "불멸"의 환상은 강박적이고 억압적인 행위의 결과로 생긴 것이다. 억압과 투사의 드라마가 진행되는 동안 자아는 자기를 "성찰하고" 내면을 보지 못한다. 이를 전설에서는 은유적으로 흡혈귀가 자신의 모습을 거울에 비춰 보지 못하는 것으로 표현한다. 흡혈귀가 이런 상태에서 살아남는 유일한 길은 깨어 있는 삶에서 은유적으로 타인의 피를 마시는 것이다. 흡혈귀 이야기가 너무나 생생하게 묘사하고 있듯이 이는 말 그대로 "살아 있는 죽음"의 상태이다. 여기서 모든 변화에 저항하면서 "불멸"은 미라가 되는 것과 동의어가 된다. 끔찍한 흡혈귀가 영원히 인기를 누리는 이유 중 하나는 이것이라고 짐작한다. 우리의 의식 저 아래 어딘가에서 흡혈귀 드라마는 진실하고 정확하게 우리의 공포를 반영하고 있는데, 이는 바로 죽음이 초래하는 변화와 일종의 "살아 있는 죽음"이랄 수 있는 완벽하게 안정되고 "변화가 일어나지 않는" 현실 사이에 혼동이 일어날 때 찾아오는 공포이다.

이 원형적 흡혈귀 드라마는 지식인의 삶에도 투영되어 있다. 흡혈귀가 지닌 불멸에 대한 환상에 버금가는 지식인의 환상은, 어떤 사고

체계나 세계관이 전부이며 완전해서 더 이상의 질문이나 수정이 필요 없다고 믿는 것이다. 그러나 우리가 아직 모르고 이해하지 못하는 것들은 우리가 안다는 것의 빈틈이나 구멍을 통해서만 의식 안으로 들어올 수 있다. 만일 우리가 삶과 사고와 신념 체계에 아무런 빈틈이나 공간이 없는 척한다면 "확실성"과 "불변의 불멸"이라는 환상을 창조하게 된다.

그런 환상을 없앤다는 것이 처음에는 두렵고 고통스럽기 마련이다. 그러나 우리 내면과 문화에서 낡은 것을 떠나보내고 죽음을 받아들인다면(흔히 꿈속에서 죽음을 경험하는 것으로) 이전에 억압과 투사로 만들어진 자기기만을 유지하느라 낭비한 에너지를 방출시켜 "재탄생"과 "영원한 삶"을 사는 원형적 메시지를 다시 불러일으킬 수 있다. 재탄생과 영원한 삶은 세계의 모든 종교에 깃들어 있으며, 모든 민족 나름의 상징적인 사회·문화적 용어로 표현되는 원형적 메시지다.

다시 한 번, 우리 안의 그림자를 의식적으로 수용해야만 개성화의 행로로 각자 새로운 발걸음을 내딛을 수 있게 된다. 이런 측면에서 나는 램 다스Ram Dass의 깨어 있는 생활 명상a waking life meditation이 특히 유용하다고 생각한다. 그는 외적 세계의 어떤 사건에 의해 특히 동요되었을 때마다 그리스도교 전통에서 하는 "통성기도"와 비슷한, "내가 저것이기도 하다I am that too"라는 만트라를 의식적으로 암송할 것을 제안한다. 상황이 불러일으킨 감정이 어떤 것이든지 "내가 저것이기도 하다"라고 스스로에게 말한다. 외적 경험에 의해 공포와 반감이 일어나는 상황에서 "내가 저것이기도 하다"라는 사실을 이해하면 원수를 사랑하는 동시에 내면의 그림자를 의식 세계로 한꺼번에 받아들이는 명상이 된다. 깨어 있을 때뿐 아니라 꿈속에서도 이 만트라를 암송하는 것을 기억한다면 특별한 의식 상태와 직관을 얻을 것이다. 이런 종류의 명상에서 방출되는 엄청난 에너지는 무의식적으로 반복하던 현상을 유지하기 위해 사용하던 에너지를 의식적인 선택으로 바꿔나가는 데서 온다. 우리가 "내가 저것이기도 하다"를 조용히 의식할 때 비로소 우리는 우리의 가장 깊은 곳에 있는 에너지를 개발해 창조적으로 사용할 수 있게 된다.

기억하기

꿈과 신화 그리고 역사에서 마주치게 되는 원형들

의미와 구조를 파악하려고 하면서 꿈을 들여다보면, 꿈의 언어가 상징과 은유라는 보편적 언어로 되어 있음을 알게 된다. 인간의 본능과 발달에 관한 기본적인 패턴들이 우리가 꾸는 꿈에 드러난다. 이러한 패턴들은 전 세계 사람들의 신화와 종교적 신념, 사회적 관습과 문화적 환경에도 똑같이 반영되어 있다. 스위스의 심리학자이자이자 문화역사학자인 칼 융은 이런 기본적인 패턴들을 "원형"이라고 불렀다.

생물학에서 기본적인 패턴, 즉 원형이 있듯이 인간 영혼에도 기본적인 패턴이 있다. 개개인은 절대적으로 고유한 물리적 개체이다. 이와 동시에 모든 인류는 공통적인 신체 구조를 가지고 있다. 심리도 이와 마찬가지다. 우리 개개인은 인류 모두와 공유하는 기본 패턴을 반복하는 동시에 객관적 심리 또는 "집단무의식"이라는 원형을 고유의 독특하고 개인적인 방식으로 드러낸다.

원형들과 이들이 서로 어떻게 연관되어 있는지를 이해하는 것은 분명한 결말이 나지 않는 복잡 미묘한 작업이다. 원형들은 내면에서 일어나는 개인적 경험의 범주 및 외적인 역사와 문화의 집단적 패턴 모두에 동시에 반영되어 있다.

꿈 작업 초기에 자주 만나게 되는 주요 원형들을 아주 간략하게 소개한다.

- 페르소나 : 겉으로 보이는 부분으로 피부와 유사한 "가면"이다. 개인적으로나 집단적으로 우리가 어떻게 보이기를 원하는가에 따른 선택들로 이루어진다.
- 그림자 : 심리에서 부인되고 억압된 부분이다. 어둡고 무섭고 "비도덕"이며 예측할 수 없고 우리에게 무의식적인, 알려지지 않은 부분이다.
- 빛과 그림자 : 의식과 무의식의 원형으로, 꿈속에서 빛이 지닌 특질은 대개 깨어

있을 때 꿈속의 주제에 대해 얼마나 알고 인식하고 있는지에 대한 은유를 나타낸다.

- **아니마와 아니무스** : 각각 남성 내면에 있는 여성성, 여성 내면에 있는 남성성을 뜻한다. 상대편 성에 대한 우리의 가장 깊은 직관과 감정을 나타낸다.
- **트릭스터** : 인간의 의식 자체를 대표하는 인물. 인식하고 있는 동시에 무지하기도 하고 과장되어 있으나 선물을 주는 모든 문화의 원천이다.
- **신성한 아이** : 새로운 의식과 자각을 나타내는 인물로, 혼란의 와중에 태어나 동물들의 마술적인 힘과 도움으로 살아남는다.
- **동물** : 본능과 자연적인 충동을 나타내는 이미지. 삶에서 매우 중요하지만 아직 의식적인 분화가 이루어지지 않은 요소들로, 위대한 어머니의 창조물이자 하인들이다.
- **위대한 어머니** : 대지모, 원형적 시간, 여성적 모습과 원칙(들)으로 인식되는 신성. 다중적이고 분할하는 성질이 있으며 모든 생명을 기르는 동시에 피할 수 없는 죽음을 초래한다.
- **만인/만물의 아버지** : 번개를 내리는 존재이며 법을 정하고 단선적 시간과 남성성의 이미지와 원칙(들)으로 인식되는 신성. 객관적인 의지로 추상화하고 건설하고 판단하고 계산한다.
- **영적인 새** : 신성과의 대화를 대표하고 체화하는 이미지. 하늘의 영역과 지상의 차원을 이어 준다.
- **나이 들고 현명한 남자와 여자** : 가장 나이 많고 현명하며 사랑할 가능성을 드러내는 이미지.
- **자발적인 희생** : 내부와 외부세계가 하나임을, 즉 하나가 스스로를 다수로 또 다수가 죽음을 통해 하나로 되돌아감을 인식하는, 그 정도가 증가함을 표현하는 구체화된 이미지.
- **만다라** : 원과 사각의 형태를 결합한 이미지로 방사형 대칭과 정해진 중심을 드러낸다. 조화와 미, 균형, 질서의 이미지로 명상과 숭배를 시각적으로 돕는 데 사용된다.
- **나선형** : 진화의 이미지, 즉 시간이 미래를 향해 전개되는 와중에 나타나는 원형적이고 반복적이며 리드미컬한 과정을 뜻하는 자연발생적 원형. 은하에서 DNA 나선구조에 이르기까지 모든 규모와 단계에서 나타난다.
- **위험한 여정** : 삶과 살아 있음의 이미지. 간혹 바다에서 항해하거나 지하 또는 미궁으로 내려가거나 사자의 땅으로 여행을 떠나는데, 보물이나 지혜나 불멸을 찾아가는 과정이다.

■ 죽음과 재탄생 : 물리에서와 마찬가지로 꿈에서도 에너지는 파괴되지 않고 단지 변형될 뿐이다. 꿈속에서의 죽음은 각각 특정한 형태로부터 영적 에너지가 해방되는 것이며 새로운 탄생과 불가분의 관계에 있다

이론적으로 이 목록은 끝이 없다. 원형들은 상호 연관되어 복잡 미묘하게 서로 변형하면서 몸속의 기관들처럼 살아 있는 전체를 형성한다. 하나의 원형을 어떤 절대적이고 최종적인 방식으로 나머지로부터 떼어 구분하려는 시도는 살아 있는 역학을 파괴하고 사체만 남긴다. 하지만 심장을 가리키며 간과 다른 일을 한다고 말할 수 있는 것처럼 각 원형의 주된 기능과 목적을 서술할 수 있다. 삶에서 이들이 서로서로 조화와 균형을 이루며 작동한다는 것을 기억할 필요가 있다. 꿈은 진화하고 역동적인 균형을 유지하려는 기능이 있다.

그림자 원형에 관한 단상

융이 지적했듯이 그림자는 우리 각자 고유하게 개인적인 형태로 표현된다. 이 그림자는 부정적이고 대개는 억압적인 방식에 볼모로 잡혀 의식되지는 못했으나 우리의 성장과 발달을 위해 절대적으로 필요한 바로 그 에너지나 아이디어 또는 사고방식, 감정이나 존재를 포함한다. 따라서 집단적으로 백인 남성 중심의 기술적 문화에서 우리가 집단적으로 억압해 온 요소들인 자발성, 성, 감성, 자연과의 교감 등은 우리가 착취와 억압을 "정당화"하면서 비백인, 비남성, 비기술적 세계에 투사하는 바로 그런 요소들이다. 이들은 또한 우리의 인종차별주의, 성차별주의, 나이차별주의, 자살적인 기술 사회를 긍정적으로 변화시키는 데 필요한 요소들이기도 하다. 이는 모순적으로 보이지만 우연한 현상은 아니다.

개인적 수준에서 스스로의 그림자 에너지를 의식적으로 인식하지 못하는 것이 바로 두려움과 증오와 바보스러움을 억압과 환경 파괴의 드라마에 동원하는 기제이다. 하지만 우리가 선할 뿐만 아니라 사악하기도 하다는 사실을 스스로 인정하고 자신의 그림자 에너지를 상상력을 동원해 인식하고 있으면, 우리는 이런 모순적이고 자기 패배적이며 강박적인 드라마에서 자유로워지고, 이전에 반복적이고 무의식적이며 신경증적인 행동들에 낭비된 에너지가 방출되어 의식적이고 선택적이며 창의적으로 사용할 수 있게 된다.

그림자를 개인적인 실체로 인정하는 일은 살면서 하게 되는 일 중 가장 어려운 일이다. 그러나 우리가 성장하고 변화하는 매순간 되풀이해야만 하는 일이다. 이는 우리가 죽음의 공포와 직면하도록 하는데, 개인이나 사회가 진화하고 성숙하려면 오래된 자아는 반드시 죽어서 새로운 자아에 자리를 내줘야 하기 때문이다. 이는 두려움으로

인해 우리가 육체적인 죽음과 동일시하지만 심리적이고 영적인 죽음을 의미한다. 죽음으로 인식한 이런 변화에 대한 두려움을 표현함으로써 우리는 일종의 "살아 있는 죽음"을 창조하게 된다. 드라큘라와 헤로데처럼 "죽지 않는" 상태를 보존하기 위해 강박적인 세월을 보내기도 한다.

그러나 낡은 것을 떠나보내고 죽음을 받아들일 때(꿈속에서 죽음으로 흔히 경험된다), 이전에 억압과 투사라는 자기기만적 행위를 유지하는 데 낭비된 에너지를 해방시켜 "재탄생"과 "영원한 삶life everlasting"을 불러일으킨다. 이는 세계의 모든 종교적 은유에 담긴, 모든 사람들이 사회·문화적으로 표현하는 메시지다. 그림자는 우리가 깨어 있을 때나 잠들어서나 제일 무서워하고 싫어하는 사람의 모습에서 쉽게 찾아볼 수 있다. 우리가 "원수"로 간주하는 이들이 바로 그들이다. 이런 의미에서 원수를 사랑하라는 그리스도교의 권고는 우리 내면의 원수를 사랑하지 않는 한, 결코 완전해질 수 없다는 단순히 심리적 사실에 대한 진술이기도 하다. 램 다스의 말대로 "내가 저것이기도 하다"를 능동적으로 깨닫고 있을 때야 비로소 우리는 내면에서 가장 깊숙한 곳의 에너지를 성장, 변화시켜 창조적으로 사용할 수 있게 된다.

14
해석이란 신의 선물과 문화의 변형

> 나는 잠을 자고 있는 여인을 바라보고 있다.
> 자는 동안 삶이 양손에 선물을 하나씩 들고
> 그녀 앞에 서 있다.
> 한 손에는 사랑을, 다른 한 손에는 자유를 들고
> 그녀 앞에서 "택하라!" 하고 말한다.
> 한참을 기다렸다가 여인이
> "자유!"라고 하자, 삶이 말한다.
> "잘 선택했다. '사랑'이라고 말했다면
> 그대가 원하는 것을 주고는
> 다시 그대 곁에 돌아오지 않았을 것이다.
> 이제 내가 다시 돌아올 날이 있을 것이다.
> 그때는 두 가지 선물 모두를 한 손에 들고 있을 것이다."
> 나는 잠을 자면서 웃고 있는 그녀의 소리를 들었다.
>
> – 올리브 슈라이너

　선사시대에 존재했던 오랜 모계사회를 정복한 인도-유럽계 유목민 침략자들이 남긴 종교적 시에서 그들의 사회구조를 반추해 볼 수 있다. 「길가메시」에서 힌두「베다」, 그리고 호머Homer와 헤시오도스Hesiod의 작품에서 아일랜드의 "쿨리의 소 훔치기 이야기cattle raid"에 이르기까지 모든 서사적/종교적 시들은 문자로 정착되기 이전부터 의례에서 암송되고 불린, 오랜 구전전통의 잔재들이다. 이 이야기들을 통해 인도-유럽인들의 생활방식이 4세기에 유럽을 침략한 훈족Hun과 고트족Goth, 그리고 반달족Vandal 침략자들과 13세기에 칭기즈칸Genghis Khan이 이끈 몽고 침략자들의 생활방식과 유사점이 있다는 사실이 명백해 보인다.

이런 일련의 침략자들은 각각 고유하지만 번개와 폭풍과 관련된 호전적인 전쟁신을 섬겼다. 인도-유럽인들과 칭기즈칸 사이에는 4천 년이 넘는 시차가 있음에도 불구하고 둘 다 남성 중심적이며 유목생활을 하고 말을 타고 다니면서 가축을 훔치며 살았다. 다른 시대, 다른 민족이지만 이 민족들의 종교에서 보이는 원형적 구조는 본질적으로 유사하다. 일부 학자는 이 야만적 형태의 종교적 직관과 제의적 삶이 바로 유목민들이 사냥하고 가축으로 삼은 야생의 소떼와 말, 순록, 물소 등 동물의 무리생활에 등장하는 기본적 상징으로부터 나온 것이라고 추정한다. 자연에서 무리를 지배하는 것은 강한 수컷이다. 결국 더 젊고 강한 수컷에게 무리는 정복당하게 된다. 인도-유럽인들의 자연 질서와 우주의 종교적 위계질서에 대한 원형적 기본 은유는 이들이 정복했던 농경 위주의 도시적인 모계사회가 지닌 원형적 기본 은유와 뚜렷하게 대비된다. 모계사회의 기본 은유는 농경생활이 중심이 되고 천상과 계절의 순환을 바탕으로 한다. 땅은 위대한 어머니인 대지모로서, 모든 생명을 낳고 양육하며 끝없이 순환하는 리듬을 계승하고, 자신을 양육하기 위해 집어삼키기도 하며 자신의 변함없는 법칙에 복종하는 이들에게 재탄생을 약속한다.

인도-유럽인의 등장으로 기마술과 군사적 기술이 소개되었지만, 이들이 도착한 때가 바로 모계사회의 기본적인 실존적·종교적 기반이 몰락하기 시작한 때이기도 했다. 기록문화의 시기까지 살아남아 문자로 정착된 고대의 구전 신화와 서사시의 잔재를 조사하다 보면 이러한 생각을 피할 수 없다.

이는 정확히 전 매사추세츠공과대학MIT 과학사 교수 조르지오 데 산티야나Georgio de Santillana와 헤르타 폰 데헨트Hertha von Dechend가 함께 쓴 기념비적인 책「햄릿의 맷돌 : 시간의 틀에서 본 신화에 관한 에세이Hamlet's Mill—An Essay on Myth in the Frame of Time」에서 조명한 내용이다. 이들이 책을 쓰게 된 과정 자체가 책의 내용만큼이나 흥미롭다. 과학사와 과학적 방법의 기원에 관한 일생의 탐구를 통해 데 산티야나는 선사시대가 끝나 가던 결정적 시기에 쓰인 이 시들이 천상의 현상에 대해 그들이 은유적으로 인식하고 있던 세계관을 반영한다는 결론에 이르게 되었다. 이전에 기록된 이야기에서 천상에 관한 사건 중 가장 최초의 현상은 "분점의 장동procession of equinoxes"(역자 주 : 지구의 자전축이 고정되어 있지 않고 조금씩 움직임으로써 춘분점 등의 분점이 이동하는 현상)이었다. 폰 데헨트는 인류학과 고대 언어 및 문헌에 관한 평생의 연구를 통해 독립적으로 같은 결론에 도달하게 된다. 1959년에 둘이 만났을 때, 그들은 서로 다른 경로를 통해 놀랄 만큼 똑같은 결론에 도달했다는 사실에 전율했다. 한 세기 이전에 같은 기묘한 경험을 했던 다윈Darwin과 월리스Wallace와는 달리, 이들은 자신들의 발견을 나누고 통일된 이론을 제시하기 위해 공동연구에 착수한다. 다윈과 월리스가 각자의 발견과 이론을 경쟁으로 보지 않고 협력했더라면 현대의 지적 삶의 역사는 분명히 바뀌었을 것이다. 현재의 통합 진화론에 월리스가 분명하게 이해한, 한 종species 안에서 개체가 물리적·생물학적 형태로 적응하는 것처럼 집단적·사회적 협동 패턴도 자연적 선택과 마찬가지로 진화에 영향을 미친다는 사실이 틀림없이 반영되었을 것이다.

데 산티야나와 폰 데헨트는 방대하고 학자적인 공동연구에서, 고대의 신화와 시들 가운데 천국의 축이 무너져 혼돈과 비참함에 이르게 된다는 이야기가 묻혀 있다는 것을 밝혔다. 그들은 이와 더불어 다른 구체적인 천체현상과 달력을 참고자료와 함께 제시한다. 이들이 주목한 원형 신화는 스칸디나비아 전승과 셰익스피어 연극에 나오는 햄릿의 신화적 원본인 암레투스Amlethus였다.

  암레투스가 신들의 맷돌을 안전하게 지키는 임무를 맡게 된다는 변종 이야기도 있다. 맷돌은 결코 느려지는 법 없이, 쉼 없이 돌면서 지상의 창조물들을 위해 불멸과 행복을 갈아 낸다. 기대하지도 않았는데 암레투스가 맷돌을 지키는 수호자가 되었을 때, 그의 친지들은 자기들을 다른 사람들과 구별해 잘 대접해 주지 않는다고 화를 낸다. 암레투스는 신들의 맷돌을 잘 지켜 맷돌이 만들어 낸 것을 모든 사람에게 공평하게 나누는 것이 자신의 임무라며, 특별대우를 해달라는 친지들의 요구를 거부한다. 그러자 친척들은 암레투스가 혈연을 배반했다는 이유로, 맷돌의 수호자로서 부적합하다면서 그를 전복시킬 음모를 꾸민다(고대의 억압과 투사의 은유를 분명히 보여 주는 또 다른 예이다).

  암레투스는 신들이 맷돌을 놓아 둔 바닷가에서 경비를 서다가 친척들의 공격을 받는다. 투쟁의 와중에 맷돌이 축에서 떨어져 바다로 빠져 버린다. 신의 맷돌인 만큼, 전복된 뒤에도 맷돌은 멈추지 않고 계속 돌았다. 그러나 더 이상 예전처럼 행복과 불멸을 갈아 내지 않고 소금기 어린 눈물과 바닷물을 갈아 내게 된다.

  데 산티야나와 폰 데헨트는 다른 지역의 고대문화에도 이와 유사한 신화가 존재한다는 사실을 발견했다. 여기서 그들은 신들의 맷돌이 전복되어 인류에게 재앙이 온다는 사실에 특별히 주목했다. 그리고 이야기를, 매우 느리지만 2만 년가량의 주기에 걸쳐 분명히 관찰되는 천체현상인 춘분점의 이동과 연결시켰다.

지구의 자전축은 지구가 태양 둘레를 도는 공전 면과 정확한 수직이 아니므로 지구의 한쪽 반구가 다른 쪽보다 태양 빛을 조금 더 집중적으로 받게 된다. 우리는 이를 순환적 리듬 안에서 계절적 변화로 경험한다. 인류는 이 계절적 변화 과정을 태양이 뜨고 질 때 계절에 따라 배경에 나타나는 별을 관찰하며 표시했다. 계절적 흐름에서 태양이 겉보기에 방향을 바꾸는 정확한 날짜는 항상 종교의식의 날이자 달력과 예언의 계산에서 기준점이 되었다. 그런 핵심적인 날의 아침과 저녁에 태양은 한 해 전과 똑같은 배경 별자리에서 뜨고 졌으며 그 다음 해에도 그러하였다.

하지만 실제로 매년 태양의 궤도와 배경에 보이는 별 사이에 나타나는 변화는 무한히 작은 것이다. 이는 태양의 회전이 느려지면서 비틀거리는 팽이처럼 스스로 자전축과 황도면 주위를 아주 천천히 돌기 때문이다. 지구의 경우에는 이렇게 "비틀거리며" 한 바퀴를 완전히 도는 데 2만4천 년 정도가 걸린다. 이는 2천여 년마다(이 공전의 1/12의 효과가) 2천 년 전 같은 날에 관찰했던 배경의 별과 비교했을 때 눈에 띄게 된다. 태양은 이제 2천 년 전에 배경이 되었던 별자리의 바로 옆 별자리를 배경으로 떠오른다. 이 효과는 100여 세대가 지나기 전에는 육안으로 보이지 않는 것이다. 그리스도의 시대 이후로 물고기자리를 배경으로 해가 떠올랐고 그래서 이 시기를 "물고기좌 시대"라고 부른다. "물병자리 시대"(대략 서기 2000년 이후)는 해가 춘분날 물병자리를 배경으로 떠오르는 시기를 말한다.

전통의 보존이 한 세대에서 다음 세대로 얼마나 정확하게 전해지느냐에 달려 있는 구전문화권에서, 춘추분과 동하지에 해가 떠오를 때 그 배경에 있는 별자리를 정의한 시는 오랫동안 신의 뜻을 정확하게 예측하는 신성한 신탁의 성질을 띠어 왔다. 하지만 100세대 정도가 지나면서 이 성스러운 시 전통의 수호자들에게도 신성한 운문의 예측이 더 이상 맞아떨어지지 않음이 분명해졌다. 성스러운 노래들이 찬양하는, 끝없이 질서정연한 계절의 순환으로부터 영감과 확신을 끌어낸 종교적·사회적 기구와 신념의 전통 전체는, 그런 전통을 가장 완전히 이해한 엘리트 종교·정치 지도자들조차 믿음을 잃어가면서 흔들리기 시작했다. 여러 면에서 서구의 주된 "종교"라고 할 수 있는 과학기술이 적절히 삶의 원칙을 제공하기는커녕, 우리가 겪는 가장 위험하고 해결이 불가능해 보이는 문제들을 야기하는 원인이었음이 점점 더 분명해지고 있는 오늘날, 우리는 그와 유사한 신념의 위기를 겪고 있다. 실제로 "지구를 뒤흔들" 정도로 지구의 재난을 극대화시킨 것이 바로 과학기술이다.

고통과 불안과 분노가 급증하는 지금, 이 시기에 느껴지는 위기는 역사시대의 여명기에 모계 중심 사회의 조상들이 직면했던 위기와 공명하는 부분이 있다. 인간의 희생과 고행 그리고 종교적인 수난 모두가 거짓되고 불완전함을 드러내 보이는 종교적 전통의 이름으로 소비되었다. 우리에게 "종교"나 다름없는 과학기술이 갈수록 거짓되고 불완전해 보이기는 마찬가지다.

모계사회가 몰락한 원인으로 인도-유럽인들의 군사적 우월성과 가부장 의식을 들 수 있다. 그리고 종교적 통찰력과 구전전통의 실패도 그 원인으로 볼 수 있다. 카바피Cavafy의 말을 빌리자면 "야만인들"이 "일종의 해결책"이었을 수도 있다.

인도-유럽인들 자체는 분명 술에 전 전쟁광에다 소를 훔치고 강간을 일삼으며 전리품과 전사의 명예를 찬양하는 종교와 문화를 가진 유목 약탈자들이었다. 이런 행위는 주로 이들이 중요하게 섬긴 신들이 한 일이었다. 이 신들은 무리herd의 늙은 소처럼 피 튀기는 전투적 의례를 통해 아들에게 정복되고 대치될 운명이었다. 외부의 적과 싸우기 위해 연합하는 것보다 눈앞의 목표를 이루기 위해 자기네끼리 싸우고 죽이는 일이 더 빈번했다.

유목 약탈자들의 생활방식은 날씨가 좋을 때는 가까운 지평선까지 말을 달려 약탈하고 야영하며 한동안 그 지역 주민들을 괴롭히다가 봄과 여름이 오면 다른 장소로 이동하는 것이다. 이런 생활방식을 은유적으로 바라보면 한쪽은 끝없는 지평선을 다른 쪽은 무한한 자원을 대상으로 한다는 점만 다를 뿐 착취하고 버린다는 점에서는 현재 우리의 생활방식과 크게 다르지 않다. 이런 생활방식은 더 달릴 수 없는 해안에 닿으면, 또는 자연자원이 고갈되고 나면 바뀔 수밖에 없다. 그 지점에서 해변에 정착하여 영구적인 공동체를 만들거나 아니면 온 길을 되짚어가서 격분한 적들의 새로운 세대들이 점령한, 불에 타고 약탈된 땅을 지날 수밖에 없다. 훈족과 몽고인들은 유목 생활방식을 고수해 자신들의 발자취를 되짚어갔고 인도-유럽인들과 고트족, 반달족은 생활방식을 바꾸어 정착했다.

유목 약탈에서 농경 중심의 정착생활로 전환하는 데 성공하기 위해 인도-유럽인들은 자신들의 종교적 관심과 경제 형태 그리고 사회구조를 급진적으로 바꿔야 했다. 이 극적인 전환의 중심인물이 바로 그리스의 신 헤르메스이다. 헤르메스는 소 도둑질과 전쟁, 피의 복수를 상업과 법, 정부로 전환한 신이다. 더불어 그는 통신과 발전, 예술과 과학의 후원자이다. 앞서 열거한 바와 관련이 없어 보이지만 그는 꿈을 가져오는 자이자, 영혼을 사자의 땅으로 이끄는 안내자로 숭배되었다.

그의 '신화소mythos'는 가장 시사적이다. 그의 혈통은 선사시대의 여신 전통으로까지 거슬러 올라간다. 펠라스 족Pelasgian(역자 주 : 유사 이전에 그리스, 에게 해, 지중해의 여러 섬과 연안에 살던 민족)이 양과 염소, 소를 가축화하던 시기에 헤르메스는 "동물의 수호자" 역할을 했다. 이 이미지는 착한 목자로서의 그리스도 이미지의 원형이라고 할 수 있다. 즉, 양을 어깨에 멘 원형적 모습과 자세는 펠라스 시대의 헤르메스와 동일하다.

이렇게 분명하고 오랜 혈통에도 불구하고, 그리스 신화의 가계가 대부분 그러하듯, 헤르메스는 제우스와 님프 마이아Maia에게서 태어났다고 일반적으로 알려진 신화는 전한다. 영어에서 오월을 의미하는 메이May가 님프 마이아의 달로 이름 붙여졌다는 사실은 흥미롭다. 마이아는 "현명한 이", "할머니", "산파"로 알려졌다. 마이아를 위한 축제는 대개 5월 1일에 벌어지는 꽃의 축제이다. 이 의식은 5월 1일을 "봄의 여주인"이자 "꽃의 여왕"인 마리아에게 바치는 가톨릭의 관습으로 여전히 살아남아 있다. 마이아는 나중에 마리아의 형상으로 구현되는 위대한 어머니Great Mother 원형의 측면을 보여 준다. 그리고 마이아의 아들 헤르메스가 나중에 마리아의 아들, 예수의 착한 목자의 원형적 이미지와 겹쳐짐도 관찰할 수 있다.

다음 신화 이야기에서 헤르메스는 신성한 아이Divine Child이자 트릭스터Trickster인 두 원형을 분명히 보여 준다(역자 주 : 우주적 아이 Cosmic Child 또는 성스러운 아이라는 표현을 쓴다. 그리고 트릭스터는 적절한 우리말 표현을 찾을 수 없었다. 아마 사기의 귀재, 광대, 모사꾼, 익살꾼, 천부적인 거짓말쟁이 등의 표현을 모두 통합한 인형일 것이다). 헤르메스는 태어나자마자 말을 하고 장난을 계획해서 실행에 옮긴다. 태어나는 날, 그는 아폴로Apollo의 신성한 소들을 도살해서 먹어 치운다. 하늘에서 해의 운행을 조절하는 제례적 임무를 마치고 집에 온 아폴로는 누군가가 감히 자신의 소를 훔쳐 간 것을 발견하고 진노한다(여기서 소 도둑질이 인도-유럽인들의 생활방식임을 상기할 필요가 있다. 고대의 시에서는 잡히지만 않으면 언제든, 전쟁에서 동맹이었다 할지라도 이웃의 소를 훔쳤음을 분명히 볼 수 있다. 헤르메스가 아폴로의 소를 훔친 데서 특별한 점이라면, 난 지 얼마 안 된 어린아이가 그랬다는 것이다).

아폴로는 잃은 소들의 흔적을 찾아 사방을 헤맨다. 천지를 헤매고 다니는 아폴로에게 새들이 와서 아기 헤르메스가 범인이라고 말해 준다. 사건의 전모를 들은 아폴로는 그렇게 어린아이가 감히 자신의 소를 약탈했다는 사실을 믿지 못한다. 그러다 출산 후 회복 중인 마이아의 동굴에 가서, 잘린 동물의 시체 가운데서 피범벅이 되어 포만감을 만끽하며 내장을 갖고 놀고 있는 아이를 발견하게 된다. 분노한 아폴로는 아이를 붙잡아 아버지 제우스의 판결을 받으러 올림포스 산으로 데려간다.

산으로 올라가는 길에도 헤르메스는 계속 소의 잔해를 가지고 놀고 있다. 해골의 두 뿔 사이에 내장 조각을 묶는다. 그가 이 공정을 마치고 나자 거기서 이상한 음조와 화음이 흘러나온다. 이상한 고안물을 본 아폴로는 아이에게서 그걸 빼앗아 자세히 들여다본다. 헤르메스는 순진하게 아폴로에게 해골을 가지라고 주면서 내장 줄을 어떻게 튕기면 음악을 연주할 수 있는지 가르쳐 준다. 이것이 사실상 최초의 그리스 하프라고 할 수 있는 리라lyre(역자 주 : 그리스의 7현금)이다. 즉, 헤르메스는 올림포스 산을 오르는 동안 이 악기를 발명한 것이다. 제우스의 재판정에 도착했을 때 아폴로는 태양의 신성한 소를 훔친 죄로 헤르메스를 고소하고 그의 목숨을 요구한다.

이때 헤르메스는 자신을 변론하며 한 가지 사실을 지적한다. 즉, 헤르메스가 자신의 소를 훔쳤다고 주장하는 아폴로는 그 대가로 이미 선물을 받았다는 것이다. 헤르메스는 아폴로가 리라를 받았으므로 이 사건은 도둑질이 아니라 제품에 대한 합당한 대가가 지불된 거래라고 주장한다. 제우스는 아주 흥미롭게 상황을 지켜보며 둘을 법정 밖으로 내보내 버린다. 아폴로는 짜증이 났지만 리라는 이제 자기 것이므로 헤르메스가 아닌 자신이 음악과 노래의 수호자가 되겠다고 주장한다.

이 이야기에서 우리는 도둑질에서 상업과 계약이라는 좀 더 질서 있는 형태로 변화되는 신화적 정당성을 볼 수 있다. 또한 트릭스터와 신성한 아이의 원형적 역할도 볼 수 있다. 신성한 아이의 원형은 이미 확립된 질서와 힘으로 그를 파괴하려는 데 맞서 싸워 완전히 새로운 질서를 확립한다. 그와 동시에 트릭스터는 대단한 창조적 충동의 소유자로 이전에는 생각한 적이 없는 완전히 새로운 아이디어를 가졌으며 힘과 권위와 정체된 인물에 고유한 방식으로 "보복"한다. 이전에는 아무 상관이 없다고 생각했던 것들 사이의 근본적인 연관성을 지적함으로써 아이러니한 "보복"과 창조적인 리라의 발명 두 가지를 모두 실현한다. 헤르메스는 어린아이에 불과하고 그리스 신들 중 대단히 가난하고 낮은 신분을 지녔지만 강력한 신 아폴로에게 도전할 만큼 대범함을 지녔다. 게다가 그 많은 소를 한꺼번에 먹어

치울 정도로 탐욕스러웠다. 여기서 헤르메스의 그림자Shadow 또한 분명히 드러난다.

그리스의 수많은 다른 신들이나 여신들과 달리, 헤르메스를 숭배하는 신전은 없다. 대신에 "헤르메스의 주상herms"이라고 불리는 그에게 바쳐진 남근 모양의 깃대나 돌들이 전 지역에, 특히 교차로나 도적들의 공격이 일어날 만한 길에 세워져 있다. 헤르메스는 여행자의 보호자였다. 도둑질을 상업으로 전환하기 위해서는 여행자들과 상인들, 특히 왕실의 전령들이 안전하게 돌아다닐 수 있어야 했다. 나쁜 소식을 전하는 이들을 죽여 버리는 경향이 있는 야만인들로부터 왕실 전령을 보호해야 했다. 여행자들에 대한 자신의 수호자 역할을 강화하기 위해 헤르메스는 사자의 땅으로 쉬러 가는 영혼들의 안내자인 저승사자가 되기도 한다. 그의 체계를 위반하는 영혼은 사후에 헤르메스의 안내 없이 영원히 떠돌게 된다.

고대 신화에서는 "사자의 땅"과 우리가 "무의식"이라고 생각하는 것이 동일하다. 그러므로 헤르메스가 꿈을 가져오는 자, 즉 잠 속에서 신의 전령사라는 사실은 놀랄 일이 아니다. 창의적 충동은 다양한 형태의 트릭스터로 무의식에서 샘솟는다. 여러 모로 꿈은 그 자체가 트릭스터 원형의 기본적 모델이다. 즉, 꿈은 환상으로 가득하고 무의미해 보이나, 사실은 놀랄 만한 직관과 진실로 가득하다. 꿈 속에서 무언가를 경험하고 있을 때는 그것이 꼭 현실인 것 같지만 깨고 나면 꿈에 불과하다.

헤르메스에 대한 경배의 시점은 선사 모계사회(여신 전통)에서 오늘날 우리가 지닌 가부장 문화로 변화하는 시점과 일치하며, 헤르메스 신화는 가부장 사회에 종교·사회적으로 필요한 원형적 기틀을 제공한다. 그 후로 원형들 자체는 거의 변하지 않았으며, 우리가 사회를 변혁하는 데 성공하려면 헤르메스 신화에 구체화된 것과 같은 무의식의 에너지와 창조적 충동을 만나야 할 것이다.

기억하기

헤르메스의 선물

문자가 발명되고 선사시대의 모계 중심적인 도시와 농경 문명이 인도-유럽계 유목민에게 전복된 시기(대략 BC 1800~1400)는 지금의 우리 사회와 아주 비슷하게, 지구적으로 거대한 문화적·정치적 변화의 때였다. 우리는 그 시기에 확립된 원형적 패턴이 현시점에 부적절하며 급진적인 개혁이 필요하다고 인식하면서도, 여전히 그 패턴의 지배 아래 있다.

우리가 오늘날 경험하는 사회체제와 남성중심주의적 종교 형태에 대한 일차적 책임은 유목적이고 가부장적인 인도-유럽인들에게 있다. 그러나 애초에 인도-유럽사회의 본성은 역사상 기록된 몽고 "유목민" 집단의 사회구조와 유사한 점이 많으며 비슷하게 야만적이고 조직화되지 않아 정착생활을 유지할 수 없었다. 몽고인들은 세계를 정복했지만 정복한 인구를 지배하는 데 필요한 임무를 처리하기 위해 자기네 종교나 사회를 재구성하지 않았기 때문에 실질적인 자취를 남기지 못하고 사라져 갔다. 그들은 농경을 생활방식으로 받아들이지 않았고 비정상적인 군사적, 이주하는 팽창 이후에 중앙아시아로 되돌아가 유목생활을 지속했다.

하지만 인도-유럽인들은 새로운 사회적·종교적 틀을 발명해 유목에서 정착된 생활로의 전환을 성공적으로 이룬다. 유럽과 북미 사회의 문화적 토양인 인도-유럽 문화의 그리스-로마의 사회·종교적 변화의 중심에 헤르메스가 있다. 헤르메스는 분명히 신성한 아이와 트릭스터 원형을 보여 준다. 그가 상업과 통신, 여행자, 특히 국가의 공적 전령들의 수호자인 것은 우연이 아니다. 그가 죽은 이들의 영혼을 안내하고 꿈을 가져오는 것 역시 마찬가지다.

신성한 아이·트릭스터의 변신으로 헤르메스는 공격과 약탈에 바탕을 둔 조직화되지 않고 야만적인 사회를 문명화시켜 상업과 정부로 변화시키는, 신화적·심리적·종교적 토대를 창조한다. 교차로에 세워진 헤르메스의 상징인 남근은 여행자들, 특히 상인과 정부의 전령들이 헤르메스의 특별한 보호 아래 있음을 상기시켜 준다.

헤르메스는 상상력과 창조적 충동을 대표하기도 한다. 헤르메스의 선물은 진정한 창의적 삶과 창의적 행동이다. 이 선물은 항상 놀랍고 모순적인 방식으로 전달된다.

창조적 행위는 이전에 상상도 할 수 없었다는 점에서 항상 참으로 놀랍다. 트릭스터 원형의 이런 측면은 규정해서 정의하기 힘들다. 트릭스터는 전통적인 지혜에서 분리된 것으로 보이는 것들이 사실은 시로 깊이 연관되어 있음을 나타내 주며 창조적 충동을 가져다준다.

이런 식으로 트릭스터는 오만과 전통적 틀 안에서 스스로의 힘에 대한 부적절한 비전으로 우쭐해진 전체 상황을 변형시키기 위한 창조적 생각의 원천인 동시에 모순적인 "보복"을 가져온다.

이렇게 헤르메스 신화는 개인적 인성과 사회·문화의 개혁 둘 다를 한 번에 또 동시에 묘사해 준다. 2천여 년 전에 일어난 종교와 문화의 극적 변환이 오늘날 진행되고 있는 우리의 종교·문화적 변환과 공명한다. 우리가 스스로를 변화시키고 지구를 보존하려면 의식적으로 헤르메스의 선물을 추구할 필요가 있다. 꿈 작업은 그 선물을 추구하는 데 주요한 하나의 수단이다. 꿈을 기억하고 작업하는 과정에서 우리는 헤르메스의 선물을 받게 된다.

15

명석몽과 꿈 요가

> 모든 인간이 신성을 지녔다는 사실에 대해
> 잠을 자는 동안 영혼이 그 증거를 제공한다.
>
> — 키케로

꿈을 꾸다가 우리가 꿈꾸고 있다는 사실을 깨달을 때, 즉 꿈에서 일어나고 있는 활기차고 압도적인 일들이 실제로는 우리가 잠들어 있는 고요한 상황에서 벌어진다는 사실을 깨닫게 될 때 꿈이 "명백하다"라고 말한다. 꿈속에서의 생생함이라는 표현은 언어학적으로는 앞뒤가 맞지 않지만 실제로는 상대적으로 자주 일어나는 현상이다. 거의 모든 사람이 "어! 이거 꿈이잖아!" 또는 "내가 꿈을 꾸고 있네!"라고 저절로 알아차린다. 어떤 이유에서건 꿈을 꾸면서 꿈꾼다는 사실을 인식할 수 있는 자각몽 또는 명석몽lucid dream에 관심을 가지게 되는 사람들은 다양한 종류의 "꿈 배양dream incubation" 연습을 통해 훨씬 더 자주 명석몽을 꾸도록 할 수 있다.

명석몽 상태가 지니는 가능성은 실로 특별하다. 꿈속에서 우리가 꿈꾸고 있다는 사실을 알아차릴 때 의식의 표면으로 떠오르는 것 중 하나는, 우리가 보고 다루는 것에 우리 내면세계의 일부가 은유적 형태로 반영되고 있다는 사실이다. 이런 의미에서 억압의 행위는 축소되어 의식 속으로 들어와 더 이상 억압하지 않게 되는 것이다. "꿈꾸고 있는 나"의 정체를 인식하게 되면 꿈속에 일어나는 일들이 겉보기에 "외적인" 현실에서 경험하는 현상과 같다는 사실을 알게 된다. 기분 나쁜 꿈을 꿀 때도 자각 현상을 이용해서 꿈을 그만 꾸기로 작심하고 깨어날 수 있다. 그러나 깨어 있을 때만큼이나 생생하고 선명하게 "이중관점"을 유지하면서 꿈을 계속 꾸어 보기로 결정할 수도 있다.

객관적 연구자들이 처음으로 명석몽을 조사하고 보고하기 시작한 1920년대부터 서양에서는 "의식 변성 상태altered state of consciousness"에 대한 관심이 계속 증가했다. 동양에서는 명석몽을 체계적으로 숙고하고 관심을 기울이는 전통이 거의 2500년 동안 꾸준히 이어져 왔다. 주관적으로 명석몽을 체험하는 것은 고대 아시아 종교에서 신이 우주를 창조하는 개념과 상징적으로 공명한다. 명석몽은 기원전 800년경 파탄잘리Patanjali가 종교적 가르침을 담은 구전시를 써 내려가기 시작한 훨씬 이전부터 종교와 명상의 수행 방법이었다.

흥미롭게도 서구에서 마법과 제의적 마술을 공부한 일부 역사학자들은 그리모어grimoirs와 다른 곳에 기술된 제의들이 깨어 있을 때의 활동을 위한 것이 아니라 명석몽을 꾸는 중에 행할 제의라고 주장해 왔다. 이 학자들은 진짜 마녀나 마술사를 자기 스스로를 기만하는 사기꾼들과 구분하는 방법으로, 명석몽이나 깊이 신들린 상태에서 취할 행동들을 명상하는 능력이 있는지 없는지를 들었다.

동양의 힌두교와 불교, 도교, 그리고 다른 다양한 종교 전통에서 명석몽 수련은 비전秘傳으로 여겨져 왔다. 티베트 불교도들(이들은 대부분 중국이 티베트를 병합한 직후인 1959년 중국 지배에 대항해 일으킨 봉기가 실패해, 달라이 라마Dalai Lama가 망명길에 오른 뒤 망명했다)은 명석몽 명상의 전통을 매우 정교하게 수행했다. 티베트 불교에서 꿈의 경험은 사후 "영혼"의 경험과 하나이자 동일하다고 되어 있다. 티베트인들은 연속적인 환생을 믿으며 "영혼"을 "실체entity"로 언급한다. 개인의 성격과 "카르마karma"는 한 생애 동안 지속된다. 살아 있는 동안 꿈을 꿀 때 한 생애 동안 지속되는 영혼을 꿈꾸는데 이는 전체 영의 일부로, 이 부분이 바로 사후에 꿈과 연결된다고 한다.

티베트 불교의 관점에서는 잠을 잘 때마다 꿈을 통해 개개인이 영혼의 상태를 경험하게 된다. 만일 잠을 자다가 죽게 된다면 자면서 꾸던 꿈이 죽어서도 계속 진행될 것이다. 티베트인들은 죽은 사람의 꿈이 빛과 지복과 충만의 꿈으로 변형된 뒤, 서서히 공포가 가중되는 꿈으로 변한다고 믿는다. 지복에서 공포에 이르는 각각의 단계를 바르도Bardo 세계라고 하는데 '티베트 사자의 서'에 이 단계가 세부적으로 기술되어 있다. 사후 영혼에게 무서운 악몽이 가중되는 가운데 실체는 여성의 자궁으로 들어가 새 생명으로 환생하든지, 아니면 만물의 근원인 온전한 자기Self로 녹아들어 영원히 환생하지 않는 상태로 진행된다.

티베트 불교도들은 우리가 잠을 잘 때 꿈꾸고 있는 상태를 자각하는 것이 최고의 종교적인 의미를 지닌다고 믿는다. 이들의 신념에 의하면, 명상이나 영적 수련으로 자신을 개발하지 않는 대다수의 사람들은 사후에 영혼이 전개하는 두려운 이미지에서 벗어나는 것이 불가능하며 다시 환생하게 된다. 어떤 학자들은 서양의 신비스런 전통에서 죽음의 세계로 가는 여정과 "신들의 황혼Ragnorok"에 같은 은유가 등장한다고 주장한다. 어떤 사람들은 사후 영혼의 부패가 육체의 부패와 연관되어 있다고 제안하기에 이르렀고, 이는 이집트와 지중해, 그리고 유럽에서 장례식 준비절차로 시체에 부패를 방지하기 위한 화학물질을 주입하는 현상과 관련된다. 이 분야에 대한 원형적 공명은 여러 문화에 걸쳐 다양하게 드러난다. 이런 신념이 다양하게 표현되는 양상을 전 세계적으로 관찰할 수 있다.

티베트인들은 특별히 깨어 있는 동안 명석몽을 개발함으로써 바르도 세계를 인식할 수 있다고 믿는다. '티베트 사자의 서'는 "오! 귀하게 난 자여, 그대가 아무리 무섭고 끔찍한 환상을 보게 되더라도 그것이 그대 자신의 생각일 뿐임을 알라"라고 설파한다. 이렇게 함으로써 개개의 실체는 보리수 아래에서 부처가 한 깨달음에 이르는 행위를 반복하게 되는 것이라고 한다. 부처가 죽음과 파괴의 악마인 마라Mara의 공격은 단지 환상일 뿐이므로 자신의 명상에서 깨어날 필요가 없다며 물리치듯이, 바르도 세계의 영혼은 증가하는 두려움을 무의식의 에너지가 투사되어 꿈의 환상으로 나타난 것처럼, 단지 환상으로 여기며 물리치게 된다.

이런 현상이 사후 삶의 특성이라는 인식과 통찰을 얻음으로써 깨어 있는 영혼은 신과 완전한 합일에 이를 수 있다. 이 자각을 가지고 영혼은 의식적으로 선택해 다른 사람들이 깨닫도록 도와서, 세상의 고통과 비참함의 환상을 결과적으로 격감하는 "보살Boddhisattva"로 다시 환생할 수 있다. "보살의 서약"을 어떤 불교 분파는 "모든 사람이 깨달음에 이를 때까지 세상으로 돌아오는 것"으로, 어떤 분파는 "모든 잔디가 깨달음에 이르도록 이 세상으로 되돌아오는 것"으로, 심지어 어떤 분파는 "돌까지도 깨달음에 이를 때까지 이 세상으로 돌아오는 것"으로 받아들인다.

티베트 불교인들이 명석몽을 꾸기 위해 하는 수련의 종류는 다양하다. 대개 일단 꿈꾸는 것을 자각하게 된 뒤, 꿈의 환경을 원하는 대로 조작하는 방법을 포함한다. 그렇게 티베트인들은 일생 동안의 의지와 결의가 다져져 실재가 신과 재결합하거나 동일한 의식 상태로 환생하게 된다고 믿는다.

힌두의 요가 전통도 꿈 작업에 대해 본질적으로 같은 교리적 입장을 취한다. 하지만 꿈을 꾸는 동안 깨어 있을 때의 명상 상태와 똑같은 "분리되지 않은 의식" 상태를 이루는 데 집중하는 명석몽 배양법을 개발해 왔으며, "빛과의 합일"을 선호해 꿈 조작을 강조하는 티베트 방식은 거부하는 편이다. 힌두교에서 볼 때 꿈의 조작은 일종의 "시다Siddha", 즉 심리적·영적 발달과 함께 자연스럽게 오는 능력으로, 실체entity가 신성과의 합일이라는 목표에서 혼동되고 마음이 흐트러질 때가 아니라면 그 자체로 추구하지 않는다.

고대 이집트의 장례 관습은 일종의 중간적 "바르도"로 환생할 것인지, 사후 세계로 갈 것인지 정하기 위해 영혼을 심판하는 장소에 관한 유사한 믿음을 포함하는 것 같다. 이집트인들은 망자의 영혼은 다면적이며 각각의 부분은 제각기 다른 경험을 하게끔 운명 지어졌다고 믿었다. 깨어 있을 때 대개 "자아" 또는 "인격"으로 인식되는 영혼의 주된 요소가 불멸하기 위해서는 오시리스Osiris와 완전히 합일해야만 가능하다. 오시리스의 여동생 이시스Isis와 네프티스Nephthys의 도움을 받아 완전한 합일이 이뤄지면 오시리스와 하나 된 영혼은 오시리스와 함께 영원히 되풀이되는 삶을 살게 된다.

티베트에서 이집트에 이르기까지 이런 모든 믿음과 관습들은 집단무의식 원형을 형상화한 것이다. 이 원형은 연속적이고 각 유기체의 삶과 죽음을 넘어 불멸하기 때문에 우리가 죽고 난 뒤에 살아남는다. 이런 전통들은 공통적으로, 생의 의미와 불가피한 죽음의 전망에 대한 두려움과 불확실성을 완화하기 위해서 살아 있는 동안 원형들을 명상할 것을 제안한다. 세계의 모든 종교에서 나타나는 사후 영혼들의 삶에 관한 다양한 이미지들은 비슷한 원형적 무리로부터 만들어졌다. 따라서 일정 수준에서 세계 종교들은 원형적 요소들이 영원하며 죽음의 아귀 너머에 있다는 본질적으로 동일한 심리학적 주장을 하는 셈이다.

죽음과 꿈에서 육체와 분리되어 떠나는 "영혼들"의 숫자와 성격에 대한 종교적 교리는 크게 다르다. 마크 트웨인Mark Twain은 이와 관련하여 극단적으로 표현하는데, 꿈속에 등장하는 모든 인물들 그리고 꿈에서 발명되고 상상된 모든 문학적 인물들과 모든 생각 및 감정이 "각자의 삶"을 가지고 있다고 주장한다. 또한 누가 죽으면 그 사람의 영혼이 분리되어 각자 다양한 길을 간다고 추정한다. 사후 삶의 가능성에 대한 직관과 추정들에서 죽음과 잠, 육체를 떠난 영혼의 삶과 꿈 사이에 원형적 연결점이 있다는 사실이 선명하게 드러난다.

서구에서 명석몽은 이런 문제를 다루는 데 새로운 요소를 탐구하도록 만들었다. 일례로, 명상할 때 어떻게 하면 텔레파시로 교신할 수 있을까? 꿈 작업을 하는 사람들 중 제임스 도너휴James Donohoe 같은 이들은 벌써 이런 영역에 대한 탐구를 시작했다. 동양에서는 명석몽 상태에서 정기적으로 만나 텔레파시로 교신하며 그들이 원하는 방향으로 역사의 흐름을 엮어 가는 마스터들에 관한 신화와 이야기가 수 세기 동안 전해져 온다.

꿈을 꾸는 동안 무의식이 깨어 있는 의식 속으로 뚫고 들어오면서 자발적으로 가져오는 자연적 치유와 보상 그리고 균형의 에너지를 의식적으로 지배하고 통제하는 행위가 "우물에 독을 타는 것"처럼 위험할지도 모른다는 우려 때문에 명석몽을 탐구하는 것을 꺼리는 사람들도 있다. 또 명석몽을 꾸는 동안 비교적 사소한 문제에 집착할 수도 있다. 하지만 꿈을 초래하는 무의식적 요소는 우리가 상상하는 것보다 훨씬 더 오래되고 현명하며 강하고 창조적이다. 그리고 사랑과 화해를 추구하기 때문에, 내가 보기에 명석몽을 꾸는 사람(또는 집단으로 교신하는 명석몽을 꾸는 사람들)이 사소한 문제에 집착한다 하더라도 무의식에 그냥 쉽게 흡수되어 버릴 것이다. 무의식을 완전히 압도하고 조작할 수 있다는 생각은, 내가 보기에는 아무리 잘 훈련되고 수양을 한 사람이라도 오만일 뿐이다. 그렇지 않으면 인식적·상상적 실수를 저지르는 것일 따름이다.

많은 종교적·심리적·철학적 저술가들은 인류 진화의 방향에 대해서 무의식이 지닌 원형적 힘에만 의존할 것이 아니라 인류가 의식적으로 참여해야 하는 새로운 시대에 접어들고 있다고 제안해 왔다. 하나의 신화로서, 원형적 이미지와 에너지에 대한 하나의 공식으로서 이 제안들은, 환경에 대한 인간의 기술적 조작이 모든 종이 진화할 방향을 결정하고 있으며 정치·경제적 우위를 획득하려는 서로 간의 경쟁적 노력 속에서 많은 종이 빠르게 멸종되어 왔다는 사실을 반영한다. 어떻게 보면 이런 상황 인식은 분명한 사실에 대한 단순한 언급에 불과하다(하지만 코난 도일Conan Doyle이 말하듯이, "뻔해 보이는 것을 분석하는 데는 뛰어난 지성이 필요하다"는 사실을 기억해야 할 것이다). 그러나 다른 수준에서 보면 인류가 진화 발전에 의식적으로 참여하기 시작해야 한다는 인식은 명석몽에 대한 관심이 점점 늘고 있는 데 대해 심오한 암시를 지닌다.

명석몽 상태에서 "얻을" 수 있는 것을 제한하는 것은 상상력과 신념 체계이다. 한동안 나는 꿈속에서 나는 것에 아주 신이 나서, 나는 것에 집중해 명석몽을 배양하고 있었다. 결국 나는 꿈속에서 의기양양하게 날게 되었고 내 몸과 풍경을 바꾸기도 했는데, "더 나이 들고 현명한 마법사들"을 만나 그들이 텔레파시로 나누는 비난이 담긴 생각을 훔쳐 듣게 되었다. "저 녀석, 또 날러 가는구먼!" 하는 체념과 실망이 담긴 목소리였다. 명석몽 와중에 되돌아온 나는 실제로 내가 날아다니는 것에만 집중해, 더 심각하고 중요한 문제들로부터는 벗어나 있다는 사실을 깨달았다. 이 체험은 내게 스스로를 교정하고 비판하는 꿈의 특성이 명석몽을 꾸는 동안에도 여전히 유효하다는 사실을 알려 주었다. 티베트인 숙련자와 깨달음을 얻은 요가 명상가들의 꿈 해석도 유사한 인상을 준다. 꿈이 글자 그대로의 사실주의에 고착해 상징적 의미나 깊이를 보지 못할 때 이 요소를 제시할 수 있다.

이런 의미에서 윌리엄 블레이크가 남긴 금언은 의지할 만하다. "바보가 어리석은 짓을 하도록 내버려 두면 언젠가는 현명해질 것이다." 이는 깨어 있을 때나 꿈속에서나 마찬가지다. 의식과 무의식 사이에는 자기교정적인 성격이 있어, 우리가 처음에는 인식하지 못하고 설익은 채 종결해 버릴지라도 그 아이디어나 통찰은 스스로를 해방시키기 위해 반복해서 되돌아오게 된다.

명석몽을 배양하는 방법은 다양하다. 그러나 공통적으로는 꿈속에서 꿈꾼다는 사실을 왜 인식하려 하는지 그 의도를 명확히 하는 것이다. 실제로 내가 보기에 꿈속에서 꿈꾸고 있다는 인식을 얻는 기술은, 그런 인식을 얻었을 때 '무엇을 할 것인가' 라는 질문에 비하면 상대적으로 손쉬운 것들이다. 내가 요즘 하는 명상은 낮 동안 내 앞에 주어진 일들에 가능한 한 정심으로 최선을 다해 집중하는 것이다. 깨어 있는 동안 일에 집중이 안 될 때 나는 내가 꿈속에서 꿈꾸고 있음을 알게 된다면 어떻게 반응할지 상상해 본다. 이런 상상을 불교식으로 확장해서 깨어 있는 삶이 꿈이라면 어떻게 다르게 행동할 것인지 생각해 보기도 한다. 잠잘 준비를 할 때, 잠들기 전 마지막으로 꿈이 보내는 메시지를 받기 위해 일기장을 준비해 둔다. 다음 날 날짜와 요일을 적고 내가 왜 꿈을 기록하려 하는지, 도대체 이 훈련의 진짜 목적이 무엇인지 자문해 본 다음, 잠들기 직전에 한 줄로 요약해 그 답을 적어 둔다. 때때로 그 답은 특정한 삶의 딜레마에 대해 알아내는 것이 되기도 하고 이제껏 상상하지 못한 방식으로 무언가를 바라보는 아이디어의 추구가 되기도 한다. 하지만 대개 꿈에 주어지는 답은 일반적이고 두루 적용될 수 있다. 최근에 나는 날짜와 요일이 적힌 줄에 고대 산스크리트어로 "옴(ॐ)"을 쓰며 소리 내어 그것을 읊조리고 있었다. 이런 배양 과정과 그에 대한 답으로 꾸게 된 꿈들이 몇 해 동안 어떻게 진화했는지를 보여 주는 명석몽 셋을 소개하려 한다.

몇 해 전에 꾼 꿈이다. 나는 구식 책상에 앉아 병의 잉크를 계속 찍어서 글을 써야 하는 구식 금속 펜으로 무언가를 쓰고 있다. 아주 기분 좋게 글을 쓰는데 갑자기 시선 왼편에 완전히 불꽃으로 된 조그만 형상이 춤을 추며 나타난다. 이 조그만 "불꽃 사람"은 내가 막 쓰려던 백지 위로 춤을 추며 가로질러 간다. 왼쪽에서 오른쪽으로 춤을 추며 움직이는 동안 작은 소용돌이 모양의 그을린 무늬를 남긴다. 그건 해독할 수는 없지만 마치 무슨 의도에서 쓰인 것처럼 보인다. 나는 이 작은 불꽃 영에 완전히 매혹되는데, 문득 '글쓰기 춤을 너무 세게 춰서 종이에 불이 나면 안 되는데'라는 생각이 든다.

그 순간, 이 조그만 형상은 훌쩍 뛰어 발끝으로 빙빙 돌면서 방 밖으로 나간다. 책상에서 뛰어내리는 동안 이 작은 화염의 형상이 점점 부풀고 커진다. 나는 순식간에 다리를 쩍 벌리고 선 8피트 정도 키의 커다란 화염 형상을 직면하게 된다. 화염의 열기가 말 그대로 내 얼굴을 친다. 이 모닥불-사람으로부터 텔레파시 목소리가 경멸하듯이 나온다. "걱정할 필요 없어. 나는 종이를 태우는 영이 아니라 살을 태우는 영이거든!"

나는 이 갑작스런 사건의 변화에 겁을 먹지만, 그 와중에도 '잠깐만! 모닥불이랑 대화하는 걸 보니 꿈이 틀림없어!' 하고 알아차린다. 명석몽을 꾸게 된 것에 나는 너무나 흥분되고 기쁘다. 불꽃 영은 조롱하듯 웃고, 나는 거기서 이 꿈이 내게 어떤 은유를 제공하므로 그것을 다루는 게 낫겠다는 사실을 자각한다. 내가 꿈꾸는 중이라는 사실을 알고 있기 때문에 무슨 짓을 해도 육체적인 손상이나 고통이 없으리라는 것을 안다. 나는 잠시 이 형상이 상징하는 바가 무엇인지 궁금해 하지만, 너무 놀라 이 질문에 집중해서 꿈에 답을 요구하지는 못한다. 나는 이 두려움을 어떻게든 극복해야 한다고 마음먹는다. 최선의 방법은 이 불꽃 영을 공격하는 것이라고 결정한다. 나는 팔을 뻗어 그것을 푹 찌르는데, 깨어 있을 때처럼 팔은 화염을 그냥 지나치고 영은 더 크게 조롱조로 웃는다.

나는 갑자기 꿈속에서 내가 사는 아파트 아래쪽에 위치한, 출입구에 커다란 종이 달린 건물을 기억한다. 그 건물의 종을 촛불덮개로 이용하면 이 영을 처리할 수 있을지도 모른다고 생각한다. 나는 순식간에 내가 그 건물 앞에 서 있다고 여긴다. 그 종은 학교 체육관이나 공중 레크리에이션 센터처럼 싸구려로 지어진 건물의 입구를 가로막고 있다. 바깥에서는 많은 사람들이 둘러서서 커피를 마시며 잡담을 나누고 있다(나중에 나는 이 건물이 내가 유니테리언 교회에 대해 늘 가지고 있던 이미지임을 인식한다). 나는 변명과 사과를 중얼거리며 커피를 마시는 사람들 사이를 헤쳐 나가 종을 떼어 낸다.

나는 종을 어깨에 멘 채 가장자리를 잡고 날아서 아파트로 돌아온다. 내가 잠시 사라진 동안 영은 더 커져서 간신히 종으로 억누를 수 있다. 종은 안에 갇힌 영이 내뿜는 열기로 금방 달아올라 빛을 내기 시작한다. 종은 처음엔 벌겋게, 나중에는 하얗게 달아올라 빛을 낸다. 나는 잠시 꿈꾸고 있다는 사실을 잊고 종을 계속 잡고 있다간 손을 "다 태우고 말 것"이라는 생각에 겁을 먹는다. 그러다 꿈꾸고 있다는 인식을 회복하고 꿈을 꾸는 중이니까 아무런 해도 입지 않을 것임을 스스로에게 상기시킨다. 불꽃 영을 어떻게든 극복해야 하는데 이 순간은 종으로 덮어 두는 게 최선인 것 같다고 스스로 다짐한다. 종은 서서히 식어 벌겋게, 또 둔한 금속 빛으로 되돌아온다. 나는 불안해진다. 이게 속임수는 아닐까? 나는 무슨 일이 벌어지고 있는지 종 안을 들여다보기로 한다.

종을 들어 올리자 바닥이 불에 그슬린 완벽한 모양의 검은색 원이 있다. 이제 나는 야외에 있다. 두려움과 씨름하며 종을 제자리에 잡고 있으려고 애쓰는 동안 장면이 바뀐 것을 알아차린다. 나는 불의 영이 안에 숨어 있지 않음을 확인하려고 종을 들여다본다. 그 순간

바닥에 남은 불에 그슬린 원이 내 주의를 끈다. 원의 한가운데서 아주 작게 순백의 연기가 피어오르고 동시에 종이 떨기 시작한다. 그 떨림은 점점 강해져 내 손과 팔을 타고 몸 전체로 퍼져 나간다. 종소리는 깊고 길게 울리며 많은 미묘한 화음들을 낸다. 떨림은 강렬하고 심오한 에너지와 행복감으로 나를 가득 채운다. 그 느낌이 너무 강해서 명석몽의 경험을 계속하지 못하고 잠에서 벌떡 깨어난다.

나는 꿈꾸고 있다는 사실을 인식함으로써 흔히 겁에 질려 도망가거나 깨어나곤 했던 다른 비슷한 꿈에서와 달리, 좀 더 용기 있고 창의적으로 행동할 수 있었다. 꿈 작업을 하는 동안 나는 이 꿈이 일정 수준 성적인 에너지가 창조적 표현의 행위, 특히 글쓰기에 승화되어 표현된 것이라는 사실을 알게 되었다. 이는 성 바오로의 유명한 선언, "타 죽느니 결혼하겠다"에 빗댄 농담이라는 것도 알게 되었다. 그때 종은 결혼식에서 쓰이는 종이었다. 다른 의미에서 그 꿈은 당시 내 삶의 주요한 문제를 말하고 있었는데, 그것은 어떻게 하면 남편과 아버지로서의 책임감을 내팽개치지 않고, 목사로서의 소명을 저버리지도 않으면서 창조적 삶을 추구하느냐 하는 문제였다. 이 꿈은 내가 기억 속에서 되짚어 볼 때마다 계속 미묘한 울림을 준다.

내가 두 번째로 나누려는 명석몽은 그 후 몇 년 뒤에 꾼 것이다.

나는 천장이 낮고 어두운 아파트에 있다. 주위에 여러 사람이 있는데 대부분 남자이고 나보다 젊다. 어렴풋이 나는 20대 중반쯤인 것 같다. 나는 면도를 깔끔히 한 상태다. 누군가 갑자기 나를 아주 반갑게 맞는다. 인쇄업자 알AI이다. 그는 내 이름을 크게 부르며 다가와 어깨를 친다. 나는 그의 몸짓이 친근하면서도 한편으론 적대적이어서 좀 혼란스럽다. 대학신문의 편집인으로 알과 같이 일하던 때의 기억이 몰려온다. 우리 관계가 형과 아우처럼 늘 친근하면서도 긴장으로 차 있었는지 혼자 생각해 본다. 베트남 전쟁에 반대하는 내 사설을 인쇄할지 말지 다퉜던 기억이 있다. 그래서 실제 그런 일은 없었지만, 나는 인쇄를 안 해주면 다른 업자를 찾아갈 거라고 그를 협박하곤 했던 일을 기억해 낸다.

알이 방 저쪽에 놓인 긴 소파에 앉아 주머니에서 동전을 하나 꺼낸다. 크기로 보아 나는 그게 "25센트 동전"이라고 생각한다. 나는 알의 오른손이 마치 라이노타이프(자동주조 식자기)에 쓰이는 납을 녹인 저장통에 집어넣기라도 한 듯 상처를 입고 불구가 된 것을 눈치채고 충격을 받는다. 알이 내가 충격 받는 것을 보고는 불쾌한 듯 웃는다. 그리고 마치 손을 다쳤어도 여전히 잘 "조작할" 수 있다는 것을 과시라도 하듯이 동전을 손마디 사이로 무대 위의 마술사처럼 왔다 갔다 굴린다. 그러다가 벌떡 일어나 방을 나가 버린다. 그가 나가는 동안 나는 그가 앉아 있던 소파 옆 바닥에 수북이 쌓인 25센트 동전 더미를 발견한다. 교묘한 손놀림을 연습하는 동안 흘린 동전이라고 생각하며 그의 주의를 환기시키려고 그를 부르러 나간다. 그가 내 소리를 못 들었던지 아니면 나를 무시하기로 한 모양이다. 볼품없는 우리의 만남에 대한 선물로 "약간의" 잔돈을 남겨 준 것인가 하고 혼자 생각한다. 나는 동전 한 줌을 가지기로 마음먹는다. 주저앉아 왼쪽 청바지 주머니를 가득 채울 만큼 동전을 줍는다.

나중에 나는 쿠션이 놓인 의자가 있는 경당이나 작은 극장 같은 방에 여러 명의 사람들과 앉아 있다. 친구 여럿이 보인다. 롭Rob과 다른 유니테리언 유니버설리스트 목사 친구들이 특히 눈에 띤다. 모두가 조용하다. 예배나 공연이 시작되기 전에 기대에 차서 조용히 기다리는 명상적인 순간이라는 인상을 받는다. 이 부분을 예배 중에서 가장 좋아한다고 한 에머슨Emerson의 말을 기억해 내고—고조된 기대와 잠재적인 헌신과 행동의 순간보다 선호하다니—얼마나 순결주의자적Pureish 말인지 생각하며 혼자 웃는다. 나는 침묵의 시간이 점점 길어지고 참석한 모든 이들이 내가 아는 사람들이란 것을 발견하고 놀란다. 내가 지금까지 살면서 아주 멀리 떨어진 장소에서 다른 시기에 만난 사람들이라서 그들끼리 서로 알 리가 없는데도 말이다. 이 사실에 좀 당황한 나는 내가 이제 막 시작되려는 행사의 "중심"임에 틀림없다고 생각한다. 기다림에서 오는 답답함과 함께 관심과 흥분, 호기심이 점점 커진다. 나는 마침내 너무 소란을 떨지 않으려고 조심하면서 이 사람 저 사람에게 손을 흔들고 "안녕"이란 인사말을 속삭이기 시작한다. 사람들은 웃거나 고개를 끄덕이고 손을 흔들어 준다. 나는 뒷줄에도 내가 아는 사람이 더 있는지 보려고 돌아본다. 뒷좌석도 꽉 차 있어서 놀라고 충격을 받는다. 한두 사람 왠지 낯이 익기는 해도 아는 얼굴은 하나도 없다. 희어져 가는 검은 머리에 잘 그을린 피부색의 한 여자가 벌떡 일어나 "이거 날 위한 게 아니잖아!"라고 외치며 뒷문을 향해 빠르게 걸어간다.

나는 그녀의 격렬함에 상처 받고 놀란다. 모든 사람이 내가 예배를 시작하기를 기다리고 있다는 것을 알게 된다. 나는 내가 할 수 있는 최고의 설교나 쇼를 하기로 마음먹는다(이 꿈을 일기장에 처음 기록하다가 이 부분에서 "내 뒤에 앉은 사람들"이 "깨어 있는 삶에서 아직 만나지 않은 사람들"이고 "앞에 앉은 사람들"이 "내가 아는 모든 사람들"을 나타낸다는 것을 섬광처럼 깨닫는다).

예배를 이끌기로 마음먹는 순간, 나는 더 이상 강당에 있지 않다.

황금색 장식의 밝은 푸른색 예복을 입고 문 앞에 서 있다. 나는 문이 강당 안으로 열린다는 것을 알고 있다. 누군가가 나를 위해 문을 열어 주고, 나는 아래의 무대/연단으로 난 경사로를 따라 활발하게 걸어 내려갈 마음으로 한 걸음을 내딛는다. 하지만 내가 들어선 곳은 참나무 난간이 있는, 강당을 뒤쪽에서 내려다보는 조그만 발코니다. 나는 길이 막힌 것을 보고 놀라며 낙담한다. 사람들이 나를 보려고 목을 내밀고 뒤돌아보기 시작한다. 발코니에서 이렇게 설교를 할 수 없음은 분명한데, 그렇다고 "뒤돌아 나가" 다른 입구를 찾고 싶지는 않다. 나는 당혹감과 좌절감에 절망적인 기분이 된다. 그러다 참나무 난간을 부수고 뛰어내려 앞으로 가기로 마음먹는다. 난간을 뜯어 부숴 양손에 한 조각씩 쥐게 된다. 이 순간 나는 깨닫는다. "참나무 난간! 대략 10센티미터나 되는 참나무 난간을 맨손으로 부수다니 꿈이 틀림없어!"

나는 흥분으로 가득 찬다. 명석몽을 꾸고 있는 것이다. 나는 다시 한 번 가능한 최고의 예배를 드리기로 마음먹는다. 앞으로 나아간 나는, 중앙 무대를 향해 경사면을 걸어/날아 내려가 두 쪽의 참나무 난간을 비틀어서 헤르메스가 갖고 다닌 사자의 지팡이 위의 뱀들과 DNA 이중나선의 분자들처럼 서로를 감싸게 만든다. 그리고 이 이중나선 원형을 설교의 "주제"로 사용하기로 한다. 원형극장을 뛰어 내려가는 동안 나는 진화와 발달의 원형인 나선의 구체적 예로 이 조각을 높이 쳐든다.

이렇게 하는 동안 나는 청중, 즉 집회에 모인 개개인과 텔레파시로 연결되어 있으며 내 "설교"가 벌써 시작되었음을 깨닫는다. 내가 잠들기 전에 로버트슨 데이비스의 「경이로운 세계World of Wonders」

에서 사람들이 서커스 텐트 안으로 들어가려고 돈을 내는 원인이 항상 차력사의 쇼라고 주장하는 부분을 읽던 중임을 깨닫는다. 나는 내가 연극과 종교의식의 고대 전통을 실행하는 중이란 것을 혼자 생각하며 싱긋 웃는다.

나는 만물이 하나, 즉 모든 현실은 하나의 거대한 꿈이며, 우리의 삶과 세상을 동시에 창조하는 영원하고 원형적인 실체들을 이해하면 꿈이 즐겁고 아름다울 수 있다고 생각하며 설교한다. 개인적인 내면의 삶과 바깥세상이 겉보기에는 서로 다른 두 개일지 모르지만 사실은 하나이다. 즉, 분리의 환상 그 너머에서는 결국 같은 것이다. 꿈꾸는 동안 나는 바로 이 원형적 아이디어, 존재 상태에 집중한다. 나의 설교 속에서도 수많은 지인들 앞에서 이 진실을 스스로 체화하며 고백한다.

들어 올린 참나무 이중나선이 내 손 안에서 모양을 바꿔 스스로 빛을 내는 큰 공처럼 변한다. 공 안에는 참나무 조각의 모양을 반복하는 어떤 물질이 있다. 나는 이 변형에 놀라면서도 기쁨으로 가득 찬다. 저절로 생긴 이 이미지가 그 꿈 전체를 이루고 있는 더 큰 무의식으로부터 온다는 생각이 든다. 이 순간, 내가 의식적으로 무의식을 끌어들인 것은 아니지만 설교 중인 "주제"와 완벽한 울림과 조화를 이룬다. 빛나는 공의 이미지는, 내가 꿈을 꾸고 있다는 인식이 자아가 조작한 꿈 체험이 아니라 내면 깊숙한 곳의 존재와 조화를 이룬 행위라는, 꿈 자체로부터 온다는 확신이다.

이런 내 생각이 그대로 설교나 쇼의 일부가 된다. 내가 텔레파시로 얘기하기 때문에 강당은 여전히 숨죽인 듯 고요하다. 나는 "음악이 있으면 좋겠다"고 생각한다. 그 순간 갑자기 머리 뒤쪽을 쳐다보게 된다. 젊고 금발인 여자가 키보드 앞에 앉아 있다. 그 여자도 황금색 장식이 달린 푸른색 예복을 입고 있다. 내가 빛나는 달걀, 세포, 공으로부터 손을 떼자 그것은 천천히 방 한가운데서 공중으로 떠오른다. 그 여자가 아름다운 음악을 연주하기 시작하고, 나는 그 음악이 새로운 것임을 알아채면서 놀라고 즐거워한다. 그녀가 연주하는 악기도 평범하지 않은데, 하프시코드와 피아노를 합쳐 놓은 것 같은 소리를 낸다. 바흐의 하프시코드 음악이 지닌 섬세함, 선명함과 함께 베토벤의 피아노 음악에서 느낄 수 있는 격렬하고 당당하고 풍부한 감정적 색채를 지닌, 완벽한 악기다. 다시 한 번 나는 이 특별히 아름다운 선물을 준 꿈에, 내가 꿈꾸는 중임을 아는 상태에서 감사한다.

빛을 내며 떠 있는 공 한가운데의 물질이 흔들리며 분열하기 시작한다. 우리는 모두 일어나 서로 손을 잡고 동심원을 이루며 음악에 맞춰 노래하고 춤추기 시작한다. 빛나는 구, 즉 세포도 계속 분열하고 진동하면서 3차원의 만다라, 또는 일련의 만다라들을 만들어 낸다. 나는 기본적이고 언제나 고유하지만, 무한히 자기 복제적인 구조를 반복하는 이것이 살아 있는 우주가 스스로를 인식하는 방식이라고 생각하며 설교한다.

나는 강렬하게 흥분하고 고요하며 행복해진다. 나는 내가 꿈에서 깨어나는 것을 느낀다. 이 꿈속에 그대로 머무르고 싶지만 선택은 내 몫이라는 생각이 떠오른다. 이 명석몽에 머무를 수 있지만 그렇게 하면 다음번에 꾸게 될 명석몽에서 이 꿈의 기억은 완전히 지워질 것이다. 결국 그것이 무엇이든지 꿈속에서 꿈이라고 인식하면서 머무를 수 있게 하는 그 무언가를 잃어버리는 순간, 나는 일반적이고 명석몽이 아닌 꿈으로, 그 다음에는 깊고 꿈 없는 잠으로 빠져들게 될 것이다. 그러다 깨어났을 때는 아무것도 기억하지 못한다. 다른 대안은 지금 일어나 꿈을 기록해 두는 것인데, 그렇게 하면 다음번 명석몽을 경험하지 못하게 된다. 나는 여러 생각들 가운데서 깊이 고민하지만 깨어나서 지금 꿈을 기억하는 게 결국은 잊어버릴 또 다른 명석몽을 경험하는 것보다는 낫다고 생각한다.

나는 일어나 펜에 달린 불빛에 의지해 예배 전의 고요함과 과거에서 온 많은 사람들을 알아보는 것부터 써 내려가기 시작했다. 그렇게 쓰기를 다 마쳤을 때 인쇄공 알을 만난 게 갑자기 기억났다. 이건 또 다른 놀라움으로, 깨어나기로 한 결정이 옳았음을 확인시켜 주는 예기치 않은 선물이었다. 그리고 이것은 깨어 있는 동안 꿈을 의식적으로 기억하는 것의 중요성도 확인해 주었다.

나는 처음 꿈을 꾼 이후 몇 년에 걸쳐 이에 대한 방대한 작업을 해 왔다. 이 꿈을 꾼 때는 내가 목사 안수를 받을 것인지 아니면 공식적으로 어떤 종파에도 속하지 않고 꿈 작업이라는 대안적인 성직을 추구할 것인지를 놓고 고민하던 때였다. 그 선택을 분명하게 하는 데 주된 "장애물"은, 목사 안수가 불가피하게 가져올 권위의 망토를 내가 욕망하는 동시에 거부한다는 것이었다. 앞의 명석몽과 마찬가지로, 이 꿈 또한 성과 창조적 과정과 연관된 요소들을 모으고 있다. 목사 안수에 관한 결정을 내리기 위해 바뀌어야 하는 것은 권위에 관한 드라마인데, 이는 교황이나 독재자들처럼 발코니에서 대중에게 연설하는 위치에서 표현되는 상징적 권위다. 꿈속에 드러나는 종교적·철학적 요소들은 상대적으로 분명하다. 그 이미지들의 원형적 에너지가 내 삶 속에서 울림을 계속하고 있다.

되돌아보고 싶은 세 번째 명석몽은 훨씬 최근의 것으로, 편집자에게 넘길 이 책의 원고를 준비하는 동안 일어났다. 꿈속의 나는 집에서 글을 쓰고 있다. 깨어 있을 때와 구분이 안 되는 장면이다. 딸이 방과 후 데려온 친구와 햇살이 환한 뒤뜰에서 놀고 있는 소리가 간간이 들린다. 누군가 현관으로 온다. 나는 누군지 보려고 일어선다.

세 명의 가족이다. 여자는 30대 후반이고, 겉으로도 정신분열증을 뚜렷이 드러내는 그녀의 아들 "에릭", 그리고 그녀가 요즘 만나는 남자이다. 에릭의 아버지가 아닌 그 남자는 흰머리가 늘어가는 금발에 잘 그을린 얼굴이며 선글라스로 눈을 가려 나이가 가늠이 잘 안 된다. 그는 아무 말도 하지 않는다. 여자는 자기 자신을 소개하는데, 그녀도 자기 아들만큼이나 제정신이 아닌 게 금방 분명해진다. 그녀는 내게 자기 아들을 보살펴 달라고 부탁한다. 그녀는 치료사로서의 내 명성을 터무니없는 말로 치켜세우며 나를 설득하려고 한다. 그녀는 자기 아들이 내 보살핌과 관심으로 완전히 회복해 제정신으로 돌아올 것을 확신한다고 말한다. 그녀는 나를 뚫어지게 쳐다보는가 하면 아예 쳐다보지도 않기를 반복하며 쉴 새 없이 말한다.

이들을 집 안으로 들여놓고 싶지 않아서 내가 앞뜰로 나온다. 나는 그녀의 아들을 받고 싶지 않다며 버클리에 있는 장애가 심한 어린이들을 전문으로 하는 거주자 치료 프로그램을 소개해 준다. 나는 에릭이 그곳에서 잘할 것 같아 보인다고 그녀에게 말한다. 우리가 얘기하는 동안, 나는 깨어 있을 때보다 훨씬 큰 나무 그루터기들을 어렴풋이 눈치 챈다. 나는 '미래임에 틀림없어'라고 혼자 생각하다가 딸아이의 나이가 지금의 나이인 걸로 봐서 미래일 리가 없음을 깨닫는다. 지저분한 얼굴의 여자 아이가 나타나 그루터기 하나에 말없이 앉는 것을 보는 순간, 이 수수께끼는 내 의식 밖으로 밀려난다. '저

아이도 이들 중 한 명인가?' 나는 궁금해진다. 그러다 나는 그 애가 집에 들어올 때 목소리만 들어 본, 보지는 못한 딸아이의 친구임을 깨닫는다. 나는 아이에게 묻는다. "트리스티Tristy는 어디 있니?" 아이는 말없이 어깨만 들썩하고는 눈길을 돌린다. 나는 아이의 몸짓을 그 아이가 딸아이의 친구는 맞는데, 놀다가 다퉈 집에서 빈둥거리는 중이라는 뜻으로 받아들인다. 나는 가서 딸아이가 괜찮은지 확인해야겠다는 생각을 하지만 이 사람들이 떠나기 전에는 그러고 싶지 않다.

나는 그 여자에게 할 일이 있어서 그러니 이만 가 주면 좋겠다고 말한다. 나는 그녀와 그녀의 동반자들을 길 쪽으로 안내한다. '에릭은 어디 있지?'라고 생각하는데 갑자기 냄새가 고약한 갈색 물질로 나는 범벅이 된다. 고개를 들어 보니 에릭이 나무 위에 올라가 그것을 우리에게 집어던지는 중이다. 나는 그게 분뇨일 거라고 확신한다. 나는 "이봐요, 당신 아들이 우리에게 똥을 던졌어요!"라고 소리친다. 그녀는 돌아보지도 않고 "똥 아니에요"라고 말한다. 내려다보니 그녀의 말이 맞다. 고약한 냄새가 나는 그 갈색 물질은 에릭이 앞 현관에서 파 온 상업용 화분의 흙이다. 아이가 그것을 들고 나무에 올라가 우리가 아래로 지나가기를 기다렸다가 던진 모양이다. 이는 계획한 행동을 집중해서 실행에 옮길 수 있는 일정 수준의 의식과 능력을 의미하는 것이라고 혼자 생각한다. 정신분열증 환자의 망상을 치료하는 데 그런 정도의 의식이 필요한데, 에릭에게는 그 능력이 있는 것이다. 아이가 버클리에서 효과를 볼 수 있으리라는 내 추측이 강해진다. 같이 있는 두 어른을 보자, 나는 슬퍼진다. 이들은 에릭을 그곳에 데려갈 것 같아 보이지 않는다.

나는 잠에서 깬다. 꿈이 혼란스럽다. 나는 손전등이 달린 펜으로 꿈을 기록하고 누워서 다시 잠을 청한다. 그런데 꿈속으로 바로 되돌아가 있어 나는 깜짝 놀란다. 깨어 있는 의식 상태에서 명석몽의 상태로 곧바로 전환하는 사람들에 대해 읽은 적은 있지만, 스스로 그런 경험을 한 적은 없었다. 나는 어리벙벙해져서 내면에서 이 요소들이 치유되어야 할 어떤 필요가 없다면 꿈에 찾아와 치유를 요구하지도 않았을 거라고 열에 들떠 생각한다. '내가 그 사람들을 직접 치유해야만 한다. 그런데 어떻게? 이 신비스런 남자는 누구지? 무슨 일이 벌어지고 있는 거야?' 이런 생각을 하는 동안, 에릭이 자기 엄마와 그 남자를 쫓아 길거리로 나서는 것을 본다. 그들은 차 문을 여는 중이다. 무슨 생각을 하기에는 일이 너무 빨리 진행된다고 느껴서 나는 시간의 흐름에서 벗어나 샤먼의 눈으로 보려고 한다. 나는 에릭을 황금빛으로 감싸 "장면을 정지" 시킨다. "시간 느리게 가기"가 제대로 작동하려면 우리 모두가 황금빛으로 감싸져야 한다는 것을 깨닫고 나는 나와 그 남녀 모두를 황금빛으로 감싼다. 딸아이에 대해 잠시 걱정한다. '어디 있는 거지?' 나는 시야를 확장해 아이가 뒤뜰 분수 옆에서 놀고 있는 것을 본다. 지저분한 얼굴의 여자 아이가 여전히 앞뜰에 앉아 있는 것도 본다. 나는 어디선가 갑자기 황금빛이 나타나 우리를 분리된 "광선"으로 연결해서 깜짝 놀란다. 이 "연결자"가 분자 모델의 선 같다고 혼자 생각한다.

  나는 주의를 다시 에릭에게 돌린다. 이제 나는 그의 정신병을 "영의 형태spirit form"로 볼 수 있다. 끔찍하고 무섭게 생긴 것이 아이의 오른쪽에 달라붙어 있다. 분뇨로 가득 찬 인공 항문 주머니 같아 보인다. 차이라면 갈색의 내용물이 살아서 고치 속의 누에처럼 "주머니" 안에서 꿈틀대고 비틀댄다는 것이다. 나는 그 광경에 충격을 받고 메스꺼워졌다. 에릭은 자신에게 들러붙어 있는 영의 형태를 전혀 눈치 채지 못한 것 같다. 그게 배아 상태에서 더 이상 발달하지 못한 쌍둥이의 잔해라는 생각이 번뜩 든다. 내가 뭔가를 하기는 해야겠는데 뭘 해야 할지 모르겠다. 나는 에릭의 엄마를 쳐다보는데 그녀의 미쳐 있는 영의 형태도 눈에 들어온다. 그건 갈색의 게처럼 생겼는데 그녀의 흉곽에 들어앉아 구부러진 다리로 심장을 감싸고 있다. 나는 남자를 쳐다본다. 남자와 연결된 영의 형태가 처음에는 보이지 않는다. 그러다 나는 "다르게 쳐다보아야만" 한다고 깨닫는다. 그렇게 하자 그 남자의 "영의 형태"도 보이는데, 그건 생물이 아니라 기계다. 나는 그 남자가 손목 둘레에 다른 각도의 사슬 톱니 모양의 도구로 만들어진 기계를 "차고" 있음을 본다. 그것은 이 식구들 내부의 상호 의존적인 광기의 시스템이다. 남자가 이 가정에 합류한 이유는 그녀의 광기가 성적인 형태를 띨 때, 그녀가 놀랄 만한 성적 파트너가 되기 때문이다. 나는 내가 바로 그 남자임을 깨닫는다. 나는 내 손목에 그 기계를 느낀다. 그리고 내가 그 톱들을 가지고 자위할 때 엉덩이 모양으로 "나무"를 자른다는 것을 깨닫는다. 나무는 여러 각도로 동시에 잘리고 통나무가 "사등분으로" 잘린 조각들을 분리해 만다라 형태로 떨어진다. 나는 다시 한 번 꿈속의 모든 사람들이 나의 일부임을 상기한다. 그리고 이제 내가 "모든 사람들을 한꺼번에 치유해야만" 한다는 것을 이해한다. 여기서 실패하면 치유되지 못한 광기의 살아남은 의지가 다른 사람들에게 필요한 보완물을 찾아 재생할 것이다. 유일한 방법은 한꺼번에 해치우는 것이다. 그래야만 온전한 회복을 희망할 수 있다.

나는 꿈속 사람들의 몸에서 영의 형태를 제거해야만 함을 깨닫는다. 나는 사람들의 몸에서 어떤 조각도 남기지 않고 영의 형태를 떼어 낸다. 게 모양이 특히 끈질겨서 내가 조금만 느슨하게 자르면 금방 다시 다리로 심장을 휘감는다. 나는 이 또한 "동시에 행해져야만" 함을 깨닫는다. 마침내 나는 다리 전부를 한꺼번에 잘라 내는 데 성공해 그것을 그녀의 흉곽에서 끄집어낸다. 그 게 형상은 미친 듯이 다리를 버둥댄다. 떼어 낸 영의 형태를 어떻게 처리해야 할지가 분명하지 않다. 갑자기 좀 이상한 문구가 답처럼 떠오른다. "강화된 진동을 통한 변형transformation through increased vibratory activity" 이 문구가 어디서 왔는지, 무슨 의미인지 궁금해 하는데 그 의미가 눈앞에 펼쳐짐을 보게 된다. 황금빛이 떼어 낸 병든 영의 형태 주위와 안에서 점점 더 빠르고 강하게 "진동하면서" 모든 것을 연소시키고 격렬하게 타올라 일종의 황금빛 불꽃이 된다.

그 형태 잔여물이 분해되어 사라지지만, 나는 "재"가 여전히 빛 속에 떠 있는 느낌을 받는다. 황금빛은 주위에 '어떤' 병든 영혼의 잔여물이나 "해로운 잔재"를 남기고 싶지 않아서 그것들이 순수한 에너지로 완전히 변형되어 우주 전체에 가치가 모두 소멸된 형태로 골고루 흩어질 때까지 진동을 더 강하게 한다. 흐뭇해진 나는 세 사람을 쳐다본다. 아무도 나의 "샤먼화"를 눈치 챈 것 같지 않다. 차 주위에 몰려선 이들이 순간적으로 방향감각을 잃고 어리둥절해하는 것을 바라본다. 나는 그들이 병든 영의 형태가 제거되어 이상한 느낌을 받고 있음을 인식한다. 그들이 겪고 있는 순간적인 방향감각의 상실이, 전부는 아니지만 그들의 정신적·감정적 혼란에서 나타나는 습관적이고 의식 이전의 왜곡에서 갑자기 자유로워져 주변을 "새로운 눈"으로 경험하는 데서 오는 것임을 알기에 흐뭇해진다. 나는 이 경험을 완전히 이해하지는 못하지만 평소와 다르게 훨씬 더 의식적이고 창조적으로 상황에 대처했음을 알기에 뿌듯해하며 긴장을 푼다. 나는 꿈 없는 잠 속으로 빠져 든다.

아침에 일어났을 때 나는 다른 꿈을 꾸었고 그 꿈을 적기 시작하는데, 이 명석몽 부분이 갑자기 생각났다.

일주일 넘게 이 꿈과 함께 살고 작업한 후에야 비로소 나는 아주 중요한 어떤 부분에서 내가 일 때문에, 특히 이 책을 쓰는 일 때문에 딸아이에게 무심했다고 꿈이 말해 주고 있음을 알았다. 그로 인해 나는 좀 더 의식적으로 아이와 함께 시간을 보내고 놀아 줄 수 있었다. 다른 차원의 의미와 중요성은 꿈 작업을 계속할수록 드러났다.

명석몽에 관한 이 짧은 논의를 꿈 작업 중 누군가 해준 이야기를 나누는 것으로 마치고자 한다.

"댄Dan"이라는 청년이 아파트의 아름다운 펜트하우스에서 벌어진 파티에 참석하고 있는 꿈을 꾼다. 수준 있는 재즈 밴드가 방 한쪽의 카펫이 깔린 무대에서 연주하고 있다. 한쪽 벽이 다 유리로 되어 있어서 거대한 도시의 야경이 빛을 내며 반짝이고 있다. 댄은 아주 매력적인 여자를 자기 무릎에 앉히고 편안한 의자에 앉아 있다. 주변의 많은 사람들이 흥겨운 시간을 보내고 있다. 그런데 갑자기 그가 자기 몸은 시카고의 싸구려 셋방에 잠들어 있다는 것을, 자신이 꿈꾸고 있다는 것을 깨닫는다. 이 순간, 꿈속에서 무릎에 앉은 그 여자가 재미있냐고 묻는다. 그는 웃으며 아주 좋다고, 하지만 곧 떠나야 한다고 말한다. 금방 알람이 울리고 잠을 깰 시간임을 알린다. 그 여자는 놀라서 무슨 말이냐고 묻고 그는 이건 전부 꿈이며 조금도 실재가 아니라고 답한다. 그녀는 "내가 실재하지 않는다고 생각한다는 말이야?"라고 약간 짜증난 듯 묻는다. 그는 "그래"라고 대답한다. 이 대답에 그녀는 더 짜증이 난 듯 "내가 진짜인지 아닌지 보여 줄까?" 하고 말하며 불붙은 담배를 그의 오른쪽 손등에 누른다. 순식간에 그는 오른손에 끔찍한 통증을 느끼며 셋방에서 잠을 깬다. 그는 불을 켜고 오른쪽 손등에 난 담배 크기의 둥근 화상 자국을 본다. 놀라서 쳐다보던 그는 상처 주변에 담뱃재 같은 것이 붙어 있음을 발견한다. 그는 친구들에게 이 이야기를 했더니 한참의 격론 후에, 그가 자면서 걸어 다니다 담배를 찾아 스스로에게 상처를 입히고는 다시 잠이 들어 꿈을 꾸다가 깬 것이라는 결론을 내렸다고 꿈을 나누는 모임의 사람들에게 말했다.

내게 흥미로운 점은 "진짜 그런 일이 일어났는가?"가 아니다. 나는 그 청년이 자신이 기억하는 대로 진실 되게 얘기했다고 믿는다. 그 꿈과 깨어났을 때의 이야기가 의식적으로 조작된 것이라 할지라도 그게 일어날 수 없는 일이라고 믿을 이유는 없다. 이 일이 "불가능한" 것은 사람들이 뜨겁게 달궈져 타고 있는 석탄 위를 화상도 입지 않고 걷는 게 "불가능한" 것이나 마찬가지다. 하지만 어떤 사람들은 그렇게 하고 있지 않은가? 그런 묘기가 인류학자들에 의해 광범위하게 워낙 잘 기록되어서 내가 직접 본 적은 없지만 그런 일이 가능하다고 믿는 것이 안 믿는 것보다 훨씬 더 쉽다.

내가 진실이라고 이해한 것은, '모든' 꿈이 우리의 의식적인 경험을 통해 그들의 에너지와 이미지를 드러내려 한다는 점이다. "댄"이 낮에 실수로 담배에 화상을 입었다면 아무도 그게 이상하거나 특별하다고 생각하지 않을 것이다. 하지만 외상 없이 화상을 입는 능력은 단순히 열기 앞에서 화상을 억제하는 능력의 정반대이다.

우리가 이 논의를 시작한 힌두-불교의 전통에 따르면, 꿈이 오는 무의식 수준의 위대한 꿈Great Dream은 장면이 자주 바뀌는 잠잘 때의 꿈보다 겉보기에 좀 더 안정된 상태이며 깨어 있을 때의 경험을 형성하고 유지하는 수준이기도 하다고 한다. 이 개념이 조금이라도 진실이라면 댄의 꿈 이야기나 불 위를 걷는 "무시무시한" 행위의 기제는 우리가 깨어 있을 때 경험을 형성하는 기제와 정확하게 같은 것이다. 그런 개념은 또한 겉보기에 "기적 같은" 치유나 "효과적인" 저주 등을 더 잘 이해할 수 있는 개념적 틀을 제공한다. 다른 한편으로, 댄이 꿈 이야기를 지어냈다 하더라도 그 이야기는 여전히 그의 아니마가 벌이는 투쟁과 그가 자신의 직관적이고 감정적인 삶의 "현실"을 거부하는 경향이 있는지, 그래서 스스로에게 상처를 주는지에 대한 아주 정확한 은유적 표현이다.

이는 마치 모든 사람이 무의식의 마술사이며 자신의 현실과 집단적 현실의 실체를 동시에 창조하는 것과 같다. 제인 로버츠Jane Roberts의 작품 속에서 원형적인 지혜의 뱀 "세스Seth"는 이 주제를 매우 길게 확장해서 보여 준다. 다시 한 번 이는 단순히 진실의 일면이 다른 것들보다 더 중요하고 설득력이 있다고 인식하는 미학적 판단의 문제이다. 모든 경험은 당사자 자신의 창조물이며, 자신 너머에 실재하는 것은 아무것도 없다는 유아론Solipsism은 원형적 수준에서 이집트인들이 스스로를 오시리스와 동일시했던 것과 마찬가지로 자신을 창조자로 인식하고 동일시하는 것이다.

"생각으로 저지르는 범죄thought crime"에 대한 보편적인 죄책감, 즉 의식적으로 한 일이 아님에도 불구하고 억압된 부정적 욕구가 세상에 드러나는 데서 오는 죄책감은 이런 맥락에서 보면 다른 의미로 이해할 수 있다. "신경증적 죄의식"은 기억하지 못하는 꿈속의 범죄 행위에 대한 죄책감으로 이해할 수 있다. 꿈에 아무런 관심을 두지 않는 사람들조차 어떤 일을 강하게 부인할 때 "난 그런 일은 꿈도 못 꿔"라는 표현을 쓰는 것은 우연이 아니다. 실제로는 그 누구도 꿈에서 무슨 일을 했는지 안 했는지 분명하게 얘기할 수 없다.

꿈속에서의 삶과 꿈이 구체적으로 드러내는 감정과 생각 그리고 직관을 무시하고 억압하는 만큼, 우리는 상상할 수 없는 최악의 것이 세상에 드러났을 때 죄책감을 느낄 수밖에 없다. 여기서 우선 개인의 의식을 무의식으로부터 분리시키는 원죄의 영역에 접근하게 된다.

이 모든 것을 염두에 두면 소망하는 것이 무엇이든지 명석몽을 수양하지 않을 이유가 없다. 명석몽과 그에 대한 그룹 명상에 집중하면 참가자들 가운데 명석몽을 꾸는 경우가 증가한다. 모든 명상 수련에서와 마찬가지로 이런 수련에 성공하려면 미숙한 폐쇄성에 반하는 열린 마음을 갖는 것이 중요하다.

어떤 명상이든 효과를 보려면 마음가짐이 중요하다. 실제로 단순한 행위를 명상으로 바꿀 수 있는 것이 바로 마음 상태이다. 열린 마음으로 무엇을 실행하면 어떤 활동도 명상이 된다. 최고의 의식도 열린 마음이 없으면 결실을 맺지 못한다. 깨어 있을 때의 모든 활동처럼 특정한 꿈이나 그 꿈의 명상도 마찬가지다.

기억하기

명석몽과 꿈 요가
꿈을 꾸는 동안 우리가 꿈꾸는 중이라는 사실을 의식하게 될 때, 이를 명석몽 또는 자각몽이라고 한다. 힌두-불교, 도교의 전통에서 명석몽은 2500여 년 동안 종교적인 이유로 개발되어 왔다. 서구에서는 명석몽을, 자연스럽고 자발적인 꿈의 경험에 깨어 있는 의식이 개입하는 것을 두려워하는 경향이 있다. 내 경험으로 이런 태도는 잘못된 것이다. 꿈이 탄생하는 무의식은 깨어 있는 의식의 기반이기도 하기 때문이다. 꿈을 꾸는 무의식은 깨어 있을 때의 의식보다 훨씬 더 성숙하고 현명하며, 강하고 더 멀리 내다보는, 우리의 존재 중심에 있는 부분이다. 그래서 무의식이 의식에 의해 압도되거나 "통제"될 수 있다고 생각하는 것은 가능한 이야기가 아니며 우리의 기본적인 본성을 잘못 이해하는 것이다. 명석몽의 전통과 명석몽을 꾼 사람들의 기록을 보면 이 사실이 분명해진다.

꿈에 등장한 에너지와 이미지가 깨어 있을 때의 경험으로 나타나게 되는 과정은 복잡하고 신비롭다. 내가 아는 바에 의하면 모든 꿈은 깊은 수준에서 무의식적이고 원형적 에너지의 내재적 경향과 연결되어, 깨어 있는 동안 경험에서 드러난다. 명석몽은 인간의 의식이 무의식의 현상을 들여다보고 극적이고 흥미로운 방법으로 그 현상을 변형할 수 있는 장을 제공한다. 우리가 꿈을 꾸는 것과 다른 한편, 우리가 누구이며 깨어 있는 동안 우리가 하는 일이 무엇인가 하는 것 사이의 관계는 다면적이고 깊고 미묘하며 심오하다. 깨어 있는 동안은 대개 자기 인식이 아주 제한되지만 꿈의 영역으로 들어가면 거대한 창조적 에너지를 일깨우게 된다.

명석몽을 꾸면 어떻게 행동할 것인지에 대한 다양한 방법의 시도에서 가능한 한 새로운 아이디어와 느낌, 감정과 경험에 열린 태도를 갖는 것이 중요하다. 실제로 열린 태도는 모든 행위를 명상으로 바꿀 수 있다. 가장 자주 행하는 방법이나 명상 수행도 열린 마음이 없다면 결실을 맺을 수 없으며 생산적이지 못할 것이다.

16

꿈 작업을 통해 창조적 욕구에 자양분을

> 꿈이 지시하는 방향을 따라가다 보면
> 평상시에 생각해 본 적이 없는 성공을 하게 된다.
> – 소로

 의식이 부분적인 상태로 머물러 있는 한 아이러니는 등장할 수밖에 없다. 그러니 오히려 아이러니를 즐기는 법을 배우는 게 나을지도 모른다. 이를 "아이러니의 법칙"이라고 부를 수도 있겠다. 다른 식으로 표현하면 "트릭스터의 복수 법칙"이라고 부를 수 있다. 트릭스터 원형에는 두 가지 기본적인 기능이 있다. 하나는 오만한 사람들이 마땅히 받아야 할 보복을 하는데, 최소한 심정적으로는 "받아 마땅한 벌"을 주는 기능이다. 또 다른 하나는 창조적 충동의 영감과 에너지를 전달하는 기능이다. 이 두 기능은 아이러니하게 들리겠지만 서로 밀접하게 연관되어 있다.

 이와 관련하여 지금의 나이지리아에 해당하는 티브랜드Tivland에서 전해져 오는 이야기 하나를 소개하겠다. 나는 이 이야기를 찰스 킬Charles Keil에게서 들었다.

 세계의 왕이 둘러본 이 세상은 온통 사막과 황무지뿐이었다. 그래서 왕은 전 세계를 하나의 정원처럼 만들기로 결심하고 모든 창조물을 호출하여 나무 심기 대축제에 참가하라고 명한다. 이 소식이 널리 전해져 구름과 태양, 달과 비 그리고 토지를 포함해 세상에 사는 모든 동식물들이 씨앗을 가져와 나무 심기 대축제에 참여한다. 이 거대한 계획이 엄청나고 장엄하게, 순조롭게 진행된다. 그런데 왕은 이 행사에 토끼가 빠진 것을 눈치 챈다. 왕이 소리친다. "토끼는 어디에 있느냐?" 전령은, 토끼가 한낮 더울 때는 잠을 자 두는 편이 낫다며 아직 굴속에 있다고 대답한다. 이 말에 진노한 왕은 부하들에게 당장 토끼를 잡아 와 재판에 회부하라고 명한다. 병사들이 토끼를 왕 앞에 데려오자 놀랍게도 토끼는 반항을 하면서 세계의 왕에게 나무 심기 대축제는 바보 같은 짓이라고 한다. 그리곤 자기는 지금 하는 노력의 절반만 들여도 훨씬 더 훌륭한 축제를 열 수 있다고 장담한다. 이에 왕이 "오! 그래? 그럼 그렇게 하도록 허락해 주마. 그러나 만일 실패한다면 네 털이 너무 지저분해서 그럴 가치조차 없어 보이지만 산 채로 껍질을 벗겨 버리겠다!"고 말한다. 왕의 면전에서 물러난 토끼는 두려움과 후회로 가득하다. 늘 그러하듯 자신의 허풍쟁이 입이 작은 새 같은 머리보다 너무 앞서 나갔다. 이번에는 아무래도 큰 대가를 치를 것만 같다. 왕의 자비를 구해 볼까도 생각했지만 그게 별 소용이 없으리라는 건 너무나 뻔하다. 얼마 후 토끼는 배낭 하나를 지고 나무 심기 축제로 되돌아간다. 그리고 가까이 서 있는 나무 위로 올라간다. 나무 위에 자리를 잡은 토끼는 배낭을 열어 드럼—모든 이야기에서 그렇듯이 여기서도 인류 최초의 드럼이다—을 꺼내 연주를 하기 시작한다. 처음에는 나무 심기 행사에 걸맞게 천천히 그리고 엄숙하게 드럼을 연주한다. 그러다가 서서히 속도가 빨라진다. 마침내 모든 참가자들이 신명이 나서 최초의 드럼 소리에 맞추어 최초의 춤을 추게 된다. 흥에 겨운 나머지 씨앗이 든 주머니가 발에 짓밟혀도 아무도 눈치 채지 못한다. 이때 토끼가 나무 아래로 머리를 내밀고 다른 이들과 어울려 춤추고 있는 왕을 부른다. "이 봐요. '모든 이' 가 내 댄스 축제에 왔죠. 당신이 벌인 케케묵은 나무 심기 축제에는 '아무도' 안 왔네요!"

이 이야기는 헤르메스 신화와 유사점이 많다. 둘 다 인간의 의식과 자각 사이의 역설을 다루고 있다. 트릭스터에게서 자기기만과 창조력의 승리, 이 두 가지가 모두 솟아난다. 게다가 두 이야기 모두에서 음악의 탄생으로 인해 사람들의 창조적 충동이 일어난다는 사실을 보여 준다. 윌리엄 블레이크가 말했듯이 "에너지가 바로 순수한 기쁨이다."

아폴로와 세계의 왕이 최초의 악기 소리에 의해 변화된 것처럼 우리도 창조적 충동과 창조적 표현에서 샘솟는 에너지에 의해 변형될 수 있다.

지나친 자신, 거만함, 무례함, 자부심을 다 포함하는 치명적인 오만과 미성숙하고 폐쇄적인 세계관을 가지고 자만하는 것 등이 트릭스터가 지니는 "성격상의 결함"이다. 서양의 헤르메스와 토끼는 둘 다 지위가 낮고 가난한 인물로 등장한다. 이들의 오만은 스스로를 사회적으로 중요한 인물로 보는 데서 나오는 것이 아니라 자기들의 내면세계를 자발적으로 표현하는 데서 자연스럽게 발생한다. 아폴로와 세계의 왕은 권력의 오만을 보여 주는데 그 때문에 그들은 벌을 받게 된다. 두 신화에서 모두 창조적 충동이라는 선물과 벌이 동시에 등장하는데, 이 창조적 충동은 두 신화에서 모두 음악과 "조화"의 발명으로 상징된다. 클린트 이스트우드를 살해하는 내 꿈으로 돌아가 보자. 나 자신의 오만은 그가 꿈속에서, 그리고 내 안에서 가장 긍정적이고 영원히 자양분을 주는 요소와 친밀하게 연관되어 있다는 사실을 깨달음으로써 처벌과 동시에 보상을 받게 된다. 이런 식으로 트릭스터는 항상 예기치 못했고 그전에는 상상도 못했던 방식으로 자신의 임무를 수행하는데, 그 임무는 글자 그대로의 사실주의에 고착되고 경직된 상상력을 비난하고 창조적 충동이 지니는 메시지를 전달하는 것이다. 트릭스터가 항상 우리에게 상기시키는 것은 넓은 시야로 보면 모든 것이 실제로는 하나라는 사실이다. 트릭스터는 상상할 수 있는 모든 가능성의 불꽃과 아직 형태가 없이 내부에서 솟아오르는 에너지의 창조적 충동을 불러일으키는 동시에 미성숙하고 폐쇄적인 오만함을 처벌한다. 창조적 에너지의 표출 자체가 자동적으로 오만을 징벌하게 되고 예전에는 상상도 못했던 놀라운 가능성을 드러내게 된다.

　서구에 만연한 치명적 오만의 한 형태는 남성 우월의 문화가 "객관적"이고 이성적이며 모든 경험을 측정하고 가치를 부여하는 척도가 된다는 것이다. 오직 "이성적" 마음가짐에만 의존하는 것은, 우리가 무의식에 대해 알고 있는 지식과 인류가 매순간 얼마나 무의식적인가를 생각해 본다면 그 자체가 바로 비이성의 극치다. "객관성"이란 유용한 허구일 뿐이다. 즉, 그것은 창조적으로 스스로를 자각하기 위한 노력을 기울일 수 없도록 만든다.

　개인적으로나 집단적으로 우리가 직면한 문제들을 해결하고 우리와 세상을 변형하려면 깨어 있을 때나 잠들었을 때나 항상 열린 자세라야 한다. 열린 자세는 도저히 함께할 수 없을 것 같은 대극적인 현상들을 역설적으로 통합하려는 노력을 요구한다. 역설을 통합하려는 명상을 통해 미성숙하게 닫혀 있는 태도나 의견 그리고 신념들을 버리고 창조적으로 그 현상을 다룰 수 있게 된다.

바로 이런 면에서 전 세계에 등장하는 트릭스터 신화들은 궁극적으로 한 가지 이야기다. 그것은 인간 의식의 진화에 관한 이야기다. 자신의 능력과 중요성을 깨닫지 못한 채 자기 우울함에 안주하며 무감각해진 이들은 사실 진짜 성장과 발달이 중단된 사람들이다. 트릭스터는 이들의 오만이란 허상을 파괴하지만, 내면의 무의식적인 삶에 열려 있는 이들에게는 그들이 미천하고 하찮거나 무능력하게 보일지라도 창조적 에너지라는 큰 선물을 가져다준다.

이 원형적 이야기들 중 유다인들 사이에서 민간전승으로 내려오는 흥미로운 이야기가 있다. 마을에서 그리스도교도 어린아이 하나가 사라졌다는 소식이 세비야Seville의 종교재판관에게 전해진다. 유다인들이 아이를 유괴하고 살해하여 그 피를 과월절 무교병matzos을 만드는 데 사용했다는 얘기를 들은 그는 부하를 보내 유다인 게토의 우두머리 랍비를 체포해 재판소로 데려오게 한다.

랍비가 체포되어 종교재판관 앞에 불려 온다. 그리고 엿새 동안 결론이 나지 않는 지루한 법정공방이 이어진다. 마침내 판결에 들어간 종교재판관은 다른 관리들에게 이 문제에 얽힌 진실을 밝히는 데는 단순히 인간의 방법만으로는 충분하지 않음이 명백하다고 하면서 신에게 징표를 보여 달라는 요청을 해야겠다고 말한다. 종교재판관은 하나에는 "유죄"라고 쓰고 다른 하나에는 아무것도 안 쓴 종이 두 장을 가죽 주머니에 넣어 랍비에게 하나를 꺼내도록 하자고, 그러면 신이 진실을 가리게 될 것이라고 제안한다. 하지만 랍비의 유죄를 확신하고 있는 종교재판관은 우연이라도 신의 뜻을 거스르게 되는 실수가 일어날까 봐 두 종이 모두에 "유죄"라고 쓴다.

다시 법정으로 불려온 랍비는 이 결정사항을 듣고 주머니에서 종이 하나를 꺼내라는 명령을 받는다. 주머니에서 종이 한 장을 꺼낸 랍비는 그것을 보지도 않고 재빨리 삼켜 버린다. 법정이 소란스러워지자 랍비는 결백을 고수하라는 신이 주신 영감에 따라 행동했다고 외친다. 그리고 자신이 선택한 종이가 뭐였는지는 주머니에 남아 있는 종이를 꺼내 보면 자연히 알게 될 것이라고 주장한다.

권력의 오만에 가득 찬 종교재판관에게 창조적 영감을 발휘하여 아이러니하게도 재판관 자신이 만든 함정에 스스로 빠지도록 복수하고, 부패한 권력으로 인해 희망이 없어 보이는 상황 자체를 전복시키는 데 완벽하게 행동한 이 이야기는, 그전에는 누구도 상상하지 못한 기지로 암울한 상황을 전복한 또 하나의 트릭스터 이야기다. 꿈꾸는 과정 자체에 내재된 고유한 트릭스터의 특질은, 모든 꿈이 심오한 차원에서 자기 깨달음을 향해 진화하도록 하므로 이런 원형의 실례라고 할 수 있다.

무의식의 영역에 대해 열어 가는 것은 트릭스터의 게임이다. 꿈 자체는 바로 끝없는 깊이, 심지어 가장 보고 싶지 않은 구석구석까지 비추는 트릭스터의 환영이다.

우리가 꿈 작업에 참여하여 적절한 공간에서 우리 자신과 다른 사람들의 꿈에 주의를 기울이고 함께 작업할 때, 우리는 토끼의 드럼에 맞춰 춤을 추게 되는 것이다. 아이러니는 모든 사람이 춤을 추고 있지만 극소수만이 그 사실을 의식하고 있다는 점이다. 부분적이고 간헐적인 의식을 소유한 우리의 유일한 선택은 춤추는 동안 토끼의 북

소리를 깨닫는 것이다. 그렇지 않으면 모르는 채 춤만 추게 된다.

밤마다 우리는 결코 거짓말을 하지 않는, 꿈이라는 마법의 거울 앞에 선다. 자주 우리는 백설공주 동화에 나오는 사악한 여왕처럼 거울을 들여다보고 우리가 "세상에서 가장 잘 생기지" 않았다는 사실을 알게 된다. 그리고 그 사악한 여왕처럼 자신에게 주어진 이 정보를 억압하고 주변 사람들에게 투사해, 우리가 투사한 "못생긴" 사람을 "죽이려" 한다.

하지만 항상 대안은 존재한다. 우리 모두 영적인 죽음과 재탄생이라는 변화의 와중에 있다는 내면의 지식을 받아들여서 거울이 준 정보에 대해 창의력과 상상력을 가지고 행동하는 것이다. 운명이 사람들을 변화시키는 것이 아니라 단지 사람들이 쓰고 있던 가면을 벗기는 것일 뿐임은 고대로부터 내려오는 지혜이다. 혁명도 마찬가지다. 이를 인식하지 않으면 자신과 세상을 변화시키려는 우리의 노력은, 우리가 바꾸고 극복하려는 바로 그것에 대한 반어적인 은유만 만들어 내게 된다. 이것이 바로 근본적인 문제인 의식의 "원죄"이다. 점점 더 강력하고 정교하며 위험해지는 기술을 보유함에도 근본적인 문제는 변화하지 않은 채 그대로 남는 것이다.

우리의 어려움에 대한 해결책은 상상력을 발휘해야 찾을 수 있는데, 내가 아는 바에 의하면 상상력의 세계를 양육하고 존중하기 위한 최상의 방법은 꿈 작업이다. 우리가 개인으로서나 종species으로서 성취한 모든 것들은 분명 상상력 속에서 먼저 태어나고 나중에 행동으로 옮겨진다는 사실을, 우리는 제대로 인식하지 않고 있다. 불을 발명한 것에서 달에 착륙하고 그 사실을 전 세계 사람들과 나눈 것에 이르기까지 혁신과 발명의 역사는 바로 상상력의 역사이다. 여신 숭배에서 오늘날의 다양한 신념들에 이르기까지 종교의 역사 또한 상상력과 창의력의 역사이다. 상상력은 원초적이다. 고대의 지혜는 말한다. "아는 것은 아무것도 아니다. 상상하는 것이 전부이다." 그리고 알베르트 아인슈타인의 "상상력이 지식보다 더 중요하다"라는 말은 그 고대 진리의 반향이다. 마크 트웨인도 조금 다르지만 "상상력의 초점이 엇나갔을 때의 판단력은 믿을 수 없다"고 말했다.

상상력이나 장난스럽고 허황해 보일 수도 있는 상상력의 산물을 얕보고 천시하는 곳에서는 어쩔 수 없이 타협 없음과 절망, 절박함에서 나온 행동들 그리고 우리의 영향력이나 통제 훨씬 너머에 있는 강력한 사건이나 악이 느껴진다. 반대로 상상력이 찬양 받고 상상력의 산물에 대한 가치가 매겨지고 제대로 평가되고 향유되는 곳에서는, 개인이 좀 더 멋들어진 형태의 소통을 위해 계속 노력하고 각자 의미 있는 선택과 행동으로 관계가 풍요로워지며 살아 있는 느낌을 발견하게 될 것이다.

상상력을 얕잡아 보는 것은 인류에게 알려진 어떤 억압 중에서도 가장 강력한 것이다. 이런 깊고 중요한 수준에서, 모든 개인적이고 집단적인 형태의 억압이―가장 개인적이고 "심리적"인 것에서 가장 집단적이고 "역사적"인 것까지, 또 가장 의식적이고 교묘하며 냉소적인 것에서 가장 무의식적이고 "진지한" 것까지―다양한 모습으로 나타난다. 이에 대해 궁극적으로 상상력을 일깨우고 창조적 충동을 불러일으키며 내면세계에 대해 열린 태도를 가꾸는 것이 개인적으로나 집단적으로 우리가 할 수 있는 가장 효과적인 해결책이다.

집단적 삶에서 작동하는 아이러니 법칙의 또 다른 예는 미국의 삼림 상태이다. 거의 50년 동안 미국 산림청에서는 불이 나는 족족 진화했다. 이로 인해 가끔 일어나는 불로 자연스럽게 잔가지가 정리되고 나쁜 나무가 솎아짐으로써 오래된 나무를 죽이지 않으면서도 빽빽해지는, 곁가지가 저절로 제거되는 숲의 생태계는 방해를 받았다. 그렇게 50년 동안 누적된 인간의 방해는, 불이 초기에 진화되지 못하자 부자연스럽게 많아진 죽은 나무를 연료로 해서 가장 크고 오래된 나무까지 모조리 태우고 아주 방대한 구역의 땅을 통제가 불가능하게 망쳐 버리는 결과를 낳았다.

이 또한 트릭스터 이야기의 예이다. 모든 불이 조기에 진화된 "관리림"이 생태계의 역학적 균형을 이루는 자연림보다 "더 생산적"일 것이라고 가정한 오만이, 결국 우리가 통제하려던 바로 그 불에 의한 더 큰 산불이라는 재난을 초래했다.

다시 한 번 덧붙여 말하지만, 인간 의식이 유일하고 실제적으로 할 수 있는 선택은 미성숙하게 폐쇄적이 되느냐, 개방하느냐 둘 중 하나이다. 열린 태도는 어린아이의 성격과 같다. 아이들은 열린 눈으로 세상을 바라본다. 구타 당하고 학대 당하는 아이들조차도 그런 열린 태도를 유지한다. 말하는 법을 배운 아이라면 누구나 복잡하고 추상적인 정신적/상징적 활동의 시스템을 배우고 이용하는 능력을 보여 준다. 이 사실을 떠올린다면 누구에게라도 "멍청하다"고 할 수는 없을 것이다. "멍청하게" 보이는 것은, 발달이 늦다는 이유로 어린아이의 고유한 열린 정신적/개념적 능력에 대해 어른들이 자신들의 미성숙한 폐쇄성을 강요한 것에서 기인한다.

"어린아이가 그들을 이끌어…"라든가 "너희가 다시 어린아이가 되어야만…" 등의 그리스도교 설교는 이 열린 태도의 중요성을 말하고 있다. 예수가 "하느님의 나라는 내면에 있다, 하느님의 나라는 우리 가운데 있다, 하느님의 나라가 다가온다!"고 할 때도 기본적인 열림과 내면세계에 대한 태도를 말하고 있는 것이다.

이런 면에서 기본적으로 급진적인 그리스도교의 메시지 "원수를 사랑하라"는 모든 현상과의 궁극적 합일에 대한 단언이다. 개인적 심리 수준에서 "원수를 사랑하라"는 설교는 억압과 투사라는 보편적 문제에 대한 유일한 실용적 해결책이다. 깨어 있을 때나 잠들었을 때 우리가 원수로 인식하는 모든 것들은 단순히 우리가 스스로를 부정하고 억압하기 때문에 다른 사람들에게서 그 모습을 발견하게 되는, 곧 스스로 사악해질 수 있는 이미지를 보여 주는 것이다. 이런 의미에서 그리스도교인이든 아니든 우리는 원수를 사랑하는 법을 배워야만 하며 이 길이 유일하게 유효한 길이다.

텔리 사발라스Telly Savalas가 본시오 빌라도를 연기하는 장면을 기억하는가? 원수를 사랑하라는 것이 모든 사람의 주목을 받고 있는 나자렛의 설교자가 한 기본 메시지라고 빌라도에게 말해 주자, 빌라도는 최대한 불신하는 태도로 퇴폐적이며 군사적인 개인주의자로서의 웃음을 지으면서 말한다. "원수를 사랑하라고?"

원수를 사랑한다는 것이 실제로는 무엇을 의미하는지 잠시 생각해 보자. 원수를 관심과 흥미를 가지고 부드럽게 대하고 돌보며 그의 적대적 행동의 장벽을 넘어서 서로 소통할 방법을 생각해 내는 것이다. 원수라고 생각하는 대상을 사랑하는 역설적인 행위는 우리가 한 개인으로서 성장하고 진화하며 종으로서 생존하기 위해 필요한 일이다. 이를 위해 꿈 작업은 대단히 실용적 가치를 지닌다. 여기서 나의 다른 꿈을 이야기하겠다.

다른 남자 무리와 함께 나는 고대 종교 의례에 참여하고 있다. 우리는 숲 속에 서 있다. 밤이다. 길고 밝은 색의 예복을 입고 나무들 사이에 서서 기도하고 명상하는 중이다. 빛이라곤 보름달의 달빛뿐인데 오래된 참나무 사이로 달빛이 만든 짙은 그림자가 은빛으로 드리워져 있다. 갑자기 동물 가죽을 걸치고 길고 지저분한 검은 머리와 수염을 한 야생의 사내가 내 시야로 뛰어든다. 그는 내 앞에 있는 거대하고 오래된 나무의 뒤틀린 뿌리에서 잠시 멈춰 선다. 나무 손잡이가 달린 원형의 금속 칼날이 살아 있는 나무의 새 잎이 나오는 나무줄기에 매달려 계속 회전하고 있다.

그 야생의 사내가 회전하는 칼의 손잡이를 왼손에 쥐고 자신의 길고 검은 머리를 오른손에 쥐고 있다. 그는 회전하는 칼을 목으로 가져가 자신의 머리통을 자르기 시작한다. 머리가 몸에서 분리되자 그는 머리를 의기양양하게 높이 쳐들고 피가 굳어 버릴 것 같은 무시무시한 웃음을 짓는다.

나는 그의 참수에 깊은 인상을 받아 동요된다. 나는 이 "야생의 사내"가 "사제들"(나도 사제다)을 놀리고 있다는 것을 이해한다. 나는 또 그가 "켈트 족 숲의 요기 yogi"라는 것도 알고 있다. 이날 밤 숲 속의 우리는 모두 켈트 족인데, 이 "야생의 사내"가 독립적인 샤먼 풍속의 고대 전통을 추구하는 데 반해 나는 좀 더 최근의 집단적인 성직자 전통의 일부이다.

같은 꿈이지만 다른 장면에서, 아마도 그 사내가 스스로를 참수하기 이전에 나는 남녀가 뒤섞인 한 그룹의 사람들과 함께 있다. 해가 지기 직전이다. 우리는 나무 아래의 식탁에 둘러앉아 축제를 벌이는 중이다. 유쾌하고 축하하는 분위기다. 종교 단체의 자발적인 추수 축제인 듯하다. 우리는 역사적으로 다른 시기의 의상들을 입고 있다. 누군가 내게 아름답게 조각되고 장식된 테니스공만 한 둥근 모양의 나무 퍼즐을 건넨다. 퍼즐 조각이 너무 매끈하고 복잡하게 서로 연결되어 있어 나무 한 조각으로 만든 것이라는 사실이 믿기지 않는다. 조각은 모든 부분이 완벽히 맞아떨어진다. 복잡하게 조각된 내부를 볼 수 있는 입구가 표면에 몇 개 나 있다. 꿈속에서 에서 M. C. Esher의 환상을 조각으로 옮겨 놓은 것 같다는 생각을 혼자 한다. 내부의 투시도는 3차원적이며 내가 손에 들고 있음에도 불구하고 끝이 없다. 나는 이 예술과 공예가 힌두교가 아니라 켈트 전통의 만다라 명상에서 온 것이라는 생각도 한다. 손 안의 조각에서 숲 속의 더 큰 전경으로 시선을 옮기면서 환희와 창조적 열기로 가득 찬 공동체 속에 내가 있다는 사실에 큰 기쁨을 느낀다. 위대한 사랑의 경험이 아닐 수 없다. 이 아름다운 선물을 준 이에게 고맙다는 인사를 하려고 주위를 둘러보지만 그 사람은 나무와 사람들 사이로 사라지고 없다.

이 꿈은 내게 아주 감동적이고 의미심장하다. 이 꿈을 생각할 때마다, 심지어 몇 년이 지난 후에도 새로운 직관과 의미를 계속 발견하게 된다. 그 당시 나는 "나의 원수, 야생의 사내"의 이미지를 "사랑하는" 것이 아주 힘들었다. 머리로는 이 사내를 내 그림자로 인식했지만 감정적으로는 그를 나 자신의 일부로 받아들이기가 어려웠다. 이 이미지를 통해 당시 나의 주요 결정사항이던 목사로서 안수를 받을지 여부를 숙고했다. 하지만 일주일 내내 이 꿈의 다른 측면들을 탐구한 후에야 나는 그 "야생의 사내"를 나 자신으로 받아들이고 적극적인 상상을 할 수 있었다. 그를 단순히 한 그림자로서가 아니라 나 자신의 일부로 받아들이고 그를 완전히 사랑하는 연습을 시작하게 되었다. 다음의 시는 그 결과물이다.

꿈 요가

보름달의 시간!

내가 그들에게 모두 보여 주리라-

수행기도를 하는 늙은이에게,

마법을 배우려 애쓰는 젊은이에게,

고대의 나무들 사이에 서 있는 모든 이들에게.

나 너무 오래 혼자였으나,

신과 아주 가까이 살고 있으니

내 모든 두려움을 태워 버렸다.

내게

나무가 꽃을 피우고 고기 톱을 낳는다.

마치 매우 무거운 과실처럼

칼날이 영원히 회전한다.

나를 보라!

그대, 너무 놀라 있구나.

오, 이는 좋은 구경거리니

너 이를 기억하리라!

보이는가?

내 머리를 잡아채

그래서

목을 관통해 바라볼지니

그러니 서두르라!

회전하는 칼날이 돌진하는 것을 느낀다.

피부와 근육과 뼈와 핏줄이 -

모두 빠르고 깔끔하게 잘린다!

나는 내 머리를 높이 쳐든다.

그대의 응시를

그대의 경의에 찬 얼굴을 내려다본다!

나는 네가 놀라는 걸 보면서 웃는다.

너의 그 모든 책들과 말들

그게 네게 이런 경험을 주더냐!

야생의 사내가

스승도 없는

그 가능성을 보여 주나니

두려움 없음이여.

나는 떠벌릴 수 없다.

내게, 이는 쉬운 일이니

이제 다 끝냈으니

나 너를 남겨 두마.

네 꾸준한 숭배에

너무나 올바르고

너무나 선명한 울림으로

가장 높은 진리들을!

찬양의 기도를 네가 알기만 했더라면

내 무시무시한 웃음이

그러나 너는 모른다.

그게 더 우습지 않은가!

내가 시야에서 벗어나면

나는 내 두 손으로

머리를 다시 돌려놓을 테니

내 어깨 위에

그리고 잘린 기관을 연결하리라.

진리 안에서

모두가 하나이니.

    이 게슈탈트 연습은 여러 면에서 앞서 소개한 꿈, "클린트 이스트우드"에 대한 적극적인 상상active imagination에서 드러난 것과 같은 원형적 혼합을 보여 주고 있다. 샤먼의 인물에서 그림자, 자발적인 희생Willing Sacrifice, 트릭스터, 그리고 보편적 사랑Universal Love이 한 의식 안에 표현되어 있다. 두 꿈에 대한 적극적인 명상이 다 "원수"에 대한 사랑에 관해 말하고 있다. 나는 꿈으로 적극적인 명상을 하고 시를 쓰면서 나 자신을 구성하는 그림자 측면과 좀 더 의식적으로 화해할 수 있었다. 그리고 이는 깨어 있는 동안 타인들과의 관계 속에서 나의 책임을 다하는 데도 훨씬 도움이 되었다.

    헤라클레이토스가 지적했듯이 "변화를 제외하고 영원한 것은 없다." 변화(그리고 죽음)가 불가피하다는 사실을 수용하는 것은 분명 두려운 일이지만 '창조적 충동은 이 두려움을 극복하게 만든다.' 우리 내면에서 창조적 표현 욕구가 일어날 때마다, 특히 꿈에서 이 욕구를 양육하다 보면 사악한 원수들에게 위협을 받는 것은 두려운 일이 아니며, 오히려 놀이공원의 유령의 집에 들어가는 것처럼 그것을 즐길 수 있게 된다. 꿈과 마찬가지로 창조적 충동은 의식과 무의식

사이에 다리를 놓아 처음에는 분리된 것으로 인식되던 것들을 다시 결합시키고 연결시킨다. 결코 분리할 수 없이 뒤엉켜 있는 심리에서 창조적 충동을 표현하는 모든 행위는 정치적 성향을 띠게 되는데, 그 이유는 우리 자신과 세계에 대해 습관적으로 반복하던 행위나 이전에는 질문해 보지 않았던 문제들 그리고 지나친 사실주의로 고착된 인식을 재고하도록 영향을 미치기 때문이다. 이런 의미에서 시인들은 진실로 공인되지 않은 입법자라고 할 수 있다.

같은 의미에서 창조적 충동을 표현하는 것은 종교적 차원도 지닌다. 왜냐하면 종교란 원래 어원적으로 가장 오래되고 극단적인 '재연결re-ligio'을 의미하는데, 자연스럽고 유기적인 방식으로 다시 결합하고 연결하기 때문이다. "인대ligament"라는 단어는 '연결ligio'에 어원을 둔 다른 예이다. 이런 깊고 유기적인 연결―자아가 다른 사람들과 서로서로 근육과 뼈만큼이나 기본적이고 기능적으로 밀접하게 연결된 것―을 보여 주고 찬양하는 것이 종교적 제의의 역할이며 즐거운 예술의 기쁨이다.

여러 사례들을 통해 프로이트와 다른 연구자들이 보여 준 것은 창조적 충동의 성적 본성이다. 자신과 타인들의 꿈에 관심을 가지고 창조적 충동을 기르다 보면 "예의 바른 대화"에서는 금기시되는 세 가지, 즉 성, 종교, 정치에 관해 다루고 있다는 사실을 발견하게 된다. 이 영역에서 각자의 아이디어나 경험이 진화하는 것에 관해 진지하면서도 유머 감각과 열린 자세를 지닌다면 창조적 충동을 더욱 꽃피울 수 있다.

이런 맥락에서 모든 종류의 검열, 특히 내면에서의 자기 검열과 억압은 자기기만과 비생산적인 노력만 기울이게 한다. 어떤 책을 도서관에서 금지하면 그 책의 판매 부수가 증가하게 된다. 이는 모순적으로 보이지만 우연히 일어나는 현상만은 아니다.

미국의 형사법과 사형제도에 대한 비극은 오만과 미성숙한 폐쇄성과 트릭스터의 복수가 서로 얽힌 원형적 드라마를 보여 준다. 감옥과 교도소는 범죄자를 양성하고 범죄생활을 유지시키기 위해 그 이상 더 잘 고안될 수 없을 정도이다. 그럼에도 교도소와 경찰력과 법적 장치를 증대하기 위해 세금을 더 많이 요구하는 목소리는 점점 더 커지고 있다. 이 또한 모순적이나 결코 우연이 아니다.

겉보기에 정반대처럼 보이는 것들 사이에서 역설적으로 일어나는 결합이 이 아이러니의 원인이다. "창의적인 사람들", 특히 가장 비정통적이며 생산적이어서 이른바 "천재"라고 불리는 이들은 이 때문에 대중에게 어느 정도 "미친 사람" 같아 보이기도 한다. 창의력과 광기라는 무의식적 근원에 대해 잘 이해하지 못하기 때문에 우리는 계속 지상의 생명을 고통스럽게 죽여 가고 지구의 제한된 자원을 거대한 파괴적 엔진으로 낭비한다. 이런 행위가 정말 미친 짓임에도 불구하고 하얀 실험복을 입은 연구자들과 기업과 정부의 거물들이 냉철한 이성과 "제정신을 지닌" 표상으로 둔갑한다.

우리가 지닌 문제의 본질은, 내면적 삶이 외면적으로 표현된다는 근본적인 사실을 이해할 때만 비로소 창조적인 해결책을 상상할 수 있다는 것이다. 융과 제임스 조이스James Joyce의 관계는 이런 면에서 흥미롭다. 조이스는 스위스에서 멜론Mellon 부인의 후견 아래 융의 상담을 받았다고 알려져 있다. 여러 문제들 중 조이스는 특히 딸의 문제에 관해 융의 상담을 받았다고 한다. 융이 조이스에게 했다는 말의 요지는 이렇다. "내가 보기에 당신과 따님의 유일한 차이점이라면, 당신은 다이버처럼 무의식의 세계에 뛰어든 반면 따님은 무의식의 세계에서 허우적거리고 있다는 것입니다."

이 이야기는 본질적으로 사람들 사이에 무의식 자체의 성질이나 내용상의 차이가 있지 않으며, 내면의 무의식과 직면했을 때 자신을 열어 용기를 가지고 그 내용을 직시하느냐 그렇지 않느냐, 즉 태도의 차이가 있음을 다시 한 번 분명하게 보여 준다.

융은 멜론 부인이 지원하는 안정된 수입이 조이스로부터 글을 쓸 중요한 동기를 빼앗는다고, 조이스에 대한 경제적 지원을 끊으라고 멜론 부인에게 조언한 것으로 알려졌다. 그러나 그런 일은 일어나지 않았고 결국 알코올 중독으로 조이스는 죽음을 재촉했다. 창조적 충동은 우리가 두려움을 극복하고 대극적인 것들 사이의 역설적 통합을 가능하게 한다. 이 단계에서는 기쁨과 고뇌가 동일한 측면을 지닌다. 우리는 이런 역설적 통합을 꿈꿀 때마다, 이 심오한 에너지를 창조적으로 표현할 때마다 경험하게 된다.

깨어 있을 때나 꿈속에서나 열린 자세로 완전한 범주의 경험에 참여할 때 우리는 성장하고 변화하게 된다. 우리는 일련의 죽음과 재탄생을 거치게 되는데 이런 변형이 꿈에서는 죽음으로 등장한다. 가슴이 요구하는 바를 따르기 위해 남의 비난을 감수하고 안정감이나 애정을 잃을지도 모르는 상황을 무릅쓸 때마다 우리는 내면에 있는 재생과 회복의 근원을 만나게 된다. 이때 비로소 우리는 삶의 비참함과 삶이 최악의 조작된 게임이라는 우울한 시각을 바꿀 수 있게 된다. 이제 게임을 시작할 준비는 되어 있다. 그러나 이 게임은 변화를 선호하고 미성숙한 폐쇄성에 반대할 것이다. 열린 자세로 무의식을 직면하고 다룰 때 마지막에 가서 올바른 결론에 도달할 뿐만 아니라,

창조적 충동을 표현함으로써 암울하게만 보이는 상황을 변화시킬 수 있다. 모든 것은 정말 하나이고 우주는 실제로 놀아 보기에 안전한 장소이다.

뉴턴이 이성의 열정으로
눈에 별이 번쩍이고 빙빙 돈다.
하와의 사과를 만나,
숫자의
위엄으로 모든 것을 들어
거인들의 어깨에 타고 올라
우주를 결속하는 힘을
그 힘찬 춤을
중력이라고 불렀다.
그러나 진지한
숫자들의 옷을 입었다 해도
번뜩이는 사고의 확실성으로
그는 잊어버렸다.
서로에 대한 자기네끼리의
모든 사물의 끌림은
사랑의 은유임을.

> 기억하기

꿈 작업을 통해 창조적 욕구에 자양분을

"의식이 부분적인 상태에 머물러 있는 한 아이러니는 불가피하다."
"변화 외에 영원한 것은 없다."
"대극적인 것은 결코 반대되는 것이 아니다."
"신이 존재하지 않는 곳은 없다."
"자만으로 추락한다."
"선한 사람이 하는 일은 늘 옳다."
"뻔해 보이는 것을 분석하는 데는 비상한 지성이 필요하다."

이 경구들과 이야기적 윤리는 사물을 살아 움직이게 하는 에너지가 하나라는 사실에서 나왔다. 순수하게 개인적인 것에서 신성한 것에 이르기까지 우리의 문제는 의식의 산물이다. 이런 의미에서 해결책도 바로 의식에서 찾을 수 있을 것이다.

궁극적으로 타인을 사랑하는 것과 자신을 사랑하는 것은 하나이자 동일한 행위이다. 역으로도 역시 진리다. 우리 내면의 존재에 대한 두려움이나 싫어함이 인간들의 불행을 만들어 낸다. 창조적 충동에 바쳐진 모든 표현들은 종교적이기도 하고 정치적이기도 하다. 이 표현들로 인해 의식의 습관적인 부분이 바뀌고 미성숙하고 폐쇄적인 사고와 경험체계가 열리기 때문이다. 이처럼 매우 중요한 의미에서 의식은 변화시킬 가치가 있는 유일한 것이다. 세상을 바꾸려는 모든 노력들은 의도하지 않았다 할지라도 의식을 바꿀 때에만 성공할 수 있으며, 그런 노력은 최악의 경우에 자기 바꾸고 조절하려는 바로 그 아이러니한 자기 파괴적 은유만을 만들어 낼 뿐이다.

창조적 충동에 자신을 열면 두려움을 극복하게 된다. 두려움을 극복하고 우리의 가장 깊은 에너지를 창조적으로 표현하면, 우리는 새로워지고 다시 완전하게 되어 개인과 집단의 삶을 변화시키는 데 최상의 에너지를 가져올 수 있게 된다.

꿈으로 들어가 다시 살아나라

지은이 : 제레미 테일러
옮긴이 : 고혜경
펴낸이 : 서영주
펴낸곳 : 성바오로
주소 : 서울특별시 강북구 오현로7길 20(미아동)
등록 : 7-93호 1992. 10. 6
초판 발행일 : 2006. 1. 16
1판 9쇄 : 2023. 5. 9
SSP 737

취급처 : 성바오로보급소
전화 : 944--8300, 986--1361
팩스 : 986--1365
통신판매 : 945--2972
E-mail : bookclub@paolo.net
인터넷 서점 : www.paolo.kr
www.facebook.com/stpaulskr

값 16,000원
ISBN 978-89-8015-559-0